房地产开发新兵入门丛书

社区商业新兵入门

廖志宇　主编

中国建筑工业出版社

图书在版编目（CIP）数据

社区商业新兵入门 / 廖志宇主编 . — 北京：中国建筑
工业出版社，2014.4
（房地产开发新兵入门丛书）
ISBN 978-7-112-16527-8

Ⅰ.①社… Ⅱ.①廖… Ⅲ.①社区 — 城市商业 — 房
地产开发 — 中国　Ⅳ.①F299.233

中国版本图书馆CIP数据核字（2014）第042134号

本书详细介绍了社区商业的开发建设、运营管理及实战操盘模式要点，共11章。包
括社区商业概述；社区商业的发展历程及趋势；社区商业的开发模式；社区商业的定位
与策划；社区商业的规划与设计；社区商业的营销模式；社区商业的物业管理；邻里中
心的开发及运营模式；社区底商的开发及运营模式；社区商业街、社区商业中心的开发
及运营模式；大盘社区商业的实战操盘解码。

书中对各章概念、特点、包含内容、运作方法等从理论与实例结合上予以说明，内
容丰富，分析透彻，案例选择适当，有参考价值。

本书可作为从事社区商业开发经营人员入门学习用书，也可作为大专院校相关专业
师生教学参考资料。

责任编辑：封　　毅　周方圆
责任校对：陈晶晶　张　颖

房地产开发新兵入门丛书
社区商业新兵入门
廖志宇　主编

＊

中国建筑工业出版社出版、发行（北京西郊百万庄）
各地新华书店、建筑书店经销
北京京点设计公司制版
北京云浩印刷有限责任公司印刷

＊

开本：787×1092 毫米　1/16　印张：20　字数：416 千字
2014 年 9 月第一版　2014 年 9 月第一次印刷
定价：**68.00**元
ISBN 978-7-112-16527-8
（25316）

本书编委会

主编

廖志宇

编委

目录 ▶
CONTENTS

ƘƘƘ**06 社区商业的营销模式**　　　　　　　**181**

ƘƘƘ**07 社区商业的物业管理**　　　　　　　**213**

ƘƘƘ**08 邻里中心的开发及运营模式**　　　　　　　**243**

社区商业
新兵入门

01

社区商业概述

操作程序

本章使用指南

社区商业在有的人眼里是鸡肋，而在有些人手上却成了金钵钵。从无意识到有意识，从最初自发形成的自家店到社区自有生活配套，通过不断地创新，造街、造广场、建会所、打造邻里中心，继而到社区商业中心，十多年的积累、研究、创新让社区商业表现前所未有的生命力。本章全景似地展现了社区商业的蓬勃发展形式，这是我们深入研究社区商业、开发高获利社区商业的第一步。

操 作 程 序

一、社区商业的起源

1882 年，法国社会学家卡▢滕尼斯首先提出"community"概念。1938 年费孝通将其翻译成"社区"，并对其进行了定义，包括五方面内容，即地域、人口、区位、结构和社会心理。即一定区域内有特定生活方式并且具有成员归属感的人群所组成的相对独立的社会共同体。

20 世纪 80 年代末 90 年代初，国内城市不断发展，区域范围不断扩大，市级商业中心已经距离一些新兴的居住社区越来越远，于是一些零散的以满足社区居民日常生活必需品消费的底层住宅改造的底商应运而生，这些底商的档次都较低，随着数量的不断增加，狭义上的社区商业初步形成。

到了 20 世纪末期，国内的社区商业得到了迅猛发展，尤其是进入 21 世纪的前几年，伴随着全国范围内房地产市场上掀起的住宅郊区化的热潮，社区商业已经完全成型。

回首整个社区商业的起源，我们发现，是四个因素催生了整个社区商业在中国的蓬勃发展。

1. 城市郊区化是社区商业发展的"催化剂"

社区商业最早于 20 世纪 50 年代在美国出现。随后在英国、法国、日本、新加坡等国也取得了一定的发展，并日益成熟。当时由于家庭汽车的普及，新建了城郊发达的高速公路，使得城市居民大量向郊区扩散，由此产生了专门的为郊区新建居住区居民服务的社区商业。20 世纪 60 年代，英国、法国、日本等西方国家也由于居民的郊区化而出现社区商业。到了 1970 年代，新加坡的社区商业也开始大规模发展起来。

2. 旧城改造为社区商业发展"推波助澜"

随着旧城区的改造，居民逐渐向城市边缘及郊区搬迁，目前我国北京、上海、广州等大城市开始出现"城市空心化"的端倪。

同时，城市中心大中型商业设施出现阶段性相对饱和，商业网点出现城市中心过多，城市郊区、新开发区、工业园区、新居民区过少的"里重外轻"现象。

　　我们知道，城市面积扩大后，任何一个新建社区都需要商业相应配套，几个社区连在一起，就需要一个功能完善的商业中心，来满足不同社区聚集的居民特征不同，文化背景不同，消费倾向和消费品位不同的需求，所有这些意味着社区消费蕴含着多元化、主题化和个性化的色彩。社区商业发展的立足点正是全面迎合社区消费色彩，满足社区居民的消费需要。

3. 大盘开发为社区商业发展"火上浇油"

　　社区商业的兴起是房地产业发展带动的结果。目前，规模大盘正在向郊区发展，这就需要与生活相关的购物、就餐、休闲、娱乐等配套设施，以更好地满足居家生活所需，社区商业的出现就是迎合业主的这一需要应运而生的。现在的开发商为业主的考虑日趋周到，除了在规划时设计相应配套设施硬件，如会所、学校、幼儿园、医院、商铺等，还开始着眼于为业主居家的生活需求服务，主动引进零售商业网点、餐饮娱乐业，以方便业主购物。

4. 商业布局回归理性让社区商业发展"另眼相看"

　　社区商业的发展与城市商业空间布局社区居民消费的多元化、主题化、个性化息息相关。由于城市商业中心受辐射半径的限制、人口从拥挤的中心区往郊区转移、四通八达的交通线，使得原有单一的商业中心难以支撑城市的发展，老商业中心渐渐失去往日的风采和魅力，城市中其他具有一定区位优势的区域和城乡接合部的边缘地区将成为都市商业新的增长点，商业中心多极化、区域化已显现。西方发达国家20世纪80年代初出现的"城市中心商业溃烂"现象正说明了这一点。

操作程序

二、社区及社区商业的概念

1. 社区内涵

社区是指在一定地域范围内，由一定数量的人群组成的具有共同的地理环境，共同的文化背景和生活方式，共同的利益和需求的社会生活共同体。具体来说，社区的概念由社区的"硬件"和"软件"构成：

硬件：社区是一个城市的地域空间，社区范围可大可小，通常比城市行政区要小，但比街道要大。社区是一个有秩序的空间群落，具备应该具有的生活"硬件"设施。

软件：社区存在着看得见似乎看不见的价值观念、文化背景等社区"软件"。

社区在我国经过多年的发展之后，结合软件和硬件构成的定义，基本上认为其包含五重内涵。

人	按一定社会制度和社会结构关系组织起来的人口
地域	按一定地域界线具备相对稳定的自然环境和生活居住区
制度	在一定制度组织中生活有相对稳定的社会关系和生活方式的人群
团体	相对互动频率较高的群体及相关非正式的社会团体及中介性组织
文化	有带本地特征的文化特质和归属感的群体

社区的五重内涵

社区商业的范畴

社区商业是城市商业空间中一个重要层次。它是相对于城市中心区商业、区域型商业和邻里型商业而言，其在规模大小、提供的商品种类、服务的商圈范围等方面都介于区域型商业和邻里型商业之间。

2. 社区商业的概念

社区商业是一种以社区范围内居民为服务对象的，以便民、利民，满足和促进居民综合消费为目标的属地型商业。社区商业所提供的服务主要是社区居民日常生活服务的需要，这些服务是具有综合性、便利性的特点。

社区商业"因住而商"，立足点是全面迎合社区消费色彩，满足社区居民基本生活消费。这一商业形态是城市商业的基础，它的服务人口一般在 5 万人以下，服务半径一般在 2 公里以内。由于这一商业的属性决定了它的总规模一般应控制在 3 万 m^2 左右，商业业态的设置也有较强的针对性。实现居民步行 5 分钟可到达便利店，步行 10 分钟可到达超市和餐饮店，骑车 15 分钟可到达购物中心。"51015"是衡量社区商业的基本指标。

社区商业的四项基本功能

操作程序

三、社区商业的演变规律和发展进程

1. 社区商业演变的规律

（1）社区启动期

社区启动期以社区配套为主，满足家庭装修、生活用品的商业形态为主。主要的有家庭装修服务、家居饰品、便利店、面包房等商业业种。

（2）社区发展期

社区发展期以社区配套为主，区域配套为辅，满足生活配套的商业业种包括银行、药品店、快餐店、洗衣店、发廊、花店等。

（3）社区成熟期

社区成熟期以区域配套、社区配套并重，来满足生活休闲、娱乐的配套，主要业种包括：咖啡店、特色食街、小型俱乐部、服装店、书店等。

2. 社区商业演变的特点

（1）分布形式

社区商业的主要分布形式：沿街商铺与成片集中商业相结合。通常大型集中商业在一个社区发展到 10 ~ 20 年后才进驻；较偏远的社区为解决居民基本生活需要，较早安排引进小型集中商业（600 ~ 6000m²）。

（2）业态

集中商业均为招商引进，业态以综合性百货为主，集中解决社区日常购买的需求。

社区沿街商业业态以家居服务类和购买类为主，新建社区的业态中，沿街商业的家居装饰类业态相对居多，随着社区的发展与成熟，逐渐被日常用品购买类、饮食业态替代。功能较复杂的社区各类业态相对均衡。

较易形成集中分布的业态有：西餐、酒吧、文化类。社区商业各业态店铺有相对集中的面积范围，这些面积指标对开发商临街商铺的划铺分割有参考意义。同时需要强调的是：能接受二层的业态相对有限，一般局限于酒楼、茶馆、咖啡馆、美容美发等。

（3）开发节奏

一般社区商业采用配合大盘滚动开发节奏，通过在社区内开发新的商业区，以不延长新住户的购物半径。

3. 社区商业发展的三个阶段

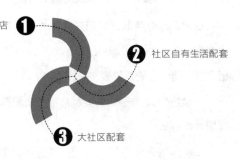

社区商业发展的三个阶段

第一阶段：家带店阶段——分散经营，配套服务单一

从社区商业的发展进程来看，社区商业发展经历了三个阶段。最早是传统型家带店亦即底商，特点为商铺与家居分区不明显，分散经营，服务半径小，提供商业配套服务较为单一。

第二阶段：社区自有生活配套——业态丰富、特色经营、分布集中

社区商业发展到小区自有生活配套阶段后，小区商业设施逐步开始由分散趋向集中，部分特色商业主题街开始出现，业态趋向丰富，经营趋向统一，分布趋向集中，这也是现有社区商业主要表现形式。

这些新型社区商业，在规划设计、功能定位、经营策略等方面均以市场为导向，采用全新的商业格局，囊括全面、完善的文化、休闲、健身、娱乐等综合性服务设施。在立足社区的基础上，充分调动外来群体消费，一方面极大程度地满足了消费人群物质消费与精神消费的统一，另一方面多样风格和特色的经营、专业的管理都将增强社区商业的影响力，扩大其商圈的辐射范围，使社区商业合理、有序、长远的发展得到有效保证和推动。

社区商业进入第二发展阶段后趋向成熟的标志

社区商业进入第二发展阶段以后，逐步趋向成熟，这里面有三种形态都在这一阶段得到了健康和快速的发展。第一种是底商式社区商业逐渐成熟，社区商业发展相对较为平缓；第二种是特色商业街的出现，它的出现是商业地产开发水平提高的重要表现，标志着社区商业已经从原始的配套型物业转变为一种新的"外向型"市场形态，并且已经形成了自己相对独立的市场空间；第三种是会所作为社区内独立的商业楼也随商业市场需求应运而生。

知识点

第三阶段：大社区配套阶段——规模大、环境好、商品丰富

目前，社区商业正朝第三业态发展，即为大社区配套，在新建的社区中逐步出现新的大型商业形态——如 shopping mall，一般建筑面积在 6 万~ 10 万 m^2。大社区配套阶段相比以前两个阶段，积累了三大优势：

一是规模大。一般都有大力量，从而具有良好的辐射能力，业态更加丰富，也便于合理规划和布局。

二是购物环境优美。增加更多商业配套的成分，社区商业的功能从基本的购物功能向休闲娱乐功能转换，通过软环境的塑造，提升 shopping mall 形象。

三是商品种类众多。包括各种类型，而且经营企业讲究信誉，注重品牌，让消费者放心购物。

操 作 程 序

四、社区商业的主要特征

社区商业是一种有别于城市的区域中心商业的商业业态，它是一种具有很强的地域性，主要为本地区居民服务的商业模式。

1. 便利性是社区商业的突破点

从国外相对成熟的社区商业发展现状来看，社区商业在便利性上有着天然的优势。

在美国的一些社区，日常生活的基本需要要在社区解决，超市、餐饮店、快餐、宠物服务、自助洗衣店这些都是社区居民生活上不可或缺的服务，同时又要求快捷服务的，这正是社区商业的优势所在。买稍微高档的东西可能到区级商业中心。社区和外面是基本分离的。

在日本，便利店除了卖及时快速消费品之外，还有各种收费（比如水、电、燃各种费用）、代售车船票、快递业务、送餐业务、取款业务等。一些便利店还成为 IT 配送的商业网点（比如在网上订书）。

2. 业态具有明显的社区商业生活配套特征

社区商业主要是为了满足社区居民的日常生活消费的需要，其业态具有明显的生活配套特征（表 1-1）。其在业态配置的主次安排上，一般可作如下区分：

第一，主要配置超市、便利店、生活类专业专卖店、菜市场、餐饮、生活服务等。

第二，适当设置大型综合超市、文化娱乐设施和专业专卖店。

第三，通常不配百货店、仓储商店、专业批发市场等。

社区商业全国示范社区（新建社区）各项目比重分配　　　　表 1-1

项目	比重（％）	项目	比重（％）
餐饮服务	22	再生资源回收服务	10
购物功能	38	家庭服务	4
维修服务	8	照相冲印服务	4
洗衣服务	6		
美发美容服务	8	总分	100

3. 社区商业的需求具有规模性、多样性和稳定性

社区商业规模与居住人口的购买力支持规模紧密相关，它的规模一般不超过 8％。但是

很多开发商认为商业能产生高额利润，虽然有对未来商业发展的预期，但违背规律地开发出不符合实际的大面积的商业，同时又要求迅速变现，其结果是不言而喻的。

（1）社区商业需求的规模性和多样性由社区居民所决定，而不是开发商

需求的相对多样性和整体性，这是由社区居民所决定的，其需求不仅包括了对商品的需求，服务的需求，生活的基本需求，还表现为对吃、穿、用及健身、娱乐的要求。可以说，社区商业在日常性需求方面表现得既相对全面，又形成一个整体的需求链。

（2）社区商业具有稳定需求的两大原因

第一点，就近购买的需求，便利性的特点导致的社区商业的需求相对稳定，俗话"一步近，两步远"说的便是这个道理。

第二点．社区商业满足的是日常基本消费需求，这是由社区的低弹性需求所决定的，这一点也使得社区商业的需求具有稳定性的特点。

4. 社区商业是一种属地性商业

社区商业所提供的服务主要是社区居民需要的日常生活服务，具有很强的地域性，针对社区居民这一特定消费群体的特征采用不同的经营策略，营造特色休闲所、风情购物区、艺术市场、风格商业街等，具有消费、娱乐、服务、休闲多重功能的商业配套可以和居民需求完美契合。

知识点

"51015"是衡量社区商业的基本指标

"51015"是衡量社区商业的基本指标。它的服务人口一般在5万人以下，服务半径一般在2公里以内。由于这一商业的属性决定了它的总规模一般应控制在3万 m^2 左右，商业业态的设置也有较强的针对性。实现居民步行5分钟可到达便利店，步行10分钟可到达超市和餐饮店，骑车15分钟可到达购物中心

操作程序

五、社区商业的商业操作原理

1. 社区商业的商业原理图

社区商业的商业模式与购物中心等商业地产模式有一定的差异。社区商业作为住宅的一个重要的配套设施，它的启动来源于住宅的成熟。更确切地说，社区的人气决定了社区商业的成功启动。因此，在社区商业的商业开发模式路径中，往往是先聚人——再形成消费——进而吸引更多的商家参与到社区商业的经营中来，从而使该社区商业的价值得到提高，最终形成一个上升状的良性循环。从下图，我们不难看出，社区商业的成功运作和启动，首先要解决人气的问题。

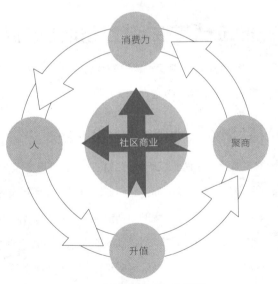

社区商业的商业原理图

社区商业提高人气的两种途径

社区商业要达到"聚人"的目的，有两个重要的途径：一是依赖住宅社区的成熟带来居民消费；还有一种是在商业项目中首先安置大卖场等具有较强的聚人能力的主力店，特别是对于外向型的社区商业，这种手法的运用尤为常见。

2. 社区商业成熟度与经济的关系

社区商业的成熟程度和一个城市或区域的经济发展水平有密切的关系。一个城市或区域的经济发展水平越高，其社区商业的成熟程度越高，或成熟社区商业在整个社区商业中所占的比例越大；反之，则越低。

（1）一线城市城市化程度高，城区面积大，各城市地块的功能定位明确，有比较成熟的商业中心区、副中心区、商务中心区（CBD）、居住区（带）、经济开发区等，如北京、上海等。这样的城市社区商业发展比较成熟，现代型社区商业所占的比重相比自发型社区商业更大。

（2）二线城市城市化程度相对一线城市较低，城区面积较大，但城市的功能还并不完善，有商业中心区、经济开发区等，但住宅的规划并不是特别理想，也没有比较成熟的商务办公区。

（3）三线城市则以国内地级城市为主。城市面积不大，城市的主要功能几乎都集中在市区内，缺乏比较集中的、现代社区，商务办公区以及经济开发区都处于概念和启蒙之中。

3. 社区商业的价值与住宅社区价值的互动关系

我们探讨社区商业的商业原理，不仅仅是因为社区商业的投资价值大于住宅，还因为社区商业的开发与住宅开发价值获取上存在互动关系。

（1）住宅价值与社区商业价值存在关联的动因

按照不动产的投资收益计算方法，在前期置业投入和物业维护支出相对固定后，物业租赁收益成为决定投资回报的主要因素。而社区商业的价值可以用经营者愿意接受的租赁价格进行倒推。是什么决定了经营者可以承受的租赁价格呢？毫无疑问，是经营者能获得的经营收益决定的。而经营收益的产生直接关联的是社区的人流量和消费能力，社区的人流量与社区的规模成正比，消费力则与住宅的消费价格成正比。而投资者关注的增值保值能力取决于物业的居住价值。反过来，社区商业也从配套功能方面影响着物业的居住价值。

（2）集成社区开发是解决住宅及商业价值双向价值最大化的有效策略

集成社区是保证社区居住品质的重要举措。集成社区就是以集成开发的理念整体解决业主生活，对社区资源进行有机的整合，不同于简单地提供社区配套理念。在开发方式上，一次性开工，一次性交付所有设施，区别于目前开发商通用的滚动开发模式。对于投资者而言，首先是降低了投资风险，同时也降低了投资者的投资成本。在这个"集成社区"内，无论是租是售，开发商都已经预先规划好了经营业态，并在合同之中加以严格界定，坚持统一经营的原则，以形成独具特色的商业文化氛围，从而为经营者和投资者打造一个良好的经营环境。

北京珠江帝景的集成社区是成功开发的典范，在北京珠江帝景的集成社区内，五星级住宅、高档商住公寓、酒店式服务公寓、五星级酒店和高档会所、甲级写字楼、欧洲风情商业街、中英双语学校等一应俱全。

4. 社区商业、社区商铺、社区底商的内涵区分

社区商业是一种有别于城市的区域中心商业、大型购物中心、商业步行街、专业市场类商业等的商业业态，它具有很强地域性、便利性、属地性特征。

社区商铺属于物业范畴，它是相对于建筑类型而言的，指那些位于社区内的商业用房或铺位（经营对象主要是住宅社区的居民），在表现形式上主要是三层以下的商业楼或底商或者商业裙房。

社区底商一般指社区物业中作为商业、服务业设施的底层建筑，它是社区配套的组成部分，也是社区商铺的表现形式之一。

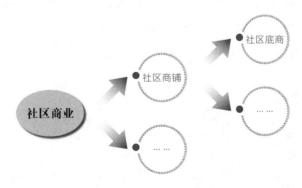

社区商业、社区商铺、社区底商的内涵关系

从上面的概念不难看出，三者既有相互的定义上的差别，也有形式与本质间的部分重合。社区商业是社区商铺所承载的内容，社区商铺是社区商业的表现形式，社区底商是社区商铺类型之一。

操作程序

六、社区商业分类及表现形式

社区商业按照不同的划分方法有不同的社区商业形式。最主要的有两种，一种按照承载社区商业建筑集散程度及整体布局分，可分为社区底商、社区商业街和社区商业中心三种形式；另一种按照服务对象的角度，可分为内向服务型社区商业、中间型社区商业、外向服务型社区商业。

1. 按照承载社区商业建筑集散程度及整体布局分类

以承载社区商业建筑集散程度及整体布局不同，社区商业主要表现为社区底商、社区商业街、社区商业中心三种形式。值得注意的是，社区商业的三种表现形式并非完全分离开来，有相当一部分项目的社区商业配套是多种形式的组合。

（1）社区底商

所谓社区底商主要是指利用楼盘底层或低层作为商业用房，以满足自身或近区域内消费者的各种需求，其组成的社区商业主要表现为"邻里商业"。社区底商是物业范畴，是相对于建筑类型而言的，以住宅、公寓等物业作为商业、服务业设施的底层建筑为主，低层为次，它们是社区配套实体组成部分（表1-2）。

● **社区底商的特征** 表1-2

商业辐射半径	1公里左右
居民步行到达时间	5分钟范围内
服务人口	2万~3万人
建筑形式	开发利用住宅、公寓等物业的底层建筑
业态组合	零售商业和服务业
配套设施	强调本社区的特色，突出社区底商和居住环境"软硬"条件集中配套，着眼于生活服务为主，使社区底商因社区生活配套而存在
功能	可以作为小区配套型购物中心，区别于城市购物中心区

知识点

社区底商合适的开间尺度

社区底商如果太小，经营的商家在装修上肯定无法达到排油烟、隔声效果。底商的开间一般只有 $12m^2$，不利于餐饮，而独立商业的铺面开间一般在 $16 \sim 20m^2$ 之间，这样就适合做餐饮。

（2）社区商业街

社区商业街是指位于住宅社区内的以平面形式按照街的形态布置的单层或多层商业物业，其沿街两侧的铺面及商业楼里面的铺位都属于商业街商铺，社区商业街内的商铺多为独立铺位。

社区商业街的产生，主要是基于小区周边商业配套不能充分满足居民的日常生活需要而起到必要的补充作用，因而在住宅开发较活跃或大型商业配套设施比较缺乏区域的社区商业街的开发体量都比较大。结合全国各地的开发状况，组成社区商业街的建筑形态主要表现为 1～3 层商业楼或住宅建筑底层商铺（表 1-3）。

● 社区商业街的特征　　　　　　　　　　　　　　　　　　　　　　　　　表 1-3

商业辐射半径	3 ～ 5 公里
居民步行到达时间	15 分钟范围内
服务人口	3 万 ～ 5 万人
空间布局	沿街式、裙组式、会所式
建筑形式	底商＋裙楼＋底层纯商业建筑
业态组合	购物、餐饮、服务业及其他
配套设施	居住环境"软硬"条件集中配套，社区生活配套齐全
功能	从规模上看，社区商业街小于城市中心区的大型商业街和城市区域中心的中型商业街，属综合型的小区小型商业街，与住宅区融为一体，成为一条真正的"生活街"

（3）社区商业中心

社区商业中心是各种业态的社区商业服务网点相对集中的商业地域，是各类社区商业网点的集合体，在目前众多大型社区中，社区商业中心也被称为社区商业广场。

社区商业中心是房地产大盘时代的产物，其规划建设的根本出发点是节省社区居民生活购物的时间成本，以高度集中的商业运作模式服务社区中各个组团区域及辐射区域（表1-4）。

已建成的住宅区一般选择在已经具备一定商业基础的地区，通过改造和业态调整，形成"沿街式"的社区商业中心，而新建住宅区一般以购物中心的业态形式为主，规划建设社区商业中心。

⊕ 社区商业中心的特征　　　　　　　　　　　　　　　　　　表 1-4

商业辐射半径	3～5公里
居民步行到达时间	15 分钟范围内
服务人口	5 万～10 万人
建筑形式	底商＋裙楼＋组层纯高商业建筑＋会所中高层酒店
业态组合	超市、便利店、药店、快餐店、餐馆、酒吧、专卖店、休闲娱乐中心等
配套设施	集购物、服务、休闲、娱乐于一体，能满足居民多样化的消费需求；以生鲜食品超市为主力，融各种便利的餐饮、娱乐、健身、服务设施为一体，满足居民一站式的消费需要。可以实施组团式开发，融合各种商业业态；配置的商业面积不低于2.5万 m²
功能	在面积、服务人口、商店数目等方面都介于城市区域型购物中心与邻里型购物中心之间

（4）社区底商、社区商业街与社区商业中心异同（表1-5）

🌐 社区底商、社区商业街与社区商业中心比较表　　　　　　表1-5

商业类型	选址	组成物业	物业范围	服务层次	辐射范围
社区商业中心	人流高度集中区域	底商＋裙楼＋组层纯高商业建筑＋会所中高层酒店	必要日常生活＋一定量精神享受＋商务	高	社区及周边辐射区域
社区商业街	人流相对集中区域	底商＋裙楼＋底层纯商业建筑	必要日常生活＋一定量精神享受	较高	一般为单个社区
社区底商	在社区主要入口	利用楼盘底层或者低层作为商业用房	方便居民就近购买生活必需品，为居民提供必要的生活服务功能	低	服务人口一般在5000人左右，商业服务网点数5个以上

2. 按社区商业的布局和形态分类

　　目前国内外社区商业的布局和形态分类大致如表1-6所示，一般来说，传统的住宅和规模较小的住宅区建设时配建的商业一般以裙房和底铺类型较多，规模较大的住宅区建设时一般配建独立的商业建筑。目前，居住区配建商业以独立地块建设社区商业购物中心和商业步行街居多。

🌐 社区商业布局和形态分类表　　　　　　表1-6

按与住宅建筑的关系	独立单体	与住宅混建（以裙房或底商形态设置二类）	——	——
按所在的区域	住宅区内	住宅周边延街设置	住宅区分离独立设置	——
按布局形态	街区条状	块状组团型	条块结合型	
按商业布局	沿街式	裙组式	多点式	会所式

3. 按商业业态分类

　　按商业业态分类，社区商业可分为邻里商店、邻里中心、新城中心三种（表1-7）。三种社区商业之中，新城中心的社区商业将是社区商业发展的高级阶段，而传统及小规模的社区将会随着城市化进程的一步步发展，出现传统的社区商业与新兴社区商业共存的局面。而最重要的邻里中心的社区商业则会在补充必要的临街服务项目后，发挥最大的光与热。

◈ 社区商业业态分类表　　　　　　　　　　　　　　　　表1-7

分类	住户（套）	范围	主要经营业态
邻里商店	1000～1200	街坊级	——
邻里中心	6000～8000	居住小区级	以经营必需品为主,如普通日用品商店、诊疗所、餐馆、小贩中心
新城中心	40000～60000	居住区级或居住地区级	以经营高档商品为主,如娱乐设施、银行、邮政局、超级市场、百货公司等

注：从规划的角度，在理论上将居住区商业分成居住区、居住小区、街坊三个层面：居住区商业服务人口规模在50000人左右，居住小区25000人左右，街坊商业4000人左右。

4. 按商业成熟度划分

　　按照社区商业的成熟程度来划分，可以分为自发型社区商业和现代型社区商业两种。自发型社区商业主要分布在城市的老住宅区，而现代型社区商业则主要分布在新的住宅区内。

（1）自发型社区商业

　　老的住宅社区一般都具有几十年的历史，大都由20世纪70、80年代兴建而起。功能设计简单考虑住宅功能，缺乏商业考虑。因此，这些社区的商业多是在无法满足居民日常生活需要的情况下慢慢自发形成。其商业比较显著的特点是：缺乏科学规划和定位，分布零乱，重复性建设的现象比较普遍，各商业形态的竞争力都很弱。主要商业形态包括：便利食品店、美容美发、小餐馆、银行、邮政服务、菜市场、小超市、音像店、照相馆等，属于比较原始的商业组合类型。

　　北京慈云寺、红庙附近的社区商业就属于这种类型。自发型社区商业虽然填补了社区便利的购物需求，但商业空间的局限性导致商业结构不完整，随着人们需求的不断增加，必须补充新的业态并进行调整。

（2）现代型社区商业

这类社区商业相对前面描述的老社区的商业更加集中和灵活，也是目前国内社区商业中最主要的形式。如北京东三环的阳光100社区商业、东南三环的后现代城、富力城、苹果社区等社区商业。现代型社区商业适合现代人的生活习惯方式，构成了连接工作和生活的延伸。既满足了生活需求，同时对住宅品质也有极大的提升。这种社区服务功能在以后的社区建设中将会成为一个必不可缺的组成部分。

5. 按消费群体划分

按社区消费者群体的文化水平和消费层次来划分，可以分为高档社区商业、中高档社区商业和中低档社区商业。这三类社区商业的本质区别在于不同类型的消费者决定了不同的消费习惯、消费结构、生活理念、生活方式、价值观等因素。因此社区商业也会有很大的不同，且最大的区别在于社区商业功能的不同。

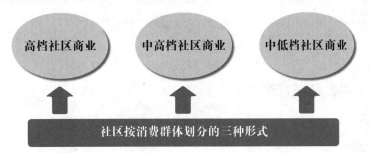

（1）高档社区商业

我们划分是否属于高档社区商业一般通过如下五个关键特点来分析：

1）消费者大都收入水平高、文化层次高，吃、穿的消费支出不再占月收入的很大比例，而更加侧重生活的质量，体验、娱乐以及社交的消费支出相对中、低档社区消费者占有更大比重。

2）一般集中在城市的中央商务区、外国人比较集中地区、郊区、经济开发区等。如在北京，CBD、大使馆、亦庄开发区、玫瑰园别墅、机场等区域附近都集中了不少高端人群聚居的社区。

3）社区商业的档次一律高档。

4）商业功能除了能满足一般的吃、穿、用等日常需求以外，会有比较多的休闲设施，

如酒吧、咖啡厅、健身馆等。

5）由于这部分人群处于"金字塔"的顶端，所以高档社区相对其他档次较低的社区要少得多。

（2）中、高档社区商业

中、高档社区和高档社区的消费者最根本的区别是经济实力上的差异，在消费特性和消费结构上区别不是很大。因为中、高档社区的消费者主要以企业的白领为主，他们通常被称为"小资"或"中产阶级"，尽管在经济实力上并不太宽裕，但其消费特性和消费结构却和高档社区消费者如出一辙，向往高质量的生活品质，懂得享受生活，对处于时尚潮流的、价格不菲的商品情有独钟。

1）其社区的商业和高档社区商业在功能上差别不大，仅仅是档次稍低。

2）一般规模庞大，建筑面积在几十万到上百万平方米不等，因此这类的社区商业可以借助庞大的消费人群，从而把规模做大。在周边市场竞争压力不大的情况下，甚至可以引进百货、超市等大型的商业业态。

3）这类社区的分布较广，主要集中的区域包括：城市较繁华地带、开发区、商务办公比较集中的区域，因此市区、城乡接合部、郊区都有可能涉及。

4）商业的建筑形式也可以作为卖点来挖掘。

（3）中、低档社区商业

中、低档社区的消费者按照阶层来划分的话，应该是属于社会的较低层，其文化水平和家庭收入都较低。

1）这类社区包括了 20 世纪 70 ~ 80 年代兴建的商业发展落后的老社区，也包括了 20 世纪 90 年代以后开发的一些新社区，如经济适用房等。

2）这类社区分布较为零散，且单个开发规模一般不大，主要分布在市区或老城区或是城乡接合部等商业落后、办公设施欠缺、交通不够方便的区域。

3）本身社区消费者的消费能力较低，所以，一般规模不大，档次不高。

4）消费结构更偏重于吃和穿等方面，商业功能主要是以满足日常生活需求，业态包括便利店、小餐馆、美容美发、音像店等常规设施。

6. 按集中程度划分

按照社区商业的集中程度可以分为大型社区商业、中型社区商业和小型社区商业。社区商业规模的大小不同，其商业业态也会有很大的不同。大型社区商业由于自身大量的消费者支撑，其消费者有一定的消费实力，因此如果在周边商业比较欠缺的情况下，这类社区有足够的市场支撑把社区商业做大；中、小型社区商业由于自身没有大量的消费者作支撑，社区商业要做大而全则需要慎重考虑。

从市场支撑的角度来看，社区越大，则越易形成大的社区商业；反之，若社区越小，社区商业容量就越小。从市场竞争的角度来看，竞争压力越小，则越易形成大的社区商业，并且越有可能吸引大的商家（如超市）。

7. 按建筑形式划分

按照建筑形式的不同来划分，可以分为集中型社区商业、步行街式社区商业、围合式（封闭式）社区商业和离散型社区商业。

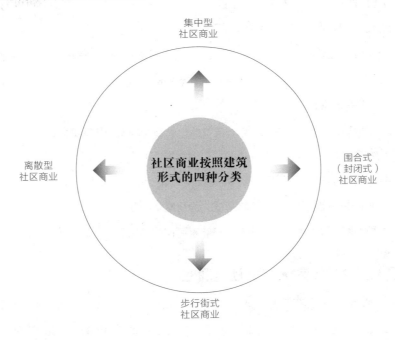

（1）集中型社区商业

集中型社区商业主要指其商业部分一般为底商，且属于连成一片的塔楼，其中有多达

数层的集中商业建筑，辅以其他底商的社区商业形式。

1）由于此类社区商业的建筑形式使得各商业部分比较集中，因此可以营造出比较好的商业氛围。

2）一般此类社区商业规模较大，在 3 万～5 万 m² 以上，具有较大的商圈辐射能力，但前提是这里要有比较集中、总规模较大的社区群，才能有足够多的消费支撑。

3）在功能和商业组合上，需要有较大吸引力的品牌商家，如超市、大卖场等提供日常所需物品的商家；其次，在周边市场环境和竞争状况允许的条件下，甚至可以引进百货等休闲购物设施。

（2）步行街式社区商业

步行街式社区商业的建筑形式虽然大都以底商的形式为主，但从总体来看，其内部动线纵横交错，形成了和传统步行街相似的建筑结构。就目前国内的社区商业项目来看，以步行街的形式来操作社区商业的项目还比较少。但是，按照步行街的形式来操作社区商业有很多的好处。

1）它可以把总体商业规模较大的社区商业均匀的分为几个部分。同时还可以把分散的、独立的建筑有机地联系在一起，不管是住宅、写字楼还是商业。

2）步行街历来是消费者比较钟爱的一种商业建筑形式，从各大城市的商业中心都以步行街为核心的现状，就可以看出步行街在商业地产中的地位。因此，借助步行街的商业建筑形式更容易让社区商业走向成功。

3）步行街式社区商业比其他形式的社区商业更易于规划和功能的分区，更有利于后期的经营，是社区商业发展成社区商业中心比较值得推广的手段。

这种社区商业形式需要注意的是，尽量在规划设计前期就做好调研和定位等工作。因为这种建筑形式由于比较分散，比较难形成大面积的集中区域，从而很难符合一些主力商家的建筑和面积要求，导致大商家不能入驻是非常可惜的事情。

（3）围合式（封闭式）社区商业

所谓"围合式"社区商业就是建筑围绕中心环境而设计，与中国传统建筑布局有相类似之处。围合式（封闭式）社区商业功能分区比较明显，便于形成商业氛围，又不破坏整体商业气氛。同时，有利于安全和管理。但是，围合式（封闭式）社区商业会对围合的住宅居民生活品质会产生影响。

（4）离散型社区商业

离散型社区商业指社区商业的规模本身不大，建筑形式大都为零散的底商，且单个商铺的面积都不大，没有比较集中的商业建筑，因此也无法引进大型的商业形态。这类社区商业由于规模有限，且缺乏大型主力商业的带动，因此很难对更大范围的消费者形成吸引力；其次，其商业功能必然以满足社区居民的日常需求为首要目标，所以也很难做出特色。因此这类社区商业大都默默无闻，永远也只能担当商业中的配角。

8. 按照居住人群社区划分

随着市场竞争不断加剧，越来越多的企业为了避免同质化的竞争形式，独树一帜，使得企业的产品或服务能够脱颖而出，开始重视产品或服务的市场定位和差异化策略。针对特定人群兴建的社区，如经济适用房社区、年轻人社区、外国人社区来进行市场细分，也是社区商业的常见分配形式。

知识点

社区商业提升产品形象和价值的三种手段
第一种在消费市场中细分出最有发展潜力的细分市场；第二种在竞争市场当中选择竞争压力最小或自身优势最大的细分市场；第三种从经营商家当中选择最具品牌吸引力的主力商家。

（1）年轻人社区商业

年轻人社区属于典型的细分市场类型。开发商从消费市场当中选择其中一部分作为自己的目标消费市场，从而使自己的产品与其他竞争对手产生很明显的区隔。

此类项目的开发需要持谨慎的态度，特别是在项目的规模上。做好前期的市场调研，对细分市场的消费规模做好准确的评估是必不可少的步骤。这类社区商业在功能上除了满足日常消费需求以外，更重要的是充分发掘和迎合年轻消费者的消费需求，针对其消费特性，打造出商业的个性化、时尚化特征，注重融入体验、文化、艺术等元素。同时，在商业的档次定位上，尽管年轻人虽然在消费心理上大都比较积极，存钱意识不重，超前消费的观念比较强，但其消费能力仍然有限，因此在注重前卫、时尚的同时，不能盲目地追求高档，避免遭遇高处不胜寒的尴尬。对于年轻人而言，特殊的商业建筑形式完全可以作为提升商业附加

值的手段。目前比较流行的建筑形式包括欧美风格，以及简约的后现代风格等。

这种社区商业由于在功能、建筑形式以及商品组合方面都具有特色，且目标对象鲜明，所以容易被年轻人猎取。因此，比较容易形成一个有特色的社区商业中心。

（2）外国人社区商业

外国人社区相对年轻人社区更少，一般只有一线发达城市才会有。且这些外籍人士在国内的身份一般有三种情况：在华工作人员、在华从事贸易相关人员以及外国驻华使馆相关人员。

这类社区同样是只有在北京、上海、广州等一线大城市才有。这类社区通常是以对内的形式，往往被称做会所，其目的是隔离内外消费群体，营造良好的环境。由于这部分消费群体具有较强的消费实力，其社区商业的档次定位较高；商业功能注重生活的品质，融入了较多的运动、休闲、健身、美容、文化等元素。另外，由于外籍人士与国人在消费结构和生活习惯上有诸多差异，因此这类社区在定位与招商之前，需要充分研究其消费特性。

北京的温莎大道商业街及会所可看作是外国人社区商业的典型案例。

9. 按服务对象分

按服务对象分，对社区商业分类主要依据六大因素来判断：项目商业面积与住宅面积的比率、人均商业面积、主力业态、商业分布形式、所处区域性质和交通条件。社区商业根据其服务对象的角度可分为：内向服务型社区商业、中间型社区商业、外向服务型社区商业。

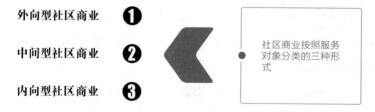

外向型社区商业 ❶
中间型社区商业 ❷
内向型社区商业 ❸

社区商业按照服务对象分类的三种形式

（1）外向型社区商业

外向型社区商业是指在满足本社区居民的前提下，吸引大量的外部消费群以支撑经营的社区配套商业类型，是三种类型当中对外经营性质最强的社区商业类型，通常商业体量较大。

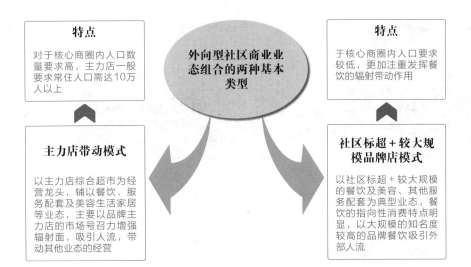

外向型社区商业中超市、餐饮、休闲娱乐、美容美发四大业态比重较大，其目的吸引外部人流（表1-8）。

🌐 **典型社区商业项目外向型业态比率**　　　　　　　　　　表1-8

外向型社区商业	商业（㎡）	业态比例（%）							
		超市	餐饮	便利店	务配套	美容	生活家居	休闲	其他
花园美丽365	16000	40.2	8.6	0.9	11.9	13.1	2.2	0	23.1
锦绣江南	25000	0	8.8	0.7	27.2	26.3	9.8	0.8	16.6
海滨广场	18000	15.9	35..2	1.1	2.6	3.4	1.9	10.4	28.4
招商海月花园	28000	7	25.5	1.4	30.8	10.3	0	0	24.9
综合（平均数）	21750	15.6	19.2	1.03	18.1	13.2	3.5	3.6	23.3

（2）中间型社区商业

中间型社区商业是立足于本社区居民，兼顾外部消费群的社区配套商业类型，具有外向型社区商业的部分特征。

（3）内向型社区商业

内向型社区商业则是在规划时基本只考虑本社区消费群的社区配套商业，通常商业规模以本社区居民消化程度为限。三种社区商业的各种常规指标见表1-9。

● **三种社区商业的各种常规指标**　　　　　　　　　　　　　　表1-9

商业类型	商业面积/住宅面积	人均商业面积（㎡）	主力业态	商业主要分布形式	所处区域性质	交通条件
外向型社区商业	≥5%，一般不超过20%	≥2	大型超市/餐饮、休闲	环绕街铺型、入口集中型	商业区/住宅密集区	良好，临城市主要道路
中间型社区商业	2%~5%	1~2	社区超市/餐饮、休闲、服务配套	入口集中型、入口街铺型、以点带面型	商业区/住宅密集区	较好，临城市主要道路
内向型社区商业	<2%	<1	小型超市、餐饮、服务配套	入口街铺型、以点带面型	住宅区	较好/一般

10. 按开发角度分

　　根据地产开发的角度可分为道具型社区商业和持续功能型社区商业两种。道具型社区商业一般与首期住宅项目同期开发，体量适中，多选址于楼盘销售中心旁侧，楼盘销售到一定程度后，或改为他用或被拆除建住宅。其主要功能用于促销和形象展示。

　　持续功能型多以社区商业中心形式出现，采用阶段开发模式，商业街与住宅启动期同期开发，购物中心或其他大型建筑与住宅后期开发，经营方式一般只租不售等，谋求长期盈利（表1-10）。

● **社区商业开发角度分类表**　　　　　　　　　　　　　　表1-10

项目	道具型	持续功能型
开发时间	一般与住宅的启动期同时或提前开发	通常采用阶段性开发的模式，商业街与住宅启动期同时开发，而较大型的商业则与住宅于后期开发
体量	较小，根据开发需求而定	综合考虑社区消费人群数量
经营方式	楼盘销售到一定程度之后被改做它用或被拆建为住宅等	出售、只租不售、租售结合
主要业态	结合项目形象定位需求	结合社区消费人群的需求

操作程序

七、制约社区商业发展的五大因素

纵观社区商业的发展，运营管理水平低下、规划落后、功能缺乏深度挖掘、空间布局不均衡、业态不配套成为制约社区商业发展的五大因素。

因素一：社区商业的运营管理水平低

运营管理水平是反映社区商业开发的综合能力，从全国的情况来看，社区商业开发商的运营水平普遍比较低。造成开发商运营水平跟不上，主要又有以下三个方面的原因。

理念：社区商业的开发经营理念落后

表面上看，社区商业由地方政府组织规划，开发商进行建设，零售商经营服务，而根本上都是取决于居民有支付能力的需要。因此，地方政府、开发商要从观念上把"把居民生活需求"放在首位，这是经营思路问题，更是观念问题，只有如此才能实现利益各方的共赢。

服务：社区商业的服务水平落后

部分住宅社区中中小规模社区商业的经营仍然带有集镇传统商业痕迹，在商品质量、服务质量、从业人员的职业道德和业务素质等方面已经不能满足当前主流社区居民的高品质消费需求。有些商业网点与居民区混杂开设，油烟、噪声扰民问题突出，并易造成大量的治安和环境隐患。同时，盲目追逐利润最大化，导致生鲜蔬菜、再生资源回收等基本生活服务需求，在社区内不能得到满足。

投资：重短期利益，轻长远考虑

国内社区商业的开发多半由开发商自主开发，很多开发商根本目的不是出于完善社区的商业配套，而是为了得到高出住宅许多倍的巨额回报。而地方政府（特别是二、三线城市的地方政府）还没有真正把社区商业的发展规划放入议程当中，导致国内的社区商业在开发过程中充斥着盲目和暴利。

因素二：社区商业的发展规划不科学

社区商业的规划问题到底有多不科学，我们可以从规模、布局、业态三个方面进行分析：

（1）规模超标

为了谋求巨额商业利润，超大规模规划社区商业，导致商业与住宅面积比例失调，超出社区需求承载能力，为后续经营陷入困境埋下隐患。

（2）底商布局太多

布局不科学主要体现在底商太多，有的社区底商占到 50% 以上，使本服务于民的社区商业成了扰民的最大纠纷源。

（3）经营业态缺乏统一规划

导致这种业态结构不合理状况出现的直接原因是众多开发商为了尽快销售商铺回笼资金，缺乏对社区商铺未来的经营业态的统一规划限制，而商铺经营者对住宅项目中居民层次定位以及消费市场不甚了解。

因素三：社区商业功能没有得到充分挖掘

目前国内的社区商业普遍带有浓厚的社区底商特点，在缺乏统一规划管理的情况下，商铺出售后主导权掌控在小业主手中，大家想做什么就做什么，能做什么就做什么。这就很容易出现 1000 ~ 3000 人口的小区却有很多超市、便利店、洗衣店、冲印店的同质化经营。

社区销售的增长主要源于人口密度的提高，一旦入住饱和后，商家的销售将保持平缓或下降，这么多同类租户拥堵在一起，不仅没有聚合效应，还造成社区商业功能低下，并引发恶性竞争。

因素四：空间布局不均衡

开发商重视社区的人居规划，缺乏对商业建筑、动线、交通、规模等科学的商业规划。社区商业空前火爆的现象引起了许多早期纯住宅项目开发商的垂涎，把一些空置多年的底层住宅改造成商业用房，这不仅破坏了原有的社区规划，也破坏了物业的建筑结构，严重影响到住宅区居民的良好生活氛围。另外，由于众多实力不足、能力有限的开发商的盲目跟风，一些新兴社区的商业建筑与住宅区严重失调，不管是选址、建筑设计、规划设计还是项目定位、业态规划、面积配比等都显得与住宅区的整体环境格格不入。

因素五：业态设置混乱

目前，不管是传统层面上的小商铺还是大型纯商业楼，社区商业物业的开发仍然由住宅开发商主导建设，在商业物业的开发建设经验相对不足的情况下，以及传统住宅开发习惯的惯性作用下，开发商偏重住宅建设而忽视商业物业的专业化开发，从而导致其建设的商业建筑不能适应大型商业、餐饮、菜市场等商业业态对商业物业的最合理要求。

社区商业与住宅开发相比严重滞后

社区商业与住宅开发相比严重滞后，城市商业中心区商业网点过于集中而社区商业网点明显不足。在大量新建社区中，特别是远离城市中心商业区的社区兴建，相应的社区商业未能同步配套，造成新的购物难。相对于红火的中心区商业，社区商业中便民利民的中小零售商业网点，严重被忽视，网点总量相对不足，已成为影响市民生活质量的一个重要方面。

操作程序

八、社区开发推动社区商业发展

社区商业由于大型商家的参与、整合，提升了社区商业的档次，提供了更周到、更健康、更全面的综合服务，改变了零散分布模式，发展成集购物、休闲、服务等诸多功能于一身时，社区商业便显露出可观的赢利前景。目前，最发达城市如北京、深圳、上海等，社区消费仅占整个城市社会消费品零售总额的三分之一，按发达国家经验，社区商业所占消费零售总额比例一般在 40% 左右，由此可见，中国社区商业发展前景广阔。

1. 零售巨头抢占社区"根据地"

零售巨头在商业中心区打响地盘争夺战的同时，社区商业也成为白热化的商战焦点，并成为新的根据地。超市百货迫不及待抢占社区市场，主要归咎于三个方面的原因：

利润动因	竞争动因	成本动因
社区组团规模大、人口多、收入高、消费力强劲，且社区居民追求便捷的购物需求，决定了社区消费的稳定和可观的商业利润	零售业竞争近乎残酷，商业已进入规模连锁竞争时期，社区作为零售的终端市场，谁拥有了社区，谁就拥有了零售市场的"根据地"	城市中心商业的经营成本越来越高，而中心商业正逐步被社区商业分流，新兴的社区组团商业运营成本相对较低，极大地降低了经营风险和压力

零售巨头抢占社区"根据地"的三大原因

正是这些"供"与"需"的碰撞，产生了以大型商业为主导的新型社区商业中心。

2. 城市社区商业布局合理化，商业中心与社区商业分工

城市零售业态在空间上的布局一改往昔城市商业中心的状态，而出现"边缘崛起"。目前，在城市商业领域，出现了"集聚——扩散"的发展趋势，即：品牌商品向城市商业中心集聚，以此来展示品牌效应和商业利润；日用商品向社区扩散，以减少消费者的购买成本，表现为区域性零售分中心与市中心并存、品牌商品经营在城市或区域性商业中心、便利品经营在邻近居民集中居住区布点的迹象。

3. 城市社区零售商业业态多样化，充分满足社区消费需求

社区商业中心普遍位于小区的中心位置，社区消费需要的服务业态主要包括日常生活购物店（如超市、便利店、家庭百货店、专业店）、生活配套设施（如银行、洗衣店、美容美发店、维修店、书店、电信和邮政点），以及休闲娱乐设施（如餐馆、咖啡厅、酒吧、健

身房），它们共同构成社区商业的内容。既能满足传统的衣、食、住、行需要，又能适应新型的消费需求。

4. 社区商业价值增长较快，盈利能力强

近几年社区商业的价值与住宅一同飞涨，广州、上海、深圳、北京等一线城市的社区商业商铺售价早已超过 10 万元 /m^2，而一些人流大的区域商铺价值同样显现，商铺销售火爆。而利用旧城改造契机，发展出的社区商业又体现出极强的盈利能力。原有旧城区通过社区综合体等形式开发，由于位置靠近老城中心，人流多，消费能力强，通过社区商业的开发和挖掘，商业价值很快体现，商铺租售两旺之势。

新手知识总结与自我测验

总分：100 分

第一题：社区商业中社区与商业是何关系？（20 分）

_____

_____

第二题：你印象中社区商业开发最为成功的五个项目？（5 分 / 个，共 25 分）

_____

_____

第三题：集中型商业与零散商业面积配比多少较为合适？（25 分）

_____

_____

思考题：某外向型小区建筑面积 35 万 m²，周边有三个小型小区，建筑面积约 15
万 m²，这三个小区商业配套较为缺乏，商业经营面积约 1000m²，小区附近 3 公
里范围内人口约 2 万人。请思考小区需规划多少商业面积较为合适？（30 分）

_____

_____

_____

_____

得分：   签名：

社区商业
新兵入门

02

社区商业的发展历程及趋势

操作程序

本章使用指南

社区商业在中国的发展与中国的特殊国情息息相关。上海和北京虽然处在全国社区商业发展的前沿，但是相比国外，我们无论从社区商业的零售总额、社区商业的发展形态等来看，都相差甚远。本章不仅描述了我国社区商业的发展现状，而且总结了国外社区商业发展的六点成功经验，它代表着中国社区商业的发展方向，具有重要的借鉴意义。

操作程序

一、中国社区商业的发展现状

1. 人口迁移孕育的特殊国情

由于国内特殊的国情和发展特点，决定了国内社区商业的开发和发展与国外社区商业开发和发展存在差异。人口迁移从郊区流向城区，从老城区流向新城区，这已经成为我国一种特殊的国情。导致"沿街商铺"为载体的初级发展阶段将持续相当一段时间。

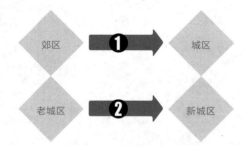

人口迁移的两大流向

国情一：从郊区流向城区

我国特殊的国情决定了我国的城市化发展与国外多数国家在很大程度上都不一样。我国在城市化进程当中，由于农村承包责任制、大学生扩招等措施使得每年都有大量的农村人口流向城市或转变为城市人口，因此，城市人口日益递增。

国情二：从老城区流向新城区

另一方面，城市不断扩张，出现了大量的城乡接合部、开发区，在这些区域兴起了大量的新兴住宅项目，一些以往在市中心（老城区）的居民以及外地务工人员开始逐步往这些城乡接合部（新城区）流动。

2. 城市依然是社区商业发展的主角

国内的经济水平以及公共交通情况使得我国的消费者还不可能在短期内实现郊区生活、市区办公的状态。而由于经济水平持续高速增长，农村承包制度，大学生扩招，城市开发区的投资、经济适用房的建设、中高档商品房的开发等城市化进程的步伐使得越来越多的农村人口走向迁往城市，越来越多的城市人口聚集到一块，形成了越来越多的社区，相应地也出现了越来越多的社区商业。

因此，与国外社区商业不同的是，在较长的一个时期内，我国的社区商业仍然集中在城区范围之内。

3. 社区商业将成未来主流

从商业形态来看，由于国内目前的住宅社区大都集中在城市。而在城市，商业已经发展比较成熟，形成比较固定的商业中心区、次中心区，且商业业态的结构一应俱全，包括大型的百货、购物中心、超市等商业形态，竞争较为激烈。因此，购物中心在国内的社区商业发展中暂时还不会像国外一样成为社区商业开发的主流，仅仅在少数发达城市是目前社区商业的方向之一。反而对于目前国内大多数城市而言，只能以商业配套的形式出现，且大部分为零散、小的商铺，视周边的具体情况，可能会涉及超市、大卖场等形态。

4. 国内社区商业还处于以"沿街商铺"为载体的初级发展阶段

我国的社区商业还处于起步阶段，社区商业主要以历史形成的沿街商铺为载体。这种商业形式是自然形成的，缺乏统一规划，业态档次普遍较低，社区商业功能不全。虽然国内出现了一大批"购物中心"、"生活广场"、"娱乐休闲一条街"等令人眼花缭乱的社区商业项目，其定位上提出超出社区服务范围的口号，但是从实际情况来看，它们多数仍是以服务社区居民为主要目的。

总的来说，目前国内的社区商业普遍带有浓厚的社区底商特点，与国外成熟的社区商业模式相比还有很大差距。

5. 目前对社区商业价值还存在两个极端认识

第一，有些开发商认识到了社区商业的价值，认为商铺店面的售价要比住宅高，但是将商业面积做大，而对于下一步的销售状况以及经营状况不作考虑，它们看到了社区商业的价值，但不知道如何去操作，如何去实现这个价值。

第二，无视社区商业的价值，认为社区商业可有可无，只是随便安排一些底商，而对于如何经营这些底商根本不去考虑。

这两种认识都是错误的，对于社区商业甚至整个地产项目的发展都是不利的。

操 作 程 序

二、北京社区商业的发展状况及餐饮特色发展模式

奥运因素，让北京的社区商业呈现加速发展趋势。超级大盘竞相崛起导致社区商业竞争日趋激烈。北京通过特色餐饮走出了一条与众不同的发展道路。基本上，每盘有商业，每盘有餐饮，每盘有特色。

1. 北京社区商业的现状

从满足消费者的实际需求来，北京的社区商业快速发展与滞后需求并存，主要表现在：

（1）商业设施配套不均衡

北京市共有2300多个社区，但整体配套分配不均，一些配套好的社区，居民可以实现就近消费，享受便利的服务；而另一部分社区配套不足，满足不了居民日益变化的消费需求。

（2）业态不齐全

业态不齐全也是社区商业发展的障碍。由于招商过程缺乏完整统一规划，缺少一个有凝聚力的商业中心，以招商为目的，忽略后续经营，导致经营档次不高，无法刺激人们的消费欲望。

（3）经营意识不强

北京一些社区商业尚处于传统开发期，社区的商业业态存在着许多不尽如人意的地方，如低端商业与居住区混杂开设，油烟、噪声等严重影响社区生活，破坏社区环境，造成安全隐患。虽然一些新建住宅配套建设了商业设施，但存在着重房产开发、轻商业建设的现象。

（4）底商建筑结构设计不合理导致租售不畅

北京社区商业中的底商建筑结构设计存在诸多问题，比如楼层过高或过低，又如商铺的长宽比例不协调，这样的商铺商户购买或租用后还需要经过特别大的改造之后才可以顺利进行经营，造成了时间成本和资金成本的浪费。

（5）租金高制约了商业发展

制约社区商业发展还有一个瓶颈是租金问题。由于社区商业面积最终卖给了投资者，而投资者希望尽早收回投资，所以租金定价普遍较高。高租金从而加大了经营的压力，使商家进驻经营变得犹豫。即使有些商家承受了较高租金进驻经营，但关门走人的风险也较大。

（6）商业配套面积过大导致空置

北京的商业配套面积越来越大，百万平方米大盘随处可见，而商业配套面积比从3%到5%再到10%，利润的驱动，让开发商开发充满暴利的心理。如果配套商业设施体量过大的话会给后期的招商和经营管理带来麻烦，会造成部分商铺空置。

2. 注重社区商业的概念和主题包装是北京社区商业开发的典型特征

从以"欧式商业步行街"概念炒作成功的"现代城"、"欧陆经典"，到"珠江骏景"，

再到现在的"老番街",社区底商已一改过去纯粹的配套服务功能,开发商愈加注重突出项目的概念和主题包装。

而就市场反馈来看,概念型社区底商的招商效果也的确令人满意,不仅如此,底商与住宅的销售相辅相成,开发商"名利双收"。但同时我们也注意到:某社区底商项目在招商时是买家的抢购对象,出售率达到100%,但就目前店铺开张的效果来看却未能达到人们的期望值。新颖的主题包装无疑为项目增色不少,但绝不应是开发商的制胜法宝。

3. 餐饮是北京社区商业的最大亮点

从临街为市到购物中心,从城市的核心商业到社区商业,随着人们精神物质需求的日益提高,餐饮业与社区商业成了一对孪生兄弟终于找到了和谐共处的模式,现在的餐饮业已托起北京社区商铺的半边天。

亮点1:餐饮商铺面积越来越大

新建社区商业的餐饮主题商铺面积越来越大,超过1万m²、以主题商街形式打造的餐饮商街也变得越来越普遍。如位于西四环的WE商街文化主题餐饮街面积在11000m²;南二环的富力信然广场除了富力皇后大道上设计了适宜餐饮进驻的商铺外,还打造了总建筑面积达4500多平方米的独栋餐饮楼和双子1、2号餐饮楼;朝青板块的国美第一商街10万m²的商业面积更是直指"京东第一美食街"的目标。此外,奥北立水桥区域内的东亚奥北商街也是将3万m²商业中1.6万m²的面积用以打造特色主题餐饮街区"辣街"。

亮点2:越"特"越流行

特色餐饮,实际上是北京社区餐饮商铺走向细分的结果。在北京餐饮市场中,"前三门吃品位、王府井吃丰富、西单吃快捷、方庄吃风味、三里屯吃时尚、什刹海吃文化、东三环吃浪漫、阜石路吃高雅"的说法广为流传。这些特色餐饮商街的共同之处在于,借用丰富且特色的餐饮业态成为服务社区且填补区域空白的餐饮消费地。

例如,为了打造继簋街、方庄美食街之后又一个特色主题餐饮示范街,东亚奥北商街借项目与目前国际最新商业发展形态——轨道商业相契合的优势,在特色中继续找"特色",推出了全新特色主题餐饮街区"辣街",成为北京第一个以辣味美食为主的社区特色餐饮街区。东亚奥北"辣街"的4栋独立商业楼里,涵盖中国传统餐饮中的四川麻辣、湖南劲辣和贵州酸辣等各种辣味美食（表2-1）。

🌐 **北京部分特色主题商街情况表**　　　　　　　　　　　　表 2-1

楼盘名	特色餐饮主题商街	面积	特色之处
三环新城	SUNNY TOWN	一期食尚街规划为临街2～3层商业用房，总面积2万m²	以湘、川、鲁、淮扬、东北、西北等各大菜系，中档海鲜、火锅、家常菜及各种风味小吃和营养快餐为主的"特色餐饮示范街"
国美第一商街	京东美食街	3万m²	
富力皇后大道	楼王	4500多平方米的独栋餐饮楼和双子1、2号餐饮楼	4500多平方米的独栋餐饮楼和双子1、2号餐饮楼
东亚奥北商街	辣街	将3万m²商业中1.6万m²的面积用以打造特色主题餐饮街区"辣街"。餐饮比例高达52%	成为北京第一个以辣味美食为主的社区特色餐饮街区。东亚奥北"辣街"的4栋独立商业楼里，涵盖中国传统餐饮中的四川麻辣、湖南劲辣和贵州酸辣等各种辣味美食
WE 商街	京西首席主题餐饮文化街	11000m²	We商街包括30多个独立商业单元，构成了整体餐饮商业群落优势，一层定位于中小型独具特色的文化主题餐饮街

亮点3：北京餐饮与社区商业和谐共生

餐饮业与社区商业要和谐发展，重要的是如何在规划和设计上做文章。餐饮需要解决的问题就是减少噪声和油烟对居民的影响，而要解决这些问题，最重要的是在规划上做文章。

1）社区商业配套独立成栋，商住分离

以前由于都是底商的模式，所以饭馆的油烟不可避免地对居民造成侵害。如果社区配套商铺独立成栋，这样就可以避免餐饮的噪声、油烟对居民的影响。

北京已经有越来越多的项目将社区商业规划成为独立的商业建筑，比如世纪星城、北京华侨城以及国瑞城等，这些项目的社区商业与住宅相分离，商业不进驻小区之内。与此同时，这种拥有独立建筑的社区商业由于规模较大、业态齐全，同时极具开放性而获得了更为广泛的客群。

商住分离模式的好处

这种模式一方面替代了以往那种零散的商业运作方式，使商家高度集合；另一方面也消除了由于社区商业带来的空气污染、出行困难、治安不好等弊病。

2）打造美食一条街

打造美食一条街是北京社区商业开发的"杀手锏"模式。许多新开楼盘在社区的商业配套上花费很多心血，不仅在做独立商业这一概念，而且做社区步行街、美食一条街等，把城市步行街的概念补入到社区，这样既可以避免以前那种底商对居民的影响，还可以形成特色，使居民除单纯的购物外，在业余时间还有一个好去处。

3）政府牵线搭桥

政府成为市场的推手。如北京市商务局推广餐饮连锁企业进驻社区的统一"推荐"活动。针对如天通苑、回龙观，以及其他已经建成入住的大型经济适用房社区或者中低价位的居住社区。这些社区都属于建筑面积一般在 200 万～300 万 m² 的超大型社区。

亮点 4：因地制宜、因人制宜规划

北京市政府规定：距离市级、地区级商业中心 1 公里以外的居民区，原则上居住人口 1 万～3 万人应有一个综合性的社区商业中心，营业面积总规模一般应为 5000～15000m²，以一家经营食品、日常生活用品为主的大中型综合超市和一家经营蔬菜等鲜活商品、摊商集中的社区菜市场为骨干，同时发展餐饮、美发、洗染、修理、回收、代办等各类小型生活服务及金融、邮政等配套网点，使之基本满足周边居民日常生活的多方面需要。

同时规定：目标消费群的构成差异要求在规划社区商业时照顾到少数民族、知识分子、弱势群体等特殊人群的生活习惯和生活特点。在少数民族聚居地区，适当发展符合民族消费习惯的商业服务经营网点；在知识分子聚居地区，加大生活服务业和文化产业的发展力度；在老年人居住较集中的地方，适当发展为老年人服务的经营网点。

操作程序

三、上海社区商业的发展现状及社区商业标准体系

1. 上海社区商业的发展阶段

上海社区商业的发展的历史演进过程，大致可以分为三个时期，主要呈现三种形态：

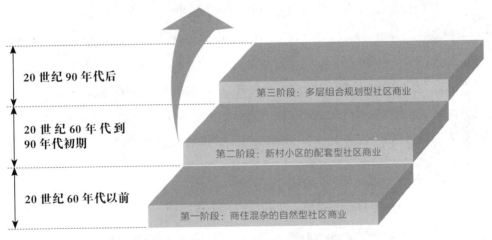

20世纪90年代后	第三阶段：多层组合规划型社区商业
20世纪60年代到90年代初期	第二阶段：新村小区的配套型社区商业
20世纪60年代以前	第一阶段：商住混杂的自然型社区商业

上海社区商业的发展的历史演进过程

（1）商住混杂的自然型社区商业

这种类型的社区商业是历史上积累和自发形成的。在上海中心城区特别是内环线内，居住人口密度高，商旅流动人口数量大，各类日常消费需求数量大，沿街形成了各种类型的小店铺、小作坊和服务型设施。最为典型事例是，存在数量众多的为居民供应热水的老虎灶和小浴室。

（2）新村小区的配套型社区商业

20世纪60年代到90年代初期，上海新建了一大批新村小区，按总建筑面积3.5%的

商业设施配套，以保障居民的日常消费需求，形成了配套型的社区商业。较为典型的有上海曲阳新村的封闭型社区商业。

（3）多层组合的规划型社区商业

20 世纪的 90 年代后新建的小区，由于开发商的规划定位各异，形成了多层次组合的规划型社区商业。例如，上海古北、联洋、碧云、大宁等国际社区和相关社区商业，以及上海郊区城镇沿街住宅楼底铺型的社区商业。

2. 上海社区商业目前存在的问题

（1）缺乏比较完善的社区商业整体规划

上海社区商业建设责任主体是各区县政府。目前，尚缺乏较完善的整体规划，往往注重于局部数个点上的布局，各街道之间的统筹协调、互补相容不够。不少地区既有社区商业配套不足，也存在过度配套的问题。随着城市建设和旧区改造的不断推进，一些人口导入区内居住人口迅速增加，社区商业配套设施还跟不上，但在部分较成熟的大型居住区域内，以大型综合超市为代表的商业设施往往扎堆开设，竞争激烈，给社区交通、环境和中小商户带来不利影响。

（2）改造提升传统社区商业较为困难

传统居住区商业往往将公建配套商业网点和居民住宅设置在一起，随着超市、便利店、快餐等新的零售业态不断出现，客观上要求商业和居民区能够适当分离，既方便购物消费，又能还居民安静舒适的环境。但是，这些社区受到建筑空间和周边环境的影响，动迁成本较高，难以将商业网点进行适度集中设置，使得对这些社区商业进行改造和调整不易到位。

（3）社区商业现状和居民消费需求有差距

近几年上海经济快速发展，人民生活水平明显提高，已初步进入小康社会的消费水平，居民对消费的需求已经不限于商品的品种和价格，品牌消费、服务型消费和消费环境等因素越来越受到消费者的重视。但是，目前一些社区的购物环境、服务质量和业态配置，尚不能完全满足居民对休闲、娱乐及生活服务等综合消费的需求。

（4）政府对必备型业态配套缺乏调控手段

20世纪90年代后期，原有的住宅公建配套商业网点划拨政策按规定取消后，由于对新建居住区网点配套不再刚性要求。开发商往往注重房产效益而忽视配套商业，特别是菜市场、大众化餐饮、理发、沐浴、维修等带有一定公共服务性质的必备型微利行业，供需矛盾突出，影响居民日常生活，而目前政府商业主管部门还缺乏有效调控的手段。

3. 上海着力构筑社区商业的"无缝体系"

上海进入有意识地规划社区商业之后，提出了社区商业的整个标准体系，这个标准体系不仅成为推动社区商业的制度推手，也成为其他省市学习的范本。

（1）上海社区商业的等级结构

上海社区商业正在逐步形成多层次的等级结构，含社区商业中心、居住区商业、邻里生活中心和街坊商业四种形态（表2-2）。

● **上海社区商业分级指标规模**   表2-2

分级	指标		
	商圈半径（km）	服务人口（人）	商业设置规模（建筑面积，m²）
社区商业中心	3	10万～20万	9万～18万
居住区商业	1.5	3万～5万	2万～4.5万
邻里生活中心	0.5	1万～1.5万	0.5万～0.8万
街坊商业	0.2	0.4万	≥0.06万

1）社区商业中心标准

在多个居住区的中心，与居住人口规模相对应，设置较完善的、以满足居民日常生活为主的商业和服务业，服务对象为该区域及部分外来消费者的规模较大的社区商业。社区商业中心一般以大型综合超市、百货店等大型商业设施为核心，同时设置各类专业专卖店和休闲娱乐等网点，商圈半径约3公里，服务人口约8万～10万人。

如上海百联西郊购物中心，其营业面积达到 6 万 m²。这是上海市第一家开放式社区购物中心，汇集世纪联华大卖场、友谊百货、永乐家电等各类卖场和专业专卖店。

2）居住区商业标准

在居住区，与居住人口规模相对应，设置较完善的、能满足居民日常生活所需的商业和服务业，服务对象主要为该居住区居民的社区商业。居住区商业一般以大型超市为核心，配置各类生活服务网点，商圈半径约 1.5 公里，服务人口约 3 万～5 万人。

如上海证大大拇指商业广场，位于浦东新区联洋国际社区，营业面积约 2 万 m²，融合购物、服务、文娱等各类功能业态。两种商业的功能与业态组合见表 2-3。

⊕ 上海社区商业中心、居住区商业的功能与业态组合　　　　表 2-3

主要功能	业 态 组 合	
	必备型业态	指导型业态
提供较完善的、能满足居民生活所需的购物、服务和休闲消费	菜市场、大众餐饮、大众理发、大众沐浴、维修、废品回收	购物中心、百货店、大型超市、超市、生鲜食品超市、便利店、食杂、中西药、日用百货、家庭用品、服装鞋帽、纺织品、钟表眼镜、五金、家电、建材、书店、音像、美容美发、彩扩、休闲、文化娱乐

3）邻里生活中心标准

在居住小区内，与居住人口规模相对应，设置满足居民日常生活所需的商业和生活服务业，与社区服务管理合一，服务对象为该居住小区的居民，商业设施设置相对集中且与住宅相近的社区商业。邻里生活中心一般位于居民小区中心，与居住人口规模相对应，设置商圈半径 0.5 公里，服务人口 1 万～1.5 万人，邻里生活中心是社区商业的一种探索。

如上海闵行区东苑半岛邻里中心，主要为本居住小区进行商业配套，商业面积约8000m²，邻里生活中心设计，以超市、菜市场为核心，同时配置特色商店。

4）街坊商业标准

在街巷主要出入口，与居住人口规模相对应，设置方便居民就近购买日常生活必需商品，为居民提供所需的生活服务的社区便民商业。街坊型商业主要呈沿街散布的状态。主要的商业业态有便利店、理发美容店、折扣店、药店、供水站、杂货店、咖啡店、大众餐饮、小五金杂货点、家用电器维修中心等。

以上两种商业的分类与功能见表 2-4。

● 上海邻里生活中心、街坊商业的分类与功能、业态组合　　　　　表 2-4

分类	业态组合		
	主要功能	必备型业态	指导型业态
经济型	保障基本生活需求，提供必须生活服务	菜市场、大众餐饮、大众理发、大众沐浴、维修、废品回收	超市、便利店、食杂、中西药、书报、餐饮、洗染
小康型	满足日常生活必要的商品及便利服务	菜市场、大众餐饮、大众理发、大众沐浴、维修、废品回收	超市、生鲜食品超市、便利店、食杂、面包房、中西药、书报、音像、餐饮、美容美发、洗染、休闲、文化娱乐
殷实型	满足日常生活需求，提供个性化消费和多元化服务	菜市场、维修、废品回收	超市、生鲜食品超市、便利店、食杂、面包房、中西药、书报、音像、餐饮、美容美发、洗染、休闲、文化娱乐、医疗保健、中介服务、生活用品租赁

（2）上海社区商业的业态组合

上海社区商业的业态以经济型组合为基本原则，并根据不同人群设置不同的业态组合。社区商业在布局和设置时，应优先考虑必备型业态的设置；调整和改造的社区商业，其必备型业态设置应通过多种途径逐步符合本标准的规定，但原有和按规划设置的菜市场不得挪作他用。

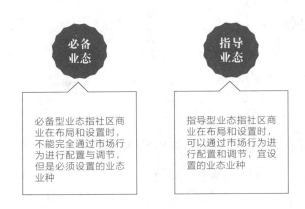

必备业态　　　　　　　　　指导业态

必备型业态指社区商业在布局和设置时，不能完全通过市场行为进行配置与调节，但是必须设置的业态业种

指导型业态指社区商业在布局和设置时，可以通过市场行为进行配置和调节，宜设置的业态业种

上海社区商业的业态组成

（3）上海社区商业的布局形态

1）上海社区商业布局的总体原则

上海社区商业中心、居住区商业和邻里中心布局在位置适中、交通便利、人流相对集中的区域，可结合轨道交通枢纽、沿居住区的主要道路布局和设置。社区商业中心、居住区商业、邻里生活中心的商业布局形态以块状为主、条状为辅，根据规划布局的要求，采取相对集中或集中与适当分散相结合的布局方式，减少商业对居住的影响。

2）上海社区商业中心的布局形态

上海社区商业中心一般以购物中心、大型超市等大型商业设施为核心，同时设置各类专业店、专卖店、生活休闲服务业和文化娱乐业等网点，配建的商业建筑面积不少于人均 $0.5m^2$。集中设置的商业和服务业设施宜采用购物中心的形态，或与社区公共活动中心结合布局，与住宅的间距不小于 50m。

3）居住区商业的布局形态

上海居住区商业一般以社区购物中心为核心，同时设置超市、菜市场、各类专业店、生活休闲服务业和文化娱乐业等网点，配建的商业建筑面积不少于人均 $0.4m^2$。

4）邻里生活中心的布局形态

上海邻里生活中心一般以超市、菜市场为核心，同时设置生活服务业和休闲服务业等网点，配建的商业建筑面积不少于人均 $0.17m^2$。

5）街坊商业的布局形态

街坊商业的布局应适度集中，商业和服务业设施宜临街设置。街坊商业一般以便利店为核心，同时设置日常生活的商业和便民生活服务业等网点，配建的商业建筑面积不少于人均 $0.15m^2$。

（4）上海社区商业重点构建生鲜食品供应体系

上海社区商业以满足和保障各类人群基本的日常生活需求为基本目标。并逐步实现菜市场的"六个化"。

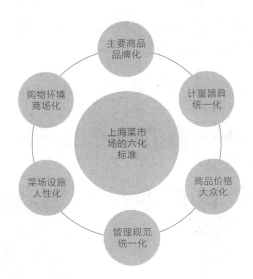

（5）上海社区商业的综合配套和服务规范

社区商业中心、居住区商业有条件的应配建机动车和非机动车场（库），中心城区宜采用地下和多层车库。机动车位按每 100m^2 商业建筑面积配建 2 ~ 3 个，非机动车位按每 100m^2 商业建筑面积配建 7 ~ 10 个。

邻里生活中心、街坊商业的店招、店牌、灯光等形象设计宜统一规范设置，与社区的建筑风格相协调。菜市场、浴场、餐饮店等对居住有影响的商业网点应与住宅分开设置，与住宅间距不小于 50m。菜市场应设置在运输车辆易进出、相对独立地段，并配有停车、卸货场地。社区商业的网点应证照齐全，合法经营，有固定的营业场所（地）。

（6）上海社区商业注重把握社区生命周期和社区商业发展节奏

社区生命周期，可以分为雏形期、成长期、成熟期和衰退分化期等各个不同发展阶段。上海识别社区发展各个不同阶段，主要通过四个指标。

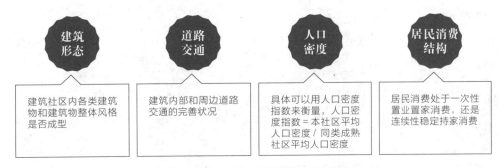

识别上海社区生命周期的四个指标

发展社区商业，应该根据社区生命周期的各个不同阶段，正确选择可以生存的零售业态、消费总量、市场容量、商家规模和经营特色。

操作程序

四、国外社区商业的发展状况及六点借鉴经验

1. 国外社区商业的产生

国外的社区商业主要以购物中心的形式出现。国外的购物中心分为地区型购物中心、社区型购物中心和近邻型购物中心三种，我们以美国为例对三者进行比较，见表2-5。

● 国外社区商业分类及特点 表 2-5

项目 \ 类型	地区型购物中心	社区型购物中心	近邻型购物中心
占地面积（m²）	122000 ~ 405000	40500 ~ 122000	13000 ~ 41000
出租面积（m²）	36000 ~ 180000	9000 ~ 36000	1800 ~ 9000
核心租户	1 ~ 2家或更多传统百货商店	一家百货商店或杂货店或大型折扣商店	超级市场或杂货店
商店数目	50 ~ 150 个	15 ~ 50 个	5 ~ 15 个
商品和服务范围	向消费者提供商品种类最多，有助于仔细选购，能提高顾客购物经验	适当的商品种类，主要为选购商品和方便商品，并结合服务	向顾客提供最低限度的商品种类，更强调方便商品和便民服务
最低支持人口（人）	100000 以上	20000 ~ 100000	3000 ~ 5000
购物者乘车到达时间	30 分钟以上	最多 20 分钟	不到 15 分钟

从表2-5可以看出，美国社区购物中心在面积、服务人口、商店数目等方面都介于地区型购物中心和邻里型购物中心之间。社区购物中心的零售商们联合扩大经营的范围，不仅增强对人们"一站式"购物的满足能力，还向社区居民提供丰富的服务项目和休闲娱乐项目，因此社区购物中心在各国城市整体商业中具有重要的地位。例如，美国2000年全国社区购物中心零售额为4494亿美元，高于近邻型购物中心（3205亿美元）和区域型购物中心（1429亿美元）。

2. 国外社区商业发展概况

（1）国外经济水平的发展和人们生活水平的提高是社区商业转型的根本原因之一

社区商业主要是为了满足社区居民的日常生活消费的需要，其业态具有明显的生活配套特征。在业态配置的主次安排上，一般可做如下区分：

当社会的经济水平发展到一定程度的时候，城市的商业形态不再仅仅以市集为唯一的表现形式，各种零散的商业形态逐步渗透到人群比较集中的社区，服务居民的日常消费需求。在美国，社区商业的发展于20世纪50年代出现了质的转变——由零散、杂乱的商业形式转向集中、现代的商业形式。当时由于家庭汽车的普及，以及城郊新建的发达的高速公路，使得城市居民大量向郊区扩散，由此产生了专门为郊区新建居住区居民服务的社区商业。英国、日本、法国等西方国家和新加坡、韩国、我国台湾地区等相继发生。

（2）社区购物中心是国外社区商业的主要表现形式

社区购物中心是一种比较先进的零售业态，相比传统百货而言，有规模更大、业态更全、商品更多、建筑更新等优势。国外的社区商业主要以购物中心的形式出现。

何谓购物中心？

购物中心是一种现代的零售业态，美国的《零售辞典》对购物中心是这样定义的：购物中心是一个由零售商店及其相应设施组成的商店群，作为一个整体进行开发和管理，一般有一个或几个核心商店，并有众多小商店环绕。购物中心有宽敞的停车场，其位置靠近马路，顾客购物来去便利。

（3）国外社区商业中心强调满足"一站式"购物功能

国外社区购物中心的零售商们联合扩大经营的范围，不仅增强对人们"一站式"购物的满足能力，还向社区居民提供丰富的服务项目和休闲娱乐项目，因此社区购物中心在国外城市整体商业中具有重要的地位。美国社区购物中心在销售额、面积、服务人口、商店数目等方面都介于地区型购物中心和邻里型购物中心之间。

各国社区购物中心的不同，体现在规模、服务人口数量、甚至是布局、形态等方面，如表 2-6 所示。

英美两国社区购物中心对比表　　　　　　　　　　　　　　表 2-6

要素	美国社区购物中心	英国社区购物中心
形态	以单层楼为主	多层的购物中心和多层停车场
面积	9000 ～ 36000m^2	1 万～ 3 万 m^2
服务人口	2 万～ 10 万	2 万～ 4 万

3. 国外社区商业的六点借鉴要点

国外社区商业从原始的、自发的零散商业向集中、专业、现代的社区商业转型的根本动力是消费水平的逐步提高。经过多年的发展，国外的社区商业已经具有了明显的特征。

借鉴点 1：国外社区商业功能——便利性与多样性形成竞争力

社区商业尽管长期以来没有得到市场甚至政府的足够重视，但实际上其对城市商业的发展和结构的优化都起着重要的作用，并且在各种业态的竞争中始终能有自身的立足之地。在市场竞争中，尽管比起超市、百货、购物中心等商业形态有诸多的劣势，但也有其核心的竞争力——便利性和多样性。这样的市场定位决定了其商业功能的亲和力。

1）便利性

社区商业由于离消费者最近，因此它需要负责消费者所有的日常消费需求。社区购物中心提供的商品包括便利品和选购品，主要有杂货、食品、衣服、鞋帽、家具、家电、建筑材料、药品、珠宝饰品、礼品、酒类等，商品的档次要根据所服务社区的经济状况而定，一般以中档品为主。

2）多样性

国外社区商业是为了适应城市居民郊区化而建立的，除了满足基本的生活日常消费功能外，还包括服务功能和娱乐功能等。为了加强这种综合性的服务功能，国外的社区商业中心不仅使上述的各种服务设施一应俱全，还注重对社区居民综合消费氛围的培养，比如，在美国的许多社区商业中心里，多处高悬着"一起买，一起吃，一起玩"的标语，公共空间里的大电子屏幕，向人们展示中心提供的各种服务，引导人们进行消费（表2-7）。

🌐 国外社区商业的多样性功能　　　　　　　　　　　　　　　　表 2-7

功能	业种
服务功能	银行、邮政、电信、图书馆、警察所、医疗中心等公共事业，也包括干洗、修鞋、裁剪、洗车等日常服务
休闲娱乐	提供许多流行的娱乐设施，如雕刻、滑冰场、电影院、健身房、摄影、旅游代理等
餐饮	各种类型的餐饮服务，也是社区商业中心的功能之一，快餐、酒吧、咖啡屋等不仅解决了人们购物、娱乐过程中的饮食问题，也是朋友们约会、休闲的良好场所

借鉴点2：国外社区商业的业态构成——主力店拉动，品牌连锁店互补

1）主力店必不可少

在国外，消费者的消费能力较高，且消费者的多样性和个性化体现丰富，因此国外的社区商业也表现出了各种类型。但购物中心仍然是其社区商业的重要表现形式之一。有购物中心必然会有一定的大型主力商家，以提升整个社区商业的形象和商业氛围。购物中心的大型主力商家基本上都是知名的超市、百货企业为主。例如，美国的沃尔玛、法国的家乐福、日本的大荣、韩国的特易购、英国的 TESCO 等是许多社区商业的招牌，社区商业靠它们的品牌影响力来提升对附近居民的吸引力。

2）品牌连锁店与主力店业态和优势互补

另外，品牌连锁店也逐步实现了对社区商业的渗透。各种不同规模、不同业种的连锁专业店、专卖店是支撑社区商业中心的骨干力量，是社区商业中心形成和发展的基础。购物中心和此类的连锁经营商家互惠互利，达到了比较优化的业态构成和功能互补。

借鉴点 3：国外社区商业的开发——政府主导，多方参与，开发与经营分离

1）国外社区商业的开发，政府起到重要的主导作用

国外社区商业的开发，甚至其他商业地产形式的开发，政府在这个过程中起到了一定的指导作用，在最大程度上规避了商业地产开发的风险。而在国内，以北京为例，目前北京各住宅区均为封闭式管理，因此各区的社区商业发展是各自考虑各自的发展。除非是同一开发商在同一地区开发若干不同档次项目，否则就很少有机会考虑如何整合资源。表 2-8 为各国商业的投资主体形式。

🌐 **各国社区商业的投资主体形式**　　　　　　　　　　　　　　　　　　表 2-8

国家	业种
英国、新加坡	政府对社区商业的开发实行比较有力的监督和引导，开发商须与地方政府结成共同开发的伙伴关系，方可进行
美国	政府对社区商业开发的政策则稍显宽松，主要是一些私人开发商以赢利为目的而进行开发
中国	由开发商决策

2）社区商业开发商背景汇集各方资本

国外商业、社区商业的开发商背景不一，国外社区商业的开发商主要有大型零售商、专门的商业开发商、房地产开发商、甚至是保险公司、基金会等。美国的养老基金则是比较突出的一种资金来源，其中商业企业和地产公司联合开发的做法也比较普遍，如澳大利亚的 C.lesMyer，日本的太丸、伊势丹、高岛屋等大零售企业和当地地产物业公司联合建设的社区购物中心在上述国家到处可见。

3）开发和经营分离

国外商业地产的操作一般都是开发和经营分离的做法。开发商负责前期开发，经营商负责后期的定位、招商、经营和管理。这种操作方法是比较科学的商业地产开发模式，更利于商业后期的经营和成长，便于形成良性的运作机制。

借鉴点4：国外社区商业的布局与设计——重视核心承租户、科学布置、充分考虑装饰

1）重视对核心承租户的科学组合与安置

国外社区购物中心都有严格的设计布局，其目的是使购物中心的任何一部分都能吸引大批的购物者。购物中心重视对承租户的科学组合与安置，核心承租户对引导人流起关键作用，占总购物中心面积的约40%，其位置最先确定。对普通承租户的位置安排，充分考虑他们之间亲和力的不同，一些经营项目需组成群体以增强吸引力，而另一些经营项目必须相互避开。

2）按照经营项目类型布置

一般来说，国外的社区商业中心，会把四种类型的经营项目分别汇集在一起（表2-9）。

⬤ 国外社区商业经营项目的布置方式　　　　　　　　　　　表2-9

层数	经营类别	经营项目
一	男士用品店	男鞋、男装、运动用品等应当集中布置
二	女士用品店和儿童用品店	女士用品店和儿童用品店，应该集中在一起，便于消费者进行价格、颜色、款式的比较
三	食品零售店	肉店、鱼店、面包店等
四	个人服务	干洗店、修理店等也要集中布置

3）充分考虑商店的装饰效果

国外社区购物中心在总体布局确定以后，还充分考虑商店的装饰效果，承租户的平面布局和店面装饰需要在统一和个性之间维持一种平衡，既要有必要的控制，保证所有商店具有整体性，又要避免标准化的设计，提供给承租户表现个性的机会。

借鉴点5：国外社区购物中心的承租策略——按面积和营业额收取租金

1）国外社区购物中心的承租特点

出租期限的长短跨度很大，从十几年到几十年不等；租金通常在每季度的前几天支付；考虑到通货膨胀问题，大多数购物中心都每隔5年左右，对租金进行重新审议；社区购物

中心一般禁止承租户自行对商店进行转让。

2）按面积和营业额收取租金

租金是承租关系中非常重要的一个方面，由于承租面积的大小和承租的具体位置不同，以及各承租户经营的商品品种和利润不同，并非每个承租商都交纳同样的租金。收取的租金一般分两部分，一部分是按面积收取，称为保证租金；另一部分按总营业额的一定比例收取，总营业额的计算通常每年进行一次，对营业额收取租金的比例取决于承租商的平均费用、商品价格、利润率等相关因素。

借鉴点6：国外社区购物中心的管理——管理者集中管理、承租户分散经营

1）国外社区购物中心的管理模式

社区购物中心管理的目标是尽可能长期地维持和加强社区购物中心的经济效益，维护商业中心的建筑物和设备，同时与有关各方保持良好的关系，保证购物中心在社区中有良好的商誉。国外社区购物中心有统一的管理者对租户群体进行有效的管理控制，是一种管理者集中管理、承租户分散经营的模式。

2）国外社区购物中心的管理工作内容

物业管理：包括卖场环境设备的维护、安全保卫管理等，其目标是为承租户和顾客提供一个舒适安全的环境；

租户管理：包括对承租户的教育辅导、帮助承租户进行经营分析、店铺调整等，目的是培养能够提供优质服务的店铺；

营销管理：主要是对各承租户进行营销支援并举办统一的促销活动，目的是提升购物中心对附近居民的吸引力；

财务管理：包括收取租金和各项费用，控制开支，协助有关部门进行效益评估等，目标是使购物中心和承租户都取得良好的经济效益。

操作程序

五、社区商业发展的十大趋势

结合国外发达国家的发展历程和国内一线城市的发展现状来看，未来社区商业的发展将呈现十大趋势。

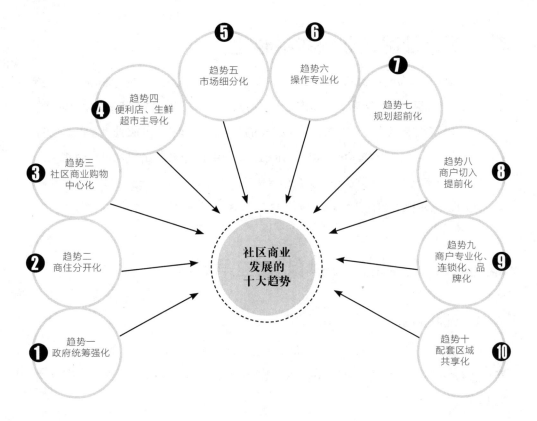

趋势一：政府统筹强化

城市经济的飞速发展，城市市级商业中心、区域商业中心的发展已经相对成熟和稳固，社区及社区商业的发展逐步成为政府发展规划的重要内容之一。由于政府的参与，城市商业项目、住宅项目的开发更加有规律和条理，也更符合城市以及市民的需要，社区商业作为住宅项目的商业配套也会更加合理、有序。

趋势二：商住分开化

社区商业既要服务社区，也要避免和减少相互干扰，社区商业服务与居住区适当分离。要做到商住分开，前期社区总体规划上就要引入集中整合社区商业的概念，将社区商业统一纳入邻里中心，把各个街区变成了真正的纯居住区，不再有沿街马路商店的喧嚣。这种创新的规划思路改变了以往小区开发建设沿街店面的传统模式，倡导一种新颖的社区开发，在满足社区生活功能的同时，也强化了商业的规模经营，必将成为未来的一大趋势。

趋势三：社区商业购物中心化

随着城市化进程不断加快，城区面积不断扩大，出现了越来越多的产业功能区、住宅区等，由于老城区的城市改造难度相对较大，再者土地成本高昂等原因，因此这些功能配套多处在城乡接合部甚至郊区，非常容易形成大型的住宅社区，而相应的商业供应非常匮乏，因此社区商业的可塑性极强。类似购物中心的社区商业中心具有比较广阔的发展空间。

同时，城市产业结构日益合理，大型住宅社区日益增多，living mall、社区生活馆等大型社区商业中心成为社区商业发展的特殊力量。

趋势四：便利店、生鲜超市主导化

1. 便利店

零售商店、菜市场之类的商业形态历来是社区商业的重要组成部分，不过随着市场经济的发展，新的商业形态不断涌现出来。采取连锁经营的便利店开始席卷北京、上海等一线城市，其选址主要是社区。

国外领先业态在扩张策略上会首先选择一线城市。比如7-11便利店、冠军生鲜超市等新兴业态，由于这些业态的进入，不仅丰富了城市的主流商业，社区商业的功能和业态也因此变得更加齐全和多样。

便利店的物业需求

便利店是营业面积在 50 ～ 150m² 左右，经营品种在 2000 种左右，靠近居民区，可以满足顾客的日常消费需求，且缩短了购物的时间，营业时间可达 15 个小时以上甚至 24 小时，全年不休息，门店的位置便利，顾客购物方便，填补了商业中心之间以及超市之间的消费空隙，销售的商品主要以顾客日常的必需品为主，商品价格偶尔会比超市稍贵。

2．生鲜超市

生鲜超市对于一线城市的消费者来说已经不是新鲜事，生鲜超市作为一种采取超市的经营模式，经营产品和菜市场一致，特别是国外的企业在这方面已经有多年的发展经验，完全可以轻轻松松进入这个还未充分发展的市场。因此生鲜超市替代菜市场进入社区也是时间的问题。

趋势五：市场细分化

一线城市人口众多，结构复杂，特别是集中了较多的高文化层次、高素质的人才，因此消费层次不一、消费结构多元，相应的也会造就各种各样的社区商业。

较高的收入水平决定较高的消费水平，这类消费者的消费结构更加多元化，注重生活品质，对充满体验、娱乐、数码等元素的新鲜事物的需求相对其他消费者有所提高。相应的，收入水平较低决定了较低的消费水平，其消费结构则更侧重吃、穿、用等日常生活最基本的消费需求。这些不同的消费特点和消费结构就决定了社区商业在开发时需要考虑商业的业态配比和商业组合。

社区商业会根据不同的消费群体表现出不同类型的社区商业。特别是会出现适当比例的现代型社区商业、高档社区商业、中高档社区商业、大型社区商业、集中型社区商业、年轻人社区商业和外国人社区商业等。

趋势六：操作专业化

住宅越来越多，社区商业的规模也越来越大，其操作难度亦随之增加。另外，目前国内的商业地产大都为开发商开发，然后出售给零散投资者。因此一个商业地产是否做好，不

仅仅影响到周边居民的生活，而且关系到众多投资者的利益。所以社区商业的操作有必要按照购物中心的操作模式，从前期的市场调研、市场定位到后期的招商营销和经营管理都需要经过比较科学的可行性论证，且需要专业的团队配合进行。

社区商业将成为一个独立的产业，引进专有的模式和专业的管理团队来管理经营已经越发重要，如较成熟的新加坡邻里中心社区商业模式。

趋势七：规划超前化

之前由于众多开发商在施工建设过程中，临时规划建设当时突然流行的社区商业项目，导致社区商业不能很好地为社区居民服务，反而给社区居民带来一系列的诸如卫生、环境污染、噪声污染等严重影响日常生活的负面影响。因此社区商业必须考虑纳入项目前期统一规划中，越早规划，越好定位。这种发展趋势已经非常明显。

趋势八：商户切入提前化

商户进入提前化是指开发商在规划建设社区商业项目时就确定进入社区经营的商户。这种开发模式不仅大大有利于社区商业的定位和施工建设，还大大降低了社区商业开发的诸多风险，尤其是大型社区商业中心的开发建设，其对主力店的提前招商进入已经成为普遍的做法。

趋势九：商户专业化、连锁化、品牌化

随着我国社会经济的不断发展进步，社区商业将逐步发展成为一个相对独立的行业。因此，一些专门从事社区商业经营的商家应运而生，它们专攻社区市场环境，熟稔社区商业运营。福特玛连锁超市就是专门入驻大型居住社区面向广大社区业主经营，其已经在华南板块树立了较高的品牌影响力。相信在不久的将来，不单是超市零售业，其他诸如餐饮、酒店、装饰、娱乐、康体健身、美容美发等更多更有实力的行业商家抢食社区商业，以大规模连锁的形式雄霸一隅。

趋势十：配套区域共享化

目前的社区商业在业态定位时其实已经考虑到了与周边商业的互补共享，这不仅减少了众多的同质化竞争带来的经营盈利风险，也节省了开发商大量重复配套所引起的成本浪费。目前，珠江地产与合生创展开发的位于"华景新城·信华经理人家园"小区东侧的"珠江骏园"就充分利用了"华景新城"成熟的社区商业配套，形成同公司、同区域楼盘的社区商业配套共享。可以断言，在未来的一段时期内，同区域不同开发商楼盘实现社区商业配套共享化趋势不无可能。

操 作 程 序

六、全国级示范社区评价规范（样本）

商务部推出的类似国标的全国级示范社区评价规范（样本），这个范本包含《社区及社区商业业态划分说明》，社区商业评价规范（老城区、新建社区、在建社区）四个部分。虽然只是建议稿，但是依然成为全国社区商业由盲目摸索到统一规范，从自评项目到指导未来项目开发的重要依据。

样本 1：社区及社区商业业态划分说明

（一）社区划分说明

1. 按规模划分

（1）大型社区——居住区，是指大规模、公建设施配套完整的聚居地，人口规模 3 万人以上或用地规模 60 公顷以上。

（2）中型社区——小区，人口规模 10000 ~ 30000 人或用地规模 15 ~ 60 公顷。

（3）小型社区——组团，规模一般较小，人口 10000 人以下或用地规模 15 公顷以下，

是单纯的居住形式。

2. 按社区建设时间划分

（1）老社区

老社区是指 2000 年以前建成的、社区商业建设尚无充分规划的社区。

（2）新建社区

新建社区是指 2000 年（含）以后建成的、社区商业建设有比较完善规划的社区。

（3）在建社区

在建社区是指已完成社区商业建设规划，且正在建设当中的社区。

（二）社区商业业态划分说明

1. 社区商业中心、商业街

社区商业中心是在城市的区域中心建立的，面积在 5 万 m^2 以内，集购物、餐饮及其他服务等多业态为一体的商业中心。

商业街是指社区内配置包括购物、餐饮及其他商业服务设施的街道，商业服务设施一般临街设立。

2. 餐饮店

是指即时加工制作、商品销售和服务性劳动等手段，向消费者提供饮料、食品、菜肴、消费场所和设备的经营单位。包括各种酒家、酒楼、饭店、饭馆、餐馆、面馆、早餐店、糕点店、咖啡店、休闲吧、酒吧、烧烤店等。

3. 超市、大型超市

超市是开架售货，集中收款，满足社区消费者日常生活需要的零售业态。根据商品结构不同，可分为食品超市和综合超市。

大型超市是实际营业面积 6000m^2 以上，品种齐全，满足顾客一次性购齐的零售业态。

4. 便利店

满足顾客便利性需求为主要目的的零售业态。

5. 食杂店

食杂店是以香烟、酒、饮料、休闲食品为主，独立传统的无明显品牌形象的零售业态。

6. 维修店

维修店是指社区内配备的家电维修，自行车、摩托车修理，汽车维修服务，修鞋，配钥匙等店铺。

7. 洗染店

从事洗衣、烫衣、染色、织补以及皮革衣物的清洗、上光等服务项目的经营单位。

8. 美容美发店

美发：根据宾客头型、脸型、发质和要求，为其设计、剪修、制作发型，提供肩部以上按摩及其相关服务。

美容：根据宾客的面型、皮肤特点和要求，运用多种美容技术、器械和化妆品，为其提供真皮层以上的护肤美容、化妆美容及其相关服务。

9. 旧货废弃物回收站

旧货废弃物回收站是指社区内配置的收取居民废品的单位。

10. 家庭服务

家庭服务是指提供家庭钟点工、家政服务、家庭护理等服务的机构。

11. 书店、音像店

书店、音像店是指社区内配置的经营书籍、音像制品的经营单位。

12. 照相馆

运用照相机、传统感光材料、存储卡和灯光设备，在室内外拍摄人物、风光、广告等景象，并通过后期加工等技法，来塑造可视画面形象，以及运用彩照扩印设备、彩色相纸、冲洗药液、打印等从事冲卷、扩印、放大彩色和黑白照片的经营单位和机构。

样本 2：社区商业评价规范之一（老社区）

（一）总体要求

1. 大型社区人均商业用地面积不小于 0.7 平方米，中型社区人均商业用地面积不小于 0.5 平方米。

2. 各商业网点证件齐全，合法经营，有固定的营业场所（地）。

3. 社区商业网点的布局考虑便利居民消费，便利服务的提供。

4. 社区商业应服务专业、货真价实。

5. 社区商业服务人员应着装整齐、整洁，举止端庄、礼貌。

（二）餐饮店标准

1. 规模

（1）社区应配备餐饮店，应有单店面积在 100 平方米以上的店铺。

（2）社区应提供早餐服务。

（3）社区的最远就餐距离不超过 600 米。

2. 便利性

（1）应提供电话订餐及送餐服务。

（2）餐饮店应设在交通便利处。

3. 设备设施

（1）餐饮店的厨房、餐厅应有分隔，冷荤的制作有独立的操作空间和卫生设施。

（2）原料、成品、餐具、用具等应分别存放。

（3）有洗涮消毒设备。

4. 环境卫生、安全设施

（1）餐饮店内应保持清洁，清理及时，加工制作应符合食品卫生法的相关要求。

（2）餐饮店周围环境应干净、清洁，与垃圾存放处的距离应超过 30 米。

（3）应有符合环境保护要求的垃圾存放设施。

（4）有应急照明设施及消防设施。

5. 服务

（1）餐饮店应有不同的种类，大型社区应有多种风味的餐饮店（包括清真店）。

（2）服务人员应经相应的培训并具有相应的资质，定期进行体检，持健康证上岗。

（3）餐饮的档次及价格应与社区的消费水平相适应。

（三）菜市场标准

1. 规模

每千人菜市场建筑面积应约 35 平方米。

2. 便利性

（1）菜市场营业时间在 12 个小时左右。

（2）居民距菜市场的最远距离不超过 800 米。

3. 环境、安全设施

菜市场内应保持清洁卫生，有垃圾存放设施。

4. 服务质量

市场规章制度齐全。

（四）食杂店标准

1. 规模

（1）食杂店的辐射半径在 300 米左右。

（2）食杂店的面积在 100 平方米左右。

2. 便利性

便利店的营业时间在 12 小时以上，销售香烟、饮料、酒、休闲食品。

3. 设备设施

食杂店内应保持清洁卫生，有垃圾存放设施。

（五）美容美发店标准

1. 规模

大中型社区应配备美容美发店，每千人美容美发店建筑面积应在 10 平方米。

2. 便利性

（1）最远消费距离 500 米。

（2）营业时间不少于 12 小时。

（3）能提供老年人、儿童理发服务。

（4）能为老年人、病残人提供上门服务。

3. 设备设施

（1）具有与所经营的服务项目相适应的设施设备。

（2）应具有相应的卫生消毒设备和措施。

4. 环境、安全

（1）及时清理，保持店内外的清洁。

（2）从业人员必须经过卫生部门的定期健康检查，且持证上岗。

5. 服务

（1）应在营业场所内明示服务项目和收费标准。

（2）服务人员应经专业培训并具有相应的资质，服务人员应持证上岗。

（3）向消费者提供与服务有关的真实信息，不得欺骗和误导消费者。

（六）维修店标准

1. 规模

（1）社区应配备家电维修、自行车修理、修鞋、配钥匙等店铺。

（2）大中型社区每千人维修店建筑面积应超过 10 平方米，其中家电维修店建筑面积每千人不少于 4 平方米，家电维修单店的建筑面积不少于 25 平方米。

2. 便利性

（1）营业时间不少于 12 小时。

（2）家电维修应提供上门服务。

3. 设备设施

（1）应有相对固定的营业场地。

（2）应有相应的设备工具。

4. 环境、安全设施

维修店应及时清理，保持店内外清洁，无安全事故及安全隐患。

5. 服务

（1）维修服务及时。

（2）服务人员应经专业培训并具有相应的资质。

（七）洗染店标准

1. 规模

社区应配备洗染店，洗染店的辐射半径在 500 米左右。

2. 便利性

（1）营业时间不少于 12 小时。

（2）应提供必要的立等可取的服务项目。

3. 设备设施

应有存放客衣的条件，并保证洗涤后的衣物平整、干净。

4. 服务

（1）应有必要的客衣标识管理，避免错收错发。

（2）应在营业场所内明示服务项目和收费标准。

（八）照相馆标准

1. 规模

每千人照相馆建筑面积应不少于 6 平方米。

2. 便利性

（1）营业时间不少于 12 小时。

（2）最远消费距离在 800 米左右。

（3）应提供照相、胶卷冲洗、扩印、胶卷销售等服务。

（4）应提供立等可取的证件照服务。

3. 设备设施

应有与经营项目相适应的器材、设备。

4. 服务

（1）应明示服务项目及收费标准。

（2）服务人员应经专业培训并具有相应的资质。

（九）旧货废弃物回收站标准

1. 规模

社区应配备旧货废弃物回收站（点），每千人回收站建筑面积应约6平方米。

2. 便利性

（1）营业时间不少于12小时。

（2）应提供上门服务。

3. 服务

（1）场地应及时清理，货品摆放有序，不应占用道路存放。

（2）回收站应每天进行物资清理、转运。

（3）上门服务应及时。

（十）家庭服务标准

1. 规模

（1）社区应有家庭服务网点提供家庭钟点工、家政服务、家庭护理等服务。

（2）家庭服务网点的服务半径为1000米。

2. 服务质量

服务人员应经专业培训并具有相应的资质。

（十一）书店、音像店标准

1. 规模

（1）社区应配备书店、音像店，书店、音像店的辐射半径在 1000 米左右。

（2）每千人书店、音像店建筑面积应约超过 10 平方米。

2. 便利性

营业时间不少于 12 小时。

社区商业全国示范社区（老社区）各项目比重见表 2-10。

⊕ 社区商业全国示范社区（老社区）各项目比重分配　　　表 2-10

项目	比重（%）	项目	比重（%）
总体要求	15	美发美容店	10
餐饮店	15	回收店	5
菜市场	15	家庭服务	4
食杂店	10	书店、音像店	5
维修店	8	照相馆	5
洗染店	8	总分	100

样本 3：社区商业评价规范之二（新建社区）

（一）总体要求

（1）大型社区人均商业用地面积不小于 0.9 平方米，中型社区人均商业用地面积不小于 0.7 平方米。

（2）大型社区应建社区商业中心。

（3）各社区商业设施的外观与社区整体风格相协调。

（4）各商业网点证件齐全，合法经营，有固定的营业场所。

（5）社区商业网点在布局上充分实现便利性。

（6）社区商业设施实现相对集中，住宅和商业的相对分离，以保证住宅的宜居性和商业不扰民。

（7）社区商业应有品牌店或连锁店，货真价实。

（8）社区商业服务人员应着装整齐、整洁，举止端庄、礼貌。

（二）社区商业中心标准

1. 规模

（1）社区商业中心的辐射半径约 2000m，与居住区的距离不少于 100 米。

（2）社区商业中心应配有功能较完善的商业服务业网点 15 个以上，商业业态在 10 种以上，主要配置居民日常生活必需的商业与生活服务业。如超市、便利店、餐饮店、美容美发店、洗染店、维修店、家庭服务、书店、音像店等。

2. 便利性

（1）社区商业中心应设在交通便利处。

（2）社区商业中心应提供银行卡消费服务。

（3）与其他服务机构相配套，如银行、邮局、医院等。

3. 设备设施

（1）各类商业网点应有必要的装饰装潢，与社区档次相协调。

（2）各类商业网点应有足够的营业面积，满足选购和消费需求。

（3）商业、服务设施齐备。

4. 环境、安全设施

（1）保持清洁卫生，有垃圾存放设施。

（2）有应急照明设施及消防设施。

5. 服务

（1）社区商业中心规章制度齐全，有完善的售后服务。

（2）服务人员应经相应的培训并有相应的资质。

（三）餐饮店标准

1. 规模

（1）社区应配备餐饮店，应有单店面积在 500 平方米以上的店铺，应有社会知名的餐饮店。

（2）社区应提供早餐服务。

（3）社区的最远就餐距离不超过 600 米。

（4）餐饮店与居民楼的距离应超过 10 米。

2. 便利性

（1）应提供电话订餐及送餐服务。

（2）餐饮店应设在交通便利处。

（3）大型社区应至少有一家 24 小时服务的餐饮店。

（4）应有提供银行卡消费服务的餐饮店。

3. 设备设施

（1）餐饮店的厨房、餐厅应有分隔，冷荤的制作有独立的操作空间和卫生设施。

（2）原料、成品、餐具、用具等应分别存放。

（3）有洗涮消毒设备。

（4）有空调系统，温度适宜。

4. 环境卫生、安全设施

（1）餐饮店内应保持清洁，清理及时，加工制作应符合食品卫生法的相关要求。

（2）餐饮店周围环境应干净、清洁，与垃圾存放处的距离应超过 30 米。

（3）应有符合环境保护要求的排污、消烟、消声、除尘设施及垃圾存放设施。

（4）有应急照明设施及消防设施。

5. 服务

（1）餐饮店应有不同的种类，大型社区应有多种风味的餐饮店（包括清真店）。

（2）服务人员应经相应的培训并具有相应的资质，定期进行体检，持健康证上岗。

（3）餐饮的档次及价格应与社区的消费水平相适应。

（四）超市标准

1. 规模

（1）大型社区至少有一个面积 6000 平方米以上的大型超市或两个以上的超市，中型社区至少有一个超市。

（2）超市的辐射半径约 1500 米。

2. 便利性

（1）超市营业时间在 12 个小时以上，大型超市有不少于营业面积 40% 的停车场。

（2）超市经营商品种类不得少于 5000 种。

（3）社区居民距超市的最远距离不超过 2000 米。

（4）超市应有刷卡通道。

3. 设备设施

（1）超市应具有冷藏、冷冻、保鲜设施。

（2）超市的收银通道应与超市的规模相适应。

（3）超市应配备空调系统，温度适宜。

4. 环境、安全设施

（1）超市内应保持清洁卫生，有垃圾存放设施。

（2）销售、加工制作的食品应符合食品卫生法的相关要求。

（3）超市内食品区（包括冷、热、包装食品等）、用品区等区域应严格分开，不应交叉。

（4）有应急照明设施及消防设施。

5. 服务

（1）理货员应及时补充商品，收银员收银迅速。

（2）超市规章制度齐全，有完善的售后服务。

（3）服务人员应经相应的培训并具有相应的资质，食品加工制作人员定期进行体检，持健康证上岗。

（五）便利店标准

1. 规模

（1）社区应配备便利店，便利店的辐射半径约 300 米。

（2）便利店的面积在 50 平方米至 150 平方米。

2. 便利性

（1）便利店的营业时间不少于 16 小时，应至少有一家 24 小时服务的便利店。

（2）便利店的商品种类在 3000 种左右，应包括生活必需品。

（3）便利店应提供其他便利服务，如：传真、复印、冲照片、票务服务，代售电话卡、邮票，食品加热等。

（4）大型社区的便利店应提供网上购物、电话购物等电子商务服务。

3. 设备设施

（1）便利店应具有冷藏设施（冷柜、冰箱等）、卫生消毒设施。

（2）便利店应配备空调系统，温度适宜。

4. 环境、安全设施

（1）便利店内应保持清洁卫生，有垃圾存放设施。

（2）有应急照明设施及消防设施。

5. 服务

（1）有相应的规章制度。

（2）熟食加工制作人员应定期进行体检。

（六）美容美发店标准

1. 规模

（1）大中型社区应配备美容美发店，每千人美容美发店建筑面积应不少于 15 平方米。

（2）至少应有一家单店营业面积不少于 50 平方米。

2. 便利性

（1）最远消费距离 500 米。

（2）营业时间不少于 12 小时。

3. 设备设施

（1）具有与所经营的服务项目相适应的设施设备。

（2）应具有相应的卫生消毒设备和措施。

4. 环境、安全

（1）及时清理，保持店内外的清洁。

（2）从业人员必须经过卫生部门的健康检查。

5. 服务

（1）应在营业场所内明示服务项目和收费标准。

（2）服务人员应经专业培训并具有相应的资质，服务人员应持证上岗。

（3）向消费者提供与服务有关的真实信息，不得欺骗和误导消费者。

（七）维修店标准

1. 规模

（1）社区应配备家电维修（含微机及外设维修）、自行车摩托车修理、汽车维修服务、修鞋、配钥匙等店铺。

（2）大中型社区每千人维修店建筑面积应约 30 平方米。其中家电维修（含微机及外设维修）店建筑面积每千人不少于 10 平方米，家电维修（含微机及外设维修）单店的建筑面积不少于 50 平方米。

2. 便利性

（1）营业时间不少于 12 小时。

（2）家电维修应提供上门服务。

3. 设备设施

（1）应有固定的营业场所。

（2）有齐备的维修设备以及必要的测试设备。

4. 环境、安全设施

（1）维修店应及时清理，保持店内外清洁。

（2）应配备消防设施。

5. 服务质量

（1）接待区应有服务收费价目表，上门维修服务人员应主动出示维修服务收费价目表。

（2）维修服务及时。

（3）服务人员应经专业培训并具有相应的资质。

（八）洗染店标准

1. 规模

（1）社区应配备洗染店，洗染店的辐射半径在 500 米左右。

（2）应至少有一家连锁店。

2. 便利性

（1）营业时间不少于 12 小时。

（2）应提供必要的立等可取的服务项目。

（3）应提供上门取送服务。

3. 设备设施

应有存放客衣的条件，并保证洗涤后的衣物平整、干净。

4. 服务

（1）应有必要的客衣标识管理，避免错收错发。

（2）应在营业场所内明示服务项目和收费标准。

（九）照相馆标准

1. 规模

（1）每千人照相馆建筑面积应不少于 10 平方米。

（2）应有至少一家单店面积在 100 平方米以上的店。

2. 便利性

（1）营业时间不少于 12 小时。

（2）最远消费距离在 800 米左右。

（3）应提供照相、胶卷冲洗、扩印、胶卷销售等服务。

（4）应提供立等可取的证件照服务。

3. 设备设施

（1）应有与经营项目相适应的器材、设备。

（2）营业室、照相室与加工附属用房应分开。

4. 服务

（1）应明示服务项目及收费标准。

（2）服务人员应经专业培训并具有相应的资质。

（十）旧货废弃物回收站

1. 规模

社区应配备旧货废弃物回收站，每千人回收站建筑面积应不少于 6 平方米。

2. 便利性

（1）营业时间不少于 12 小时。

（2）应提供上门服务。

3. 设备设施

应有封闭的废品存放处。

4. 服务

（1）及时清理，货品摆放有序，应保持回收站内外的清洁。

（2）回收站应每天进行物资清理、转运。

（3）上门服务应及时。

（十一）家庭服务

1. 规模

（1）社区应有家庭服务网点提供家庭钟点工、家政服务、家庭护理等服务。

（2）家庭服务网点的服务半径为 1000 米。

2. 设备设施

应有与家庭服务相适应的设备设施。

3. 服务质量

服务人员应经专业培训并具有相应的资质。

（十二）书店、音像店

1. 规模

（1）社区应配备书店、音像店，书店、音像店的辐射半径在 1000 米左右。

（2）每千人书店、音像店建筑面积应超过 15 平方米。

2. 便利性

营业时间不少于 12 小时。

3. 设备设施

音像店应提供试听设备。

全国示范社区（新建社区）各项目比重见表 2-11。

社区商业全国示范社区（新建社区）各项目比重分配 表 2-11

项目	比重（％）	项目	比重（％）
总体要求	10.5	美发美容店	9
商业中心	8	回收店	5
餐饮店	18	家庭服务	3
超市	12.5	书店、音像店	5
便利店	8	照相馆	5
维修店	8	——	——
洗染店	8	总分	100

样本 4：社区商业评价规范之三（在建社区）

（一）总体要求

（1）商业从空间上和时间上实现便利性，便利居民的消费，便利服务的提供。

（2）社区商业设施的建设布局实现商业的相对集中及住宅和商业的相对分离，以保证住宅的宜居性和商业不扰民。

（3）各社区商业设施的外观与社区整体风格相协调。

（4）社区人均商业用地面积不少于 1 平方米。业态结构比例为购物：餐饮：其他服务约为：4：3：3

（二）社区商业业态设置

（1）小型社区应配置便利店、餐饮店、洗染店、美容美发店、旧货废弃物回收站等。

（2）大中型社区应配置超市、便利店、餐饮店、洗染店、维修店、美容美发店、家庭服务网点及旧货废弃物回收站等。

（三）社区商业规划布局

（1）大中型社区应按人口、地块条件配置多点式便利商业组合，小型社区可结合自身情况集中配置便利社区商业组合。

（2）社区商业设施应配置在社区对外开放、人流多、道路相对宽敞，便利的地方，应临街或临路设置。

（3）大中型社区应建社区商业中心或社区商业街等集中式商业形式。社区商业中心或社区商业街应配有功能较完善的商业服务业网点 15 个以上。社区商业中心内应有不少于 10 种业态店铺的规划，各业态搭配协调。规划中的社区商业中心与居住区的距离不少于100 米，辐射半径约 1000 米。

（4）在建社区的规划中应有社区商业中心。

（四）社区商业物件要求

1. 集中独立商业

（1）要求层高最低 4.5 米，柱距在 6 米以上，楼层 2 层以下为宜，特殊情况下不超过 3 层。

（2）满足不同招商目标对于面宽进深比的要求和房屋荷载的要求及业态可转换。

（3）设置货流通道，设置适当的停车位。

（4）独立商业根据未来用途和商家，在结构上预留强弱电、空调、电梯等设施设备的安装条件。

2. 底商

（1）要求层高最低 3.5 米，层数不超过 2 层，面宽与进深之比 1：2 为宜，不低于 1：3。

（2）预留水、电、气、污等各项设施的接驳。

（3）预留商家招牌的设置。

全国示范社区（在建社区）各项目比重见表2-12。

社区商业全国示范社区（在建社区）各项目比重分配　　　　表2-12

项目	比重（%）
总体要求	35
业态设置	15
规划布局	25
建筑要求	25
总分	100

注：《全国级示范社区评价规范》样本为2005年商务部商业改革发展司委托中国商业联合会制定，面向全国公示的征求意见稿。

新手知识总结与自我测验

总分：100 分

第一题：社区商业与城市化、城镇化有何关系？（20 分）

_____

_____

_____

第二题：国外社区商业发展你认为最重要的经验是什么？请写出六条。（5 分 / 条，共 30 分）

_____

_____

_____

第三题：北京与上海的社区商业发展各有何可取之处？（20 分）

_____

_____

_____

思考题：国外社区商业往往注重于开发社区购物中心，国内社区商业的开发往往注重于底商或者底商形态的步行街开发，两者的不同是由于什么原因造成的？（30 分）

_____

_____

_____

_____

得分：   签名：

社区商业
新兵入门

03

社区商业的开发模式

操作程序

本章使用指南

社区商业的投资价值如一只无形的手,稳定的投资回报让大家趋之若鹜。但是,当高获利的市场摆在开发商面前,该如何获取这是一个巨大的问题。社区商业的尴尬在于,相比住宅开发,它拥有较大的技术含量,纯住宅开发商难以操作;它相比购物中心、写字楼等热门业态更容易被忽视。但是,一个个社区大盘兴起,小则几万平方米,大则几百万平方米,稳定拥有几千到数万业主的消费需求,如何整合这些商业资源?

本章的目的从开发流程出发,针对项目的整体开发状况,设计不同的社区商业开发形态及展开不同的开发技巧。

操 作 程 序

一、社区商业的开发背景

1. 社区商业开发符合三方获利开发模式

社区商业既是经济发展和城市建设到一定阶段的必然产物，同时也是城市房地产市场发展到较高程度的必然产物。它无论是对政府、消费者或房地产开发商都具有互动的价值和意义。因此，对于广大房地产公司必须要清楚地认识到，社区商业开发中另外两方的利益取向。

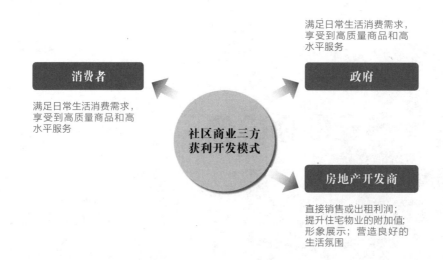

满足日常生活消费需求，享受到高质量商品和高水平服务

消费者

满足日常生活消费需求，享受到高质量商品和高水平服务

社区商业三方获利开发模式

政府

房地产开发商

直接销售或出租利润；提升住宅物业的附加值；形象展示；营造良好的生活氛围

2. 社区商业的开发环节：开发——销售——经营——管理

社区商业地产由于开发投资高、针对性强、回报周期长等特点，可以说是特殊专业中的专业领域。因此，社区商业开发需要开发商做缜密、细致的工作，不断提升开发理念。开发商必须首先认清的是社区商业地产是开发商、投资者和经营者"三合一"的有机整体，由多个环节组成（开发——销售——经营——管理），这是一个不可中断的链条，包含必须分开的四个权益：开发的权益、所有的权益、经营的权益、管理的权益。

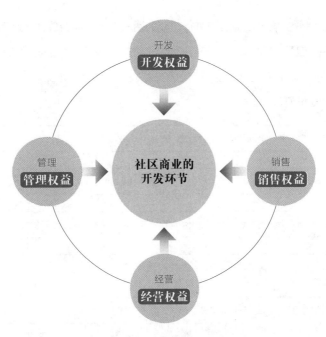

社区商业的开发环节

社区商业的开发符合政府、开发商、消费者三方获利模式。这种商业模式满足了投资价值、功能价值、形象价值和社会价值四重和谐价值链，是一种稳定的商业地产开发业态。

3. 社区商业的开发综合价值

商业物业与居住物业不同，它可以通过使用产生价值，获得收益。而且商业物业所承载的商业运作的越成熟，它所产生的价值就越高，收益越大，但商业的成熟有一个时间过程，也需要多种因素的促成。

（1）社区商业的资源开发价值

中大型开发商经过多年的积累后，已经具备了丰富的商业资源。但是目前还缺乏专业的社区商业开发商来整合这部分商业资源。许多房地产公司都有社区商业正在开发或待开发，但这些社区商业比较分散，往往都是作为社区底商的形式出现，缺乏统一规划，整体档次较低，通常只是作为纯粹的住宅小区的生活配套设施出现，其商业价值没有被完全发掘出来。

社区商业物业的价值主要由其经营的业态及收益水平决定的，社区商业消费群体相对固定，消费稳定在一个水平，其收益相对稳定，这样就决定了其价值水平的稳定。

如果将社区商业价值与住宅价值进行比较的话，二者在消费群体上基本上是相同性，即均为小区居民。但是住宅房地产市场与商业地产市场是两个不同的房地产市场，其价值特性和价格体系不同，不存在可比性。在房地产市场发达的地区，如上海市，社区住宅价值可能超过其底层商业价值。

❶ 与社区辐射范围有关，范围越广，价值越高，提升空间越大

❷ 与社区规模及社区居民的消费能力及档次有关，小区规模越大、消费者档次越高，价值越高

❸ 在社区商业位置及业态相对固定以后，收益相对稳定，价值基本上在固定范围内浮动，变化不会很大

❹ 社区商业价值与住宅价值不存在一定的比例关系

❺ 业态决定经营品种，经营品种决定商业价值

❻ 与商业规模有关，商业规模与小区相配比。规模过大，需求有限，空置可能性越大，价值就难以体现

社区商业的六大价值特征

（2）社区商业的形象价值及功能价值

住宅社区是社区商业的土壤，社区商业的价值依附于住宅的价值，社区商业的生意来源也是依赖于住宅的居民消费。社区商业街的建设对小区的形象、配套和人气，以及客户的服务是很好的补充，尤其当住宅无法表现社区形象时，商业街可以展示社区公众形象、品牌和服务，更可以展现出社区的品质。但是有的开发商将商业物业和居住物业用相同的方式进行销售，给商业的整体运作和形象提升带来难度。

（3）社区商业的社会价值

1）社区商业服务的发展是整个城市商业欣欣向荣的基础。

有人居住就有生活需求，有需求就要建市场。以方便居民日常生活为重点，通过便利店、中小超市和购物中心等零售业态，建设起集购物、餐饮、生活服务和休闲的社区商业多功能服务体系，不仅满足小区居民日常生活需要，而且从城市发展建设的角度看，每一个社区在自身发展的同时，也影响着一座城市商业的整体结构和综合商业能力。

2）社区商业是成为居民的重要投资理财方式。

商铺投资是一种有着乐观升值空间的理财产品。社区商铺各种配套设施的逐步完善，社区入住率会不断上升，发展成熟的旺铺会不断升值，租金的递增率保证了商铺长期的收益增长。另外，社区商铺的融资能力也不容小觑。向银行抵押、质押贷款进行商业融资时，商铺作为不动产，借款人无法转移财产实物，而且社区商铺的增值属性保证了还贷人的偿还能力。而商铺的变现能力也是比较强的，如果业主打退堂鼓，只要有下家接盘，就可以变现。

3）社区商业是吸纳社会闲散人员就业的重要途径。

社区商铺的售价一般不高，出租或是自己经营均可。商铺经营以便利店、美容理发店、洗衣店、小吃店、修理店为主，也可开设网吧、书店、歌厅、礼品店等。这些紧密围绕社区居民基本生活需求和文化娱乐的服务行业，对从业人员的年龄、性别、文化没有过高要求，通过指导、培训或学徒即可适应工作。如能合理规划管理，政策积极引导，社区商业在稳步发展的同时还能为社会提供可观的就业岗位。

4）社区商业是推动商业地产发展的推动力。

社区商业的发展将催生更丰富的社区商业业态。这种综合性、多元化的商业业态不仅满足了居民的生活需求，更提高了居民综合生活质量，使整个社区的品质得以提升，并逐渐形成新型的社区商业构架。

操作程序

二、社区商业开发的困境与思考

1. 社区商业开发的四大问题

由于政府的推动，市场机制的激励、投资者投资方向的转移等多种因素的综合作用，商业地产日渐火爆，社区商业成为大家关注的热点的同时，但是我们知道，社区商业的开发存在如下四个尖锐问题：

第一，空间布局不均衡

一些社区的商业总量不足、布局不合理、建设相对滞后，有的社区规模过大。

第二，业态结构不合理

大型综合超市和超市基本能满足消费需求，但菜市场、特色专业店、便民生活服务网点有些不足，而小型建材、理发店等业态又过多。

第三，经营方式落后

部分社区的中小商业仍然带有集镇传统商业痕迹，在商品质量、服务质量、从业人员的职业道德和业务素质等方面已经不能满足当前的消费需求。有些商业网点与居民区混杂开设，饭店的油烟超标、修理铺的噪声声响等问题影响居民生活，造成大量的治安和环境隐患。

第四，商业业态设置不配套

房产开发商重住宅建设，忽视商业物业的建设，以传统的概念建设商业物业，不能适应大型商业、餐饮、菜市场等商业业态对商业物业的要求。

2. 社区商业的四大矛盾

社区商业存在政府、开发商、业主等各方面的矛盾，这些矛盾是制约社区商业发展的关键。

矛盾一：保值性跟经营的长期性的矛盾

社区商业开发是短期行为，而经营是长期行为。现在很多开发商的社区配套往往作为促销目的，企业跟消费者都不得不面临日后的尴尬。因为企业无法经营，消费者也就无法享受到应有的配套，现在社区商业中的会所和购物中心大部分亏损也就在所难免。

矛盾二：政府的滞后缺位与开发商的力不从心

政府配套的落后，开发商不得不为开发的社区补缺，这导致企业面临严重的资金负担，而且容易造成资源重复建设。这还为后续经营埋下隐患，当开发商无力维持时，向政府投诉又往往得不到落实。一些规模几万、几十万人的小区，医院、邮局、学校公共设施建设跟不上社区开发的节奏，政府如果扔给开发商，开发商显然力不从心。

矛盾三：发展的超前和商业的滞后

有些社区配套了非常先进的配套，请国外设计师规划，高价购买进口设备，有些小区在社区配套了超前的保健院。但是社区商业地块往往是非常分散的，功能也是没有统一的一个规划，分散的地块导致超前的商业配套很难经营。

矛盾四：新的土地政策对社区商业发展的挑战

现在政府的土地紧缩政策让社区商业配套的成本升高。以前广州可以大量在小区内部配套建设，但是那是因为以前的地价很便宜，上千亩甚至上万亩可以开发，但是今后不行，因为楼的规模减少了，政府土地拍卖后，成本上升，政府如果缺位的话，开发商面临的挑战更大，土地价格高，成本又不能太高。

3. 社区商业亟需由粗放式开发进入专业化运营

尽管社区商业开发量越来越大，在商业地产开发中占住了重要的比重，但是其开发模式目前还是比较粗放，主要体现在三点上：

粗放式开发模式的三大体现

（1）粗放式规划

在项目整体规划设计中优先考虑住宅，导致商铺不规则现象严重；逢街划铺，铺位大小不一。

（2）粗放式营销

开发商往往将商铺一起委托给住宅代理公司，实质上中介公司已进入住宅、商铺、写字楼的专业细分时代，结果导致项目没有定位和招商就直接销售，投资者自行招租，经营混乱，并对社区形象、居民生活质量产生了一定的负面影响。

（3）粗放式定价

缺乏明确的社区商铺价值评估体系，往往被动地粗略参照市场价，忽视项目自身商铺的特征，售价往往比较中庸。

社区商业亟需由粗放式开发进入专业化运营，因为粗放式规划、营销和定价已经让社区商业的市场形象受到整体影响。

随着城市商业中心的不断成熟，商业地产已经进入一个社区商业的时代，大规模的城郊社区开发，以及城市中心区的旧城改造，带来了大量的社区商业，社区商业的开发必须充分了解社区商业的消费特征、定位特征、招商特征、销售特征、经营特征，从而使得社区商业的开发进入专业化、精细化的运营。

操 作 程 序

三、社区商业的四大开发策略

社区商业发展到今天，住宅分离开发、经营商家前期参与、组建专业运营公司运营、对社区商业物业进行资产运作基本上已经成为社区商业开发的四种共识。

策略一：住宅开发与商业开发分开

从国内外成功的社区商业开发来看，社区商业的开发应当由专业的商业地产公司作为一个独立的项目开发，而不应当只是作为住宅项目的配套，这基本上已经成为国内社区商业开发的定论。当社区商业作为一个独立项目开发时，从项目立项开始就介入项目的策划、规划、设计、营销与招商管理，才能够完全按照商业地产的操作模式去开发经营，才能够保证社区商业的整体形象和服务质量，避免用住宅项目开发模式开发社区商业，出现社区商业就是纯住宅配套的局面。

策略二：开发前期由开发商与经营商家前期合作参与

目前成功的开发商业地产的经验是在规划和设计时，吸取了专业策划者和商业经营商的建议，对商业业态的设置布局已有了总体安排，一些大型的商业业态提前选定经营者。开发商、经营商家的提前参与，这样的商业开发主题比较明确，有利于提高整个社区商业的档次，同时对后期销售工作和招商工作非常有帮助，同时能够最大限度地降低经营风险。

策略三：开发商进行专业的运营管理

住宅开发商组建独立的商业物业开发经营公司，将公司原有的所有商业物业以及日后住宅项目中的商业物业注入该公司，由专业公司专门负责公司商业物业的开发、经营、管理。具体操作上要注意如下四点：

要点一：对公司拥有产权的商业物业自营或者出租、出售

公司持有的商业物业可以采取自己经营的方式，如房地产中介等公司以后可能会涉足的领域。对于升值潜力较大的商业物业或者需要由公司持有培育市场的商业物业可以采取出租的方式，获取稳定的现金流回报。对于升值潜力较小、风险较大的商业物业可以采取出售的方式处理。

要点二：对公司开发的商业物业进行招商、后期管理

有些公司已经出售的商业物业还必须为其提供招商服务和后期的管理服务，由于购买商业物业的客户不少是投资者，并不是自己经营商业物业，需要由开发商代其招商和管理，这部分职能可以由商业物业开发经营公司负责。

要点三：注重培育市场

专业运营公司要注重培育市场，改善商业经营环境，提升商业经营水平。可以在销售之前先进行招商，一方面以较低的租金扶持商家培育市场，另一方面以返租手段保证投资者利益，利用专门的商场经营部门，使商场进入良好的运营。

要点四：社区商业的开发要权衡好长期效益和短期回收的关系

商业物业与居住物业不同，它可以通过使用产生价值，获得收益。开发商按策划的方案整体自营或委托经营，等商业成熟以后与形象形成后再出售，可能会取得更大的收获。

组建独立的商业开发经营公司的作用

组建独立的商业开发经营公司的作用主要表现两个方面：一方面可以充分发挥专业分工的优势，以独立法人的形式进行商业地产运作，可以实现经济效益的最大化；另一方面，目前各项目公司为了实现计划销售额更倾向于出售社区商业，往往可能导致公司资产流失，由独立的商业物业开发经营公司进行运作可以避免这种现象。

策略四：对公司的商业物业进行资产运作

由于社区商业物业能够获取稳定的现金流，被认为是非常优质的资产。开发商可以以此与其他商业物业开发经营公司合作，共同开发或经营商业地产，并寻机进入其他商业地产领域。可以以公司的商业物业入股合作组建新的商业物业开发经营公司或者通过资产置换的方式参股其他商业项目。

社区商业物业作为优质资产，具有稳定的现金流，可以整体打包抵押给银行向银行融资，或者以此作为抵押发行信托，还可以尝试资产证券化。

操 作 程 序

四、社区商业投资开发的三个阶段

社区商业的投资开发可分为三个阶段，分别是企划阶段、计划设计阶段和经营管理阶段。企划阶段注重前期的定位与策划，计划设计阶段注重整个项目的规划、商业空间布局和建筑的设计，经营管理阶段注重租售策略的制定、招商及后续的物业管理。

1. 社区商业开发要整体思考

社区商业良性商业氛围的形成不只在单一阶段引入，若能在各阶段中做配合考虑，彻底实践的可能性将会增高。而随时间增长，企划、计划设计阶段引入的良性效用可能会消失，此时健全的经营管理组织及内容将是良好运营持续的支柱（表 3-1 ~ 表 3-2）。

⬤ 社区商业投资开发阶段及开发问题点　　　　　　　　　　表 3-1

开发过程阶段	开发问题点
企划阶段	（1）业种业态未予确立，致使空间设计未能符合店家需求
计划设计阶段	（1）住商使用性质多样，造成相互干扰； （2）商业无计划混合使用； （3）住商机能未能适度分离； （4）商业设施未能提供小区附加使用价值； （5）商业设施未与公共空间整体考虑设计
经营管理阶段	（1）商业使用单位多，协调管理困难； （2）现行管理规约对商业管理较薄弱

　　在开发过程中，包括硬件空间、业种业态、经营辅导与管理机制等开发企划的要素层面，应安排在开发企划、规划设计、营运使用等各阶段中循序推进，事先考虑各项软、硬件实施的程序和注意要点。

⬤ 商业良性氛围形成的主要控制因素配　　　　　　　　　　表 3-2

建筑开发过程各阶段考虑要项		控制因素
企划阶段	经济价值与环境质量的概念	（1）经营生活环境质量，创造经济附加价值； （2）提高产品的可信度，创造经济价值； （3）考虑永续性的经济价值
	业种业态的决定	（1）业种业态的特征
计划设计阶段	功能、动线	（1）住商功能动线分离
	开放空间	（1）活用住商空间互惠之处，创造环境附加价值； （2）部分开放空间提供作商业设施使用
经营管理阶段	经营管理组织	（1）专业经营团队的制度化管理； （2）意见领袖的角色扮演； （3）店家经营专业辅导团队的辅导
	管理规约制度	（1）专业团队经营规章 （2）店家经营规章

2. 开发过程各阶段的执行程序

我们可以简单地将社区商业开发流程分成开发企划阶段、规划设计阶段、营运使用阶段三个阶段。

（1）定位与策划阶段

1）定位与策划阶段的内容

定位与策划阶段即将社区中的商业开发过程独立企划，以商业经营的观点评估商业物业的发展基础，从地块价值评估、市场分析、商业环境定位，到商业营运主题、特色、空间形式、企划的可行性评估及初步的经营管理概念，更精确地评估商业物业的发展取向与竞争力。另一方面，同时也考虑社区的环境质量要求与生活水平相应适应。

2）定位与策划阶段的执行流程

定位与策划阶段原则上是依据开发商的初步构想，并将这种构想步步落实到具体策略中，作为开发团队执行的共同理念。

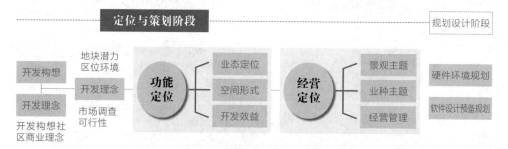

定位与策划阶段的执行流程

3）定位与策划阶段的核心工作

在开发的最初阶段，如何以综合性的观点，整合构思外在的社会环境动态与本身所具有的开发条件，是定位于策划阶段的基本要务。

①评定开发定位与环境主题。

确立商业环境的业态设施定位（提供何种商业环境？提供何种业态？）与经营定位（环境的风貌主题、商业经营的主题）。在定位与主题的结合上，将开发构想透过具体的规划形式呈现出来，成为建筑规划与设计的依据，也为整个开发团队共同工作取得一致看法。

②预备业种与经营管理的内容及实施空间。

软件企划是硬件规划外的另一主轴。软件内容包括业种、经营、管理等，在开发企划阶段因不易掌握计划的广度与深度，并不需要一开始即拟定计划内容，但是此阶段的软件"预备"是必要的；亦即事先存在后续计划拟定与实施的伏笔，在预算编列、专业协助与切入时程上都能预作保留与设想。而开发单位在开发初期若能采用相关的开发理念，有可借鉴观摩及仿效的案例，有助于在已决定的开发定位上发展经营管理等软件计划。

（2）规划设计阶段

1）规划设计阶段的主要内容

规划设计阶段延续开发企划阶段的企划主题与计划，从事硬件环境的"实质空间"规划设计。包含分区、业态组合规划、开放空间、人流动线、CI计划、店铺经营设施、景观等。商业环境本身的规划目标在于发挥集客魅力，空间上更贴近消费者的习性，并建立环境形象，以利于经营效果与需要。另一方面，亦同时考虑降低商业营运对小区的负面影响，在住商区划、接口、动线、开放空间、设施设备、住宅门厅设置上，克服店家经营及外来消费者对小区产生的干扰或负荷。

在规划设计阶段的末期，设计完成时，为符合房屋销售时的营销诉求，及未来营运使用的辅导与控制，亦着手拟定各项商业经营的软件计划。所拟定的软件计划包括业种业态控制（规划、配置）、商业管理机制（规章、组织）、经营管理计划（整合、招商、营销）等。

此外，亦同时考虑住商共处的课题，将商业经营形态与管理维护视为社区生活体系的一部分，注重业种与社区的兼容性，除了维持小区环境质量，达到住商互利的目的外，也降低使用冲突，并建立沟通协调的平台。

2）规划设计阶段的执行流程

规划设计阶段主要在执行硬件设计方案，而软件计划也需继续发展。若将"预售"及"施工"时期皆纳入此阶段，从预售至施工完成期间，使得软件计划的拟定有充足的时间来思考应对市场趋势变化，从而增加开发单位资源调度和软件计划的可行性。

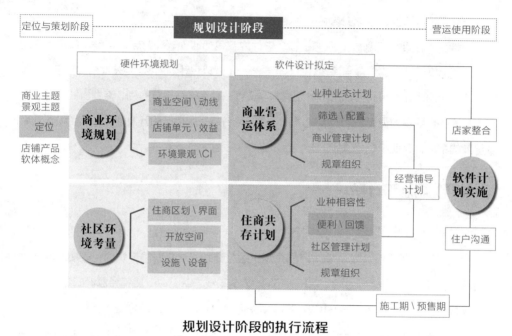

规划设计阶段的执行流程

3）规划设计阶段的核心工作

①预售时期执行市场测试与住商进驻筛选

以规划设计方案搭配初步营运计划，透过预售的方式测试市场反应。预售时期硬件的规划已透过图纸呈现，并事先告知好购房者（住宅与店铺）未来将实施的营运计划来筛选认同规划与营运方向的商户；或者事先掌握促销对象的名单（特别是店铺的销售对象），提高销售及招商的效率。

对开发者而言，可通过市场反应来调整企划内容以符合开发利益，并确保软硬件的可行性。对有意进驻的商户或店家则可透过买卖契约的签订，约定未来营运使用时的规定。

②利用硬件建造时期评估与拟定软件计划

施工时期可以成为拟定完善软件计划的作业时间，特别是业种控制计划有充足的时间进行分析评估。在预售测试确立了可行性后，利用施工期间详细的评估分析，并集中于建筑完工前完整拟定，协助商业环境应对完工后的市场情势，并能避免过早拟定造成资金、人力的浪费，使软件计划较具实施的效率。

（3）营运使用阶段

1）营运使用阶段的内容

营运使用阶段为落实各项软件计划，引导商业环境的发展，由专业公司的加入来培育商业整体营运，并积极整合店家资源的经营形态与经营共识，传递经营与营销技能，提升商业整体经营的效率。同时在经营策略的推动上亦能兼顾小区住户的感受，协调住商共处，甚至使住户参与商业经营的相关营销活动，增加住商互动机会，发展初步的小区营造基础。

2）营运使用阶段的执行流程

承接规划设计阶段的施工时期所拟订的业种业态计划、经营管理计划、小区管理机制计划等，配合建筑完工、交房、住户进驻初期即积极实施。首先使小区的业主及商户清楚业种业态计划，取得业主及商户的基本共识，即一方面整合店家经营形态，另一方面与小区住户沟通。"管理机制"作为社区行政与管理的依据，不仅是小区生活的共同"约定"、沟通的平台，也是掌控商业环境集体经营的主要工具，有利于后续的招商与营销等辅导措施实施。对商业经营的辅导则由开发者或专业辅导者介入，先针对特定业种实施招商计划，再集结整体店铺对外营销。环境营销过程中邀请住户共同参与，并培养店家活动、经营、营销等技术；待商业营运步上正轨后，开发者或辅导者才退出小区，由小区在已建立的基础上继续发展。

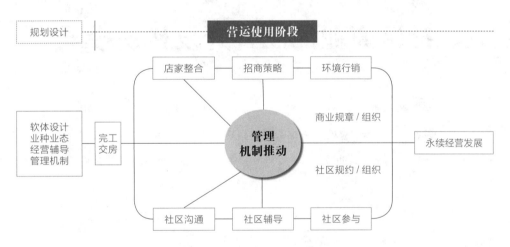

营运使用阶段的执行流程

3）营运使用阶段的核心工作

在营运使用阶段积极介入社区商业经营与使用的辅导，提升经营、管理的效率，协调住商使用行为，来强化商业整体营运的可能并控制经营质量。

①把握销售期与住商进驻期的整合时机

在新开发的社区中所有的使用、人际关系都是从头开始，起初的共识是勾勒的未来生活远景，但这"薄弱的"共识基础也存在着切入整合的契机。在销售的过程中，因多数的住家与店家都已经过一定程度的筛选，并在建筑规划的经营远景下决定进驻的，已具有认同环境规划与使用的基本共识（这种共识是不需要整合的），降低了整合的困难，也使得预先拟定的业种、经营、管理的软件计划更为可行。

②营运初期介入辅导，并推动经营管理机制

一开始营运就要能提供资金与专业人力的协助，辅导执行业种、经营、管理等软件计划，提升商业环境成形的效率，并兼以推动商业与小区共生的管理机制，从中协助规约实施、组织成立、管理费的缴纳与运用。并在整体的软件辅导过程中，对社区及店家沟通、教育，延续开发与辅导的成果。

五、社区商业的三种开发构筑模式

社区纯商业街、社区次主力店组合和社区商业中心是社区商业开发的三种模式，他们在具体项目中往往结合使用。譬如一个 10 万 m² 以内的社区一般采用底商 + 单栋商业楼，社区商业中心一般采用集中式商场 + 商业街模式，中大型社区一般采用小型集中式商业 + 商业街模式等。

模式一：社区商业中心

典型建筑构成： 集中式商场 + 商业街模式
业态组合： 超市 + 商业街
　　　　　社区型百货 + 商业街
　　　　　超市 + 百货 + 商业街
典型案例： 深圳福田中港城，百佳超市 + 一楼内街商铺

这种商业中心是社区商业发展的高级阶段，它需要一般依附于大型社区，属于外向型社区商业，对周边有较强的辐射能力。同时它要求交通便利，人流量大，拥有充足的停车场所。

其典型业态往往由三个层次构成：

第一层次：主力店（如知名品牌超市或者社区型百货）。

第二层次：次主力店和社区配套。次主力店包括社区型电器城、大型餐饮、休闲、健身、美容、培训等；配套包括银行、邮局、社区健康中心等社会公共服务类等。

第三层次：超市辅营区和街区。超市辅营区包括休闲类服装鞋吧、饰品、童装等；街区拥有面包房、药店、干洗、美容美发、特色食品、烟酒糖、土特产、滋补品等业种，还有维修、地产中介、旅游、家政、送水服务等。

模式二：社区次主力店组合型

典型建筑特征：小型集中式商业＋商业街
业态组合：小超市＋次主力店（餐饮、健身、美容、图书、电器等）＋街区
典型案例：深圳政府大型住宅区－彩田村配套商业中心。以民润市场小超市，配合有健身、美容等商业形态。深圳南山 80 万 m^2 星海名城社区，引进两家小型超市作为次主力店，分布在不同的街区等

社区次主力店组合型是目前社区商业开发构筑的主要形式，建筑构成上往往通过小型集中商业＋底商步行街形式。小型社区型超市如广州丽江花园的宏图超市，面积一般在500m^2 左右，其他主力店及配套包括社区大型餐饮、休闲、健身、美容、培训，以及银行、邮局、社区健康中心等社会公共服务类等。

模式三：纯商业街模式

典型建筑特征：单层或者双层的商业街。可能是住宅的裙楼，也可能是独立建筑。
业态组合：各种类型的社区商业独立经营，餐饮类、休闲类、服务类、服装饰品类、维修类、便利店等，没有主力店引入。
典型案例：深圳福田·建设新新家园商业街等

纯商业街模式往往以底商步行街为基本形态，也可能包括独立建筑，通过一些精品店铺的设计来构筑。商铺面积较小，一般为 30 ～ 70m^2。这种步行街形式既可构筑成普通的社区商业街形式，面向社区居民的日常消费引进杂货店、地产中介、便利店、烟酒糖、水果店等，也可提升商业街的形式，开发出精品商业街，提高其辐射能力，如中山远洋城的商业街，引进红酒、ＳＰＡ、进口食品等业种，提升商业街的经营档次。

新手知识总结与自我测验

总分：100分

第一题：政府在社区商业开发中处于何种角色？（20分）

_____

_____

第二题：社区商业开发的三个阶段中，各阶段的核心工作是什么？（30分）

_____

_____

第三题：社区次主力店组合型商业开发的应用难点在哪里？（20分）

_____

_____

思考题：广州某知名社区超市连锁商——宏图超市进驻某大型社区经营若干年后，
不得不撤出该小区，并将店面开到该小区后门附近。与此同时华润超市迅速抢占原
宏图超市的店面位置，接手运营，这里面反映了零售业在社区商业开发大潮中何种
思路和困境？（30分）

_____

_____

_____

_____

_____

得分：   签名：

社区商业
新兵入门

04

社区商业的定位与策划

操作程序

本章使用指南

　　社区商业的定位与策划不仅是房地产开发的必要环节，而且是具有战略指导意义的关键企划环节。社区商业的定位与策划绝对不能按照住宅的定位策划模式。它一方面要结合社区这个基本环境，另一方面还要结合周边的商业状况大环境。社区商业的定位好坏关系的不仅是社区商业的投资开发，还关系到住宅的整体运营。成就以乘数级加分，败也以乘数级减分。

　　本章重点讲述定位与策划的方法和策略，并总结出具体的操作程序。

操 作 程 序

一、社区商业定位与策划的内容

1. 何为社区商业的定位与策划

社区商业的定位与策划的内容包括三个方面的内涵：

首先，社区商业的开发一定要结合楼盘项目的定位来进行，要对楼盘的目标客户进行系统地研究，包括这些目标客户的消费结构、消费习惯、生活需求等，这是一个很基础的工作。如果这些工作在开发之前做得不够到位，那么会对社区商业后续经营产生较大影响。

其次，还要具体了解项目周边的一些相应的商业配套的状况，是否会有一些项目外部的商业配套可以利用，或是项目附近的商业配套是否和自己项目本身规划的商业配套相冲突。

还有，项目自身规模的大小以及所属的区位也是应该考虑的基本前提。

2. 社区商业的定位和策划需要考虑的四个关键点

由于社区商业的这些特点，使社区商业的开发在策划方面具有一定的特殊性。那么，社区商业的开发策略应着重把握哪些关键点呢？

关键点一：把握社区居民的消费特征和需求特征

社区商业的成败，决定于未来经营的成败，而商铺是否良好经营运作，则取决于是否把握了社区居民的消费特征和需求特征。结合社区商业的特征，我们可以看出，由于社区商业的顾客属地性、业态配套性和消费日常性这几个特征，研究社区居民的消费及需求特征是社区开发的前提。

不同档次的社区，居民由于受到自身年龄、职业、身份、学历、家庭结构、收入、生活环境等多种因素的影响，他们在消费和需求方面存在着较为明显的差异，这些差异将使社区商业无论从定位上、布局上，还是业态设置上必然要进行针对性的规划与设计。

通过表4-1可以看出，同样是以满足社区居民的日常生活配套为目标的社区商业，由于目标客群的消费特殊和需求特征不同，在规划布局、业态种类等方面存在明显的差异性。

不同社区的消费差异及策划要点　　　　　　　　　　表 4-1

社区	居民层次	消费目的	消费特点	策划要点
低档社区	居民一般收入偏低	以满足最基本的生活需求为主要目的	对于价格较为敏感，并不太在意消费的环境、品质等	适当弱化考虑商业对社区品质的影响因素
高档社区	社会地位较高、收入较高、消费水平较高	以满足生活舒适为目的	对价格并不敏感，更看重的是环境、品质和服务等这些精神层面的消费	应特别重视商业与住宅的环境、位置及品质互动关系，以及商业与目标客群的适应性

关键点二：合理控制规模

由于社区商业自身的种种优势，使之受到投资客和经营者的青睐，使越来越多的开发商热衷于社区商业的开发，继而在开发规模上存在着盲目扩大的误区。为了追求商业的高利润，很多开发商完全忽略了商业的规模风险，一方面商业面积远远超过了人均 1.2m^2 的合理空间，另一方面则表现在产品设计上的诸多问题，最终导致商业建好后，出现销售难、招商难、经营难的"三难"现象。

社区商业的辐射范围

一般来说，社区商业的辐射范围要远小于城市商业中心或区域商业中心的辐射范围，其辐射区域一般在半径 1 千米的范围以内，即步行 15 分钟左右的时间距离。

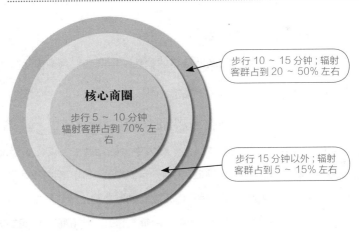

核心商圈
步行 5 ~ 10 分钟
辐射客群占到 70% 左右

步行 10 ~ 15 分钟；辐射客群占到 20 ~ 50% 左右

步行 15 分钟以外；辐射客群占到 5 ~ 15% 左右

关键点三：规划布局

1）地块价值分析

地块价值分析包括地块的位置分析、交通道路分析、外向性分析、形态分析、与周边商业的互动分析等。然后综合上述分析，最终确定整个地块，在什么位置最适宜做商业？有哪些可利用的优势资源，商业的不同业态应如何布局，如何将地块价值的高低与商铺的租售方式结合起来，以获得最大利润等。

2）如何使商业与住宅相匹配

作为一个大型住宅项目，住宅应该是核心，商业则是从属与配套的关系。因此必须仔细研究和分析商业与住宅的和谐性和匹配性。特别是在一些中高档楼盘，商业的布局应适当让位于住宅，具体可以如下操作：

第一，商业应尽可能少占用南北向位置，而充分利用东西向，以保证住宅的良好户型；

第二，尽可能减少或不设置社区底商，以避免影响住宅的品质；

第三，应相对集中而避免影响住宅的安全性和私密性；

第四，餐饮娱乐应与住宅保持合理的距离，在保证便利性的同时又不影响到住宅的环境等。

3）社区商业的体量规划

一般来说，建筑规模超过 60 万 m^2 的项目，商业建筑总面积大概在 15000m^2 左右。建筑面积在 10 万 m^2 以下且周边商业配套较齐全的项目，应按组团级别配置，商业量在 1000m^2 就可以满足。社区商业配套的比例都不应该超过 10%，通常情况下在 5% 左右较为合理。

关键点四：产品设计

产品设计决定着社区商业最终的销售、招商和经营。因此在进行产品设计时，要把握好以下四个关系：

1）集中式商业与临街店铺的关系。

集中式商业一般是为了引进一些大中型的品牌主力店，如超市、大型餐饮娱乐等。其主力店的品牌效应会对整体商业起到一定的带动作用。但由于体量大、租金低，容易导致销售难、收益低。因此，在充分考虑开发商的实力与资金链的前提下，应将体量控制在一定的合理范围内，不可盲目求大。而临街店铺则是开发商获取高利润的主要来源，也是投资客和经营商家的最爱，应在合理的范围内适当保证规模。

2) 单店面积与总价的关系。

社区商业由于各业态经营内容与方式的不同，对于单店的面积、楼层的需求也不同，其租金承受力更是不尽相同。所以在设计时应量体裁衣，要保证面积区间的多样化，切不可简单化处理，否则将给未来的招商埋下隐患。同时由于投资客的实力不同，对于单店总价的承受力也有所不同，因此面积的多样化也将带来总价的多样化，这将在无形中扩大投资客群的范围。

3) 分割方式、交通方式及出入口的关系。

不同的分割方式决定了不同的交通方式，也决定了每个商铺的出入口的位置。对于水平分割方式往往适用于大型集中式商业，其交通方式以内部或外部的共用型滚梯或步行街为主，二层以上的商铺的出入口也在商业的内部。但社区商业中除超市类主力店外，这种水平分割方式对于二层及以上的楼层极为不利，应慎行。

纵向分割则非常适于临街店铺。其垂直交通方式为店铺内部独立的步行梯，并且每个店铺在首层都有独立的出入口。这种分割方式弥补了社区商业中水平分割的不足，比较受经营者和投资客的追捧。但在楼层层数的设计上要慎行，以全首层独立店铺或一二层联体为佳，层数不宜超过两层，否则将会在面积、总价的控制、空间的利用、交通方式等方面产生负面影响。

4) 面宽与进深的关系。

一般商家都比较喜欢大面宽、小进深、有充足展示面的商铺。但考虑到整体布局的影响和开发商的利益，必须有一个合理的比例。一般来说，面宽和进深的比以 1：2 为宜，最多不超过 1：3。否则则过于狭长，影响采光和商铺的使用功能。

产品设计需考虑的细节的问题：

除以上谈到的问题外，在社区商业的产品设计中还应全面考虑其他一些问题，如层高、柱网、上下水、停车位、特别是餐饮类业态的要求较高，更是对如水、电、煤气、排污排烟、化油池等特殊要求在设计阶段就予以全面的考虑。

总之，对于社区商业的开发和策划，应以社区目标消费客群的需求为前提，以满足经营商家的产品需求为核心，以吸引更多投资客购买为目标，以体现住宅与商业的良好互动的宗旨，抓住关键点，最终实现商业的价值最大化。

3. 社区商业定位与策划的主要步骤

社区商业定位与策划的主要步骤

步骤一：市场调研

社区商业的市场调研就是帮助开发商精准地找到潜在的客户，并为后续的规划设计、销售招租以及运营管理提供依据。全面到位的市场调查是准确定位的前提，因此，在社区商业项目规划之前开发商就必须做好市场研究，全面掌握社区居民的收入水平和消费层次，了解居民的消费习惯和消费心理，从而把握好市场需求空白点，以此作出合理的市场定位，达到开发商、投资者与经营者三赢的局面。

步骤二：选址

由于整个住宅项目的地理位置已经确定，因此，社区商业的选址范围也就局限在住宅项目的地块内。社区商业项目主要以本社区居民为服务对象，所以在更加有限的区域和消费群范围内，其地点的选择就显得尤为重要。

步骤三：项目定位

恰当的定位是社区商业成功的基础，直接关系到社区商业后期经营的生存之道。与住宅开发不同的是，商业物业的价格远远高于住宅，而相对地商业物业开发的风险也远高于住宅。因为对于住宅，没有卖不出去的房子，只有卖不出去的价格，但对于没有市场前景的社区商业物业，价格或者租金一降再降必然成为开发商和投资者的心头大患。所以，社区商业的定位必须非常准确。

社区商业的定位又包括规模定位、市场定位、形象定位、经营定位、业态组合定位等。

二、社区商业的市场调研

在进行社区商业定位之初，对社区商业的外部环境和项目条件进行全面、系统的研究和分析是准确定位的重要前提。

1. 社区商业调研的内容

社区商业市场研究是社区商业各项定位的基础，对社区商业市场需求的准确把握，关系到商业经营的持续生命力，影响到社区商业项目运作的成败。众所周知，项目所处区位、交通条件及其本身特有的资源要素对商业经营的影响极为重要，资源条件不同，对于不同商业业态的影响也就迥然不同，正所谓"一步三市"，在规划布局上"失之毫厘"，将会导致经营效果"差之千里"。

（1）交通情况

交通情况在任何情况下都是影响地产开发的重要因素，对于商业地产则这一影响更为显著。可达性、可视性、可停留性是商业繁荣的基本条件之一，这些条件的满足取决于商业所临的交通情况。社区商业的布局也应遵循上述原则，与此同时，社区本身规划布局所形成的交通出入口、人流动线也是重要的考虑因素。

（2）外部环境资源

外部环境资源对社区商业设施的安排及形成有重要影响。

1）当社区临近外部的大型集中商业设施或成熟的商业地段时，社区商业应充分利用外部商业已有的客流优势，组织安排其互补型业态，并在规划中使社区商业具有外向性及开放性特征，以共用客流。

2）当社区临近河湖水体、山景、林地、公园等景观环境资源时，则有利于形成对此类资源需求较强的特色商业，比如室内外空间同时经营的酒吧、茶室。

3）当社区临近有特殊属性的其他公共设施时。则可结合特定的服务人群寻找商机，比如接近大型教育设施的位置可安排面向青少年消费群体的文化娱乐等商业设施。

4）当社区临近特殊的空间场地时，则可安排"借用"其场地的商业设施，比如：社区

临近体育设施时，可考虑安排一些体验型消费的体育商业设施等。

（3）社区内部条件

在社区商业的策划中，除对现状和市政规划条件等外部条件的针对性研究外，还应在社区与商业的综合安排上，主动创造优势条件。比如，当所策划的社区为大规模中档社区时，可以将社区的出入口与社区商业在规划位置的选择上加以联系，通过社区出入口组织实现社区商业客流的组织，将商业安排在社区人流集散的必由之路上，既为社区商业提供必要的客流资源，同时也方便社区居民的日常消费。

（4）消费者市场研究

社区商业项目市场研究中最重要的是对消费市场的研究，不但要对社区的人口规模、客户特征以及周边的商业进行细致的分析和评估，更要充分考虑所在住宅项目的拟购买者的置业特征，以此作为社区商业开发规模定位和经营定位的依据。

另外，在社区商业运作时，应对消费者市场进行培育和管理，或考虑将其与销售推广紧密结合，使其形成优势互补，相互促进，如此才能够使社区商业的布局和商业设置按小区建筑、分布形态、消费水平进行组合，与居住环境相适应，既体现便捷性和亲和力，适应消费需求，又能体现出社区本身的特色。这直接关系到社区商业开发量的准确性以及成功经营的持续性。

2. 社区商业调研的方法

社区商业的定位前需要进行调研，包括四个部分。

（1）外部环境因素分析

外部环境因素包括经济环境、区域城市发展规划、行业政策、市场环境、市场容量等要素。

在此基础上明确社区商业所要面对的服务人群，对其人口规模、消费能力、消费需求及消费习惯的准确把握，也就有针对性地锁定了目标客户。

（2）专业商业调研

要依次落实对整个城市商业，社区所处的区域的商业，本社区商业状况的调查。这种调查是专业的商业调查，绝对不同于售楼员卖楼之前的调查，销售公司的销售策划无法代替商业规划。

（3）消费特性分析

在了解整个城市到区域再到社区的消费特性的基础上，我们还要对社区居民基本状况、消费量、消费力、消费特征进行专业分析。后期运营都是以这些前期调查为基础的。

（4）商业资源评估和预测

对商业资源进行充分的调查、评估和预测是非常重要的一点。商业资源可以分为经营资源、管理资源、市场资源。

其中经营资源是特别值得重点分析的。往往造成设想无法实现的原因正是最初对经营资源没有准确的分析。比如在一些二、三线城市，开发商设想引进苏宁、麦当劳等，但实际该城市面积很小、人口稀少、交通闭塞，连一般的品牌都不愿意落户于此，更何况那些一线品牌。

（5）财务测算和收益目标设定

通过对投资、销售和租赁充分的财务测算，明确收益目标到底是赚取租金还是赚取开发利润，以及商业物业哪一部分要卖，哪一部分要租，哪一部分要留。

（6）结合自身状况与竞争对手状况形成差异化经营的竞争策略

社区商业的规划布局、业态组合、经营档次也要与目标客户的需求相适应。同时再结合社区商业所在商圈的市场供应情况，与周边现有、潜在的竞争对手进行竞争分析，以确定社区商业是采取强强联合、优势互补，还是差异化经营的竞争策略。

3. 市场调研的两个基本成果——营业面积（㎡）和消费人群数量（人/天）

我们所说的调研不是走形式，而是要得出具体的数据。市场的实际需要——营业面积（㎡）和消费人群数量（人/天）是我们要通过调研得出的基本成果。

（1）5公里半径内或半小时交通车程内的消费人口分布调查及市场现状分析

有人进行过调查，消费者决定去何地购物有以下十种决定因素，按优先顺序排列，依次是：易达性；商品的深度和广度；价格；广告与促销；营业员态度；提供的服务；商店外表；商店的其他顾客；环境气氛；售后服务及满意度。其中易达性在所有因素中占绝对优先。绝大部分的消费者只选择在5公里内或半小时交通车程之内进行购物。

开发商业地产首先要分析的是5公里半径内或半小时交通车程内的消费人口分布情况。其次是市场现状分析，这两部分是先期必备的市场调查步骤，为以后的所有计算与分析提供原始数据。

（2）计算总营业面积需求

消费人口分布情况的调查通常可以从政府的人口普查数据中截获，常用的方法还有问卷调查等。了解地区内人口数量后，从以下公式可以计算出基本的市场需求：

人口数量 × 人均消费金额（元）/ 平均单方营业额（元）= 总营业面积需求（㎡）

（3）计算实际需求

计算出基本的市场需求之后，要进行市场现状分析，调查地区内现有商业情况，探求已存在的同类业态营业面积是否超过或不足计算出的需求数量，在地区内的发展趋势是上升还是下降等。用以下公式算出真正的市场需求：

需求（总营业面积 − 现有营业面积）× 发展指数 = 实际需求（㎡）

如果在开发地块5公里范围内计算出的实际需求大于3000㎡的成为通常意义上的商业中心。

操作程序

三、社区商业的选址

社区商业项目选址要考虑的因素较多。

1. 按照服务对象选址

一般地，外向型社区商业选在住宅小区与外界联系较方便的区域，如社区主入口、邻江社区则多选在桥的附近。

内需自用型社区商业的选址相对于外向型社区商业要更为灵活，可以在社区各组团的接壤地带，也可以在某个组团的中心。不过，从目前一线城市大多数郊区大型住宅项目来看，社区商业多在项目的边缘地区，主要的出发点是商住分离，又方便居民购物。

2. 按照地块特征选址

根据整体住宅项目的地块形状的不同，社区商业的选址也会变化较大，如长条形地块的住宅项目中，不考虑周边消费的情况下，社区商业的选址多为社区中部靠边缘地带，而正方形或圆形地块的住宅项目，其社区商业多选在社区中心部位的中央广场旁边。

总之，社区商业的选址在考虑外向型还是内需自用型、商住分离、便民而不扰民等主要因素基础上，还要综合其他诸多方面的原因。

操作程序

四、社区商业的经营定位

社区商业的项目定位是个系统的过程，它一般包括经营定位、市场定位、规模定位、业态定位等。

社区商业的经营定位实际上就是要解决营销模式和管理模式的问题，它甚至应该是所有定位的前提。因为，我们说的业态定位和功能定位等都需要以经营租售定位为基础。

1. 经营定位的概念及内涵

经营定位是确定社区商业物业用于出售、出租抑或自己经营。经营定位的准确性直接关系到开发商资金回笼或者长远利润。结合目前社区商业的开发状况，出租比出售更能够贯彻开发商对社区商业营销的定位和总体业态规划。因为，社区商业的业态规划本身就难以实现，招租能控制行业组合、布局等各方面局势，最大限度地保证社区商业沿着开发商既定方向发展，相互依托，形成一定的商业氛围，避免社区商业的恶性竞争，有利于提升和完善其档次和品质。

2. 经营定位原则

（1）市场租售态势对项目的影响

这个主要是进行前期调研，确定租售市场压力的大小。区域市场的商业情况，周边商圈的调研，以及竞争对手的租售策略分析和当地的商业特征是决定租售定位的基础。简单地说，我们要考虑市场租售态势，就必须要摸清楚市场态势，调研是定位的基础。

（2）开发商的意图

开发商的意图也是决定租售定位的重要因素，我们考虑开发商的意图一般从三个方面来考虑：

1）若希望短期回笼资金，则可以尽可能的销售。销售虽然减少了预期的投资收入，它可以帮助开发商尽早回笼资金。

2）若有条件长期经营并希望作为自有的品牌来打造，则以租为主为宜。

3）若希望短期回笼资金，同时兼顾品牌的打造，则可考虑只售价值较高的街铺，而主力店及内铺只租。

（3）项目的租售前景预判

如果开发商对该地市场前景非常看好，则可以尽可能以租为主；如果开发商并不对当地看好，则可以采用以售为主；如果觉得对前景的预判并不十分有把握，可以采用租售结合等多种策略。

3. 经营定位的工作内容

（1）社区商业的营销模式设定——租、售、留的比例控制，时间控制，空间控制

通常开发商在社区建设过程中，就已经在盘算社区商业是卖是租？卖哪一部分，租哪一部分，留哪一部分，卖投资回报好还是不卖投资回报好？卖五年还是卖三年？单体发售还是统一销售？是按照物业结构销售还是分割后销售？很多无法回避的问题摆在眼前。解决这些问题我们一定要对社区商业的营销模式进行设计，其中包括：比例控制、时间控制、空间控制。

（2）社区商业的管理模式设定——返租、代租、统租的设定及后续管理方式的确定

一些住宅小区的开发商把商业物业和住宅搭配着出售，由住宅的售楼员向投资业主说明商业物业的情况，这种为卖而卖的做法是很可怕的。正确的做法是把下列问题——明确：出售后统一返租还是自己代租？自己统一租赁，统一经营，还是卖完之后一概不管？后续采取什么样的管理模式和管理方式？

操 作 程 序

五、社区商业的市场定位

由于社区商业涉及开发商、投资者、经营者等多方面利益和要求，市场定位的准确性就显得更为必要。作为社区商业，错误的市场定位，一方面不能满足社区住户的消费需要，另一方面会因为社区商业的萎靡而严重损伤整个社区的品牌形象。

具体操作过程中，社区商业的市场定位，首先要考虑经济环境要素、政策导向要素以及商业资源要素。市场定位是前期定位策划的最重要定位之一，社区商业的市场定位一般包括两个部分：

1. 功能定位

现代社区商业项目已不可能以传统单一的购物功能满足消费群、客户群的需要了。随着人们消费水平的提高，休闲、娱乐型购物消费已成为一种趋势。现代商业项目通常体现如下四大功能。

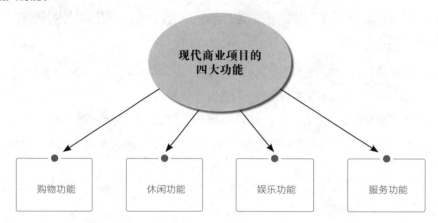

明确了目标客户的消费需求和竞争策略后，社区商业的功能属性也随之明晰起来，是外向型还是社区服务型或是二者兼而有之的中间模式，社区商业的形态是集中式、商业街还是底商，从而找出社区商业地产项目在整个商圈中的准确定位，并结合项目自身拥有的资源条件营造独具特色的商业主题。

（1）按照商业辐射区域功能定位

商业辐射功能定位

（2）按照业态类型功能定位

按照业态类型可分为：日常生活消费、社区配套、餐饮、休闲、娱乐、专业市场等，但社区商业中定位为专业市场的商业较少。

1）社区商业的购物和便利功能

超级市场：包括大型超市主力店，以及小型超级社区店、次主力店。

社区便利类经营品种：包括面包房、药店、干洗、冲晒、美容美发、特色食品、糖烟酒、土特产、滋补品、电器电脑维修、房产中介、旅游、家政、送水服务等。

百货类经营品种：包括服装鞋包等商品，均以休闲化、价廉物美为主体。在社区商业中心商圈半径较大的情况下，可设立小规模的女性、儿童、母婴主题商品区。

2）社区商业的餐饮、休闲保健、文化教育、娱乐功能

美食：以社区消费为主体，定位风味小吃、连锁 快餐、家常菜馆，以及中档酒楼等。

休闲保健：健身会、瑜伽、美容中心、减肥中心、足浴，茶艺馆、咖啡厅、书吧等，以及戒烟中心、脱发治疗中心等保健功能。

文化教育：书店、音像制品店，以及音乐培训、舞蹈培训、家政培训、电脑培训、外语培训、驾校培训等培训中心。

娱乐：儿童开心乐园、电子游乐场、社区影院等。

3）社会服务配套功能

银行、电信营业厅、邮局、社区健康服务中心等社会服务配套。

2. 档次定位

不同档次的定位带给消费者不同的心理感受和体验。社区商业针对的社区的居民以及附近覆盖的商业范围，准备做成什么样的档次，就会对消费者的内心产生不同的冲击。一般说的档次可分为低档、中低档、中档、中高档、高档。

操 作 程 序

六、社区商业的规模定位

社区商业的规模大小不能一概而论，你不能说国美的商业配比 10% 偏高，也不能说碧桂圆的 1% 以下偏低。社区规模和位置很大程度上决定着商业量的配置。所以说只有合适

与不合适之分。如果按照商务部（新建社区）的标准，我们可以采用两个指标，一个是大型社区人均商业面积 $0.9m^2$，中型社区人均商业面积 $0.7m^2$；一个是商业面积配比 5% ~ 8%。

1. 社区商业的规模定位概念

商业规模是确定社区商业类型的基本要素之一，特别是对于未确定商业面积的项目来说，规模的定位更是重中之重，因为只有适中的商业规模才能有利于项目的整体发展。商业规模的大小在一定程度上决定着社区商业的性质，一般情况下，社区商业的规模越大，人均商业面积越高，其商业的对外经营性质越强，呈现出成正比的关系。社区规模和位置很大程度上决定着商业量的配置。

如果项目地处城市边缘，整个区域处于建设中，配套尚不完善，其商业的开发定位在一定程度上要辐射邻近区域，但其规模又不能太大，否则其经营压力就会转嫁到开发企业身上。

2. 规模定位中主要考虑的因素

一般来说，判断一个社区商业项目的规模是否适度，取决于三大标准：一是周围是否有足够的市场需求支撑；二是与其规模相适应的市政配套是否合理完善，例如便捷的交通是大体量商业项目必备的条件；三是是否具有足够的吸引力，有形的建筑空间、无形的购物氛围、品牌档次和层次都是衡量标准。而衡量这三大标准，往往要考虑以下因素：

（1）区域的商业市场容量；

（2）市场整体租售状况对项目规模的影响；

（3）项目的商业属性（外向型、中间或内向型）；

（4）主力店的带动效应（一般主力店与其辐射区域面积比为 1：1.5）；

（5）竞争性项目对项目规模的影响；

（6）市政规划对项目片区商业规模的影响；

（7）项目自身条件对规模的影响等。

3. 社区商业规模确定的三个依据点

首先，参考有关的规范数据

比如《城市居住区规划设计规范》中规定的千人指标，这一数据是综合了诸多统计结果。作为普遍指导原则的数据，但这一数据的实效性差，数据更新远远落后于社会经济发展，而且无地域性的考虑，可将其作为低限数据参考。

其次，商业研究机构的统计研究数据以及针对性的调研成果

此类数据可能是针对某种业态的专业统计数据及研究成果，可能是针对某一城市某一区域商业情况的分析总结，乃至针对某项目进行的专项调研等。客观的、有针对性、有时效性的相关数据往往具有很高的参考价值。

再次，结合参考数据综合判断

在以上参考数据的基础上，社区商业规模的设置很大程度上取决于对该项目所在区位、资源条件、建筑总量、服务人口及周边市场环境进行全面考虑后的综合判断。无论是规范数据还是引用的研究数据，对于一个具体项目来说，都是外部的参考数据，都有可能因项目的特殊性而与真实的需求情况存在较大的偏差。所以，在综合参考的基础上，必须因项目个案情况作出独立的判断。

4. 如何计算社区商业的规模

社区规模不适合的问题在目前社区商业中很多，有的是只有几百人的社区却建大型商业设施，消费力不足，又扰民；还有一些大型社区在商业上考虑不足，社区居民生活就很不便利，但是由于在整个社区的规划上就考虑不足，造成进退两难的尴尬状况。

（1）社区商业规模大小的基本规律

商业规模是社区商业规划核心内容，社区商业划分的时候要考虑大中小不同的社区来考虑商业。比如对于人口在 300 ~ 700 户的小型社区，就是以服务为主的便捷性商品服务和餐饮，而对于规模在 1 万户的大型社区，就需要有商业街区、社区商业中心，还可以结合休闲娱乐类商业，这样才能满足区域的需要。建筑规模超过 60 万 m² 的项目中，商业建筑总面积 15000m² 左右。建筑面积在 10 万 m² 以下且周边商业配套较齐全的项目，应按

组团级别配置，商业量在1000m²就可以满足；如果地处繁华街巷，商业分布往往沿街展开，具有外向型特征，在一定程度上就成为城市商业街的一部分。衡量社区商业的规模的问题又与周边的城市消费力有一定的关系，要通过针对商业的定量和定性的调研来决定社区商业规模。

（2）如何计算社区商业的规模

社区商业的规模计算，一般采用两种方式。一种方式是根据社区的大小，结合商圈的辐射范围，按人均0.8～1.2m²来计算；另一种则粗略考虑为整个社区建筑面积的5%～10%。

而北京市一些大型的住宅楼盘，商业面积超标严重，未来招商和运营存在着较大的风险。让我们来看一组数据，见表4-2。

🌐 北京部分社区商业面积配比表　　　　　　　　　　　表4-2

项目名称	商业面积（m²）	总建筑面积（m²）	商业面积占总建面的百分比（%）	人均商业面积（m²）
国美第一城	10万	约100万	10%	约3
沿海赛洛城	11万	86万	12.8%	约4
明天第一城	8万	约50万	16%	约6

由于商业面积过大，目前国美第一城的招商已遇到了较为严峻的考验。即使国美第一城以较为低廉的租金和较为优厚的条件吸引了一些商家进驻，也极有可能由于规模过大，同种业态过多重复设置，而导致竞争加剧。

5．"体量比"是规模定位的重要内容

社区商业不能仅考虑规模，还需要考虑体量比。体量比指商业面积与住宅小区总面积的配比在多少范围内比较合适。体量比是决定社区商业运营成功的关键因素。社区商业面积的体量与其服务的范围有关。社区商业服务范围包括：本社区居民、辐射相邻社区、片区内所有居民，并分别形成社区底商、社区商业街和社区商业中心等商业地产形态。

在社区商业体量规划上不能用简单的比例来计算，而是要根据城市特性、人口数量和消费能量来灵活应对。举个最典型的例子，上海一个170万m²的大型社区中，其配套商业的体量就达到20万m²，但由于社区及周边人口众多，20万m²的体量居然还不够用。

但在南京的一个 80 万 m^2 的社区，其体量只有 5 万 m^2，却由于社区入住率不到 50% 而无法经营。

由此可见，不能用所谓的比例来死板地计算社区商业的体量。社区商业存在及发展的根本取决于人口数量和消费能量。同时，社区商业的服务对象绝不能只限于社区居民，它成功的另一个基础就是能否辐射和吸引周边人群的消费能量。

操作程序

七、社区商业的形象定位

建立独特而鲜明的商业组团形象不仅是竞争市场的制胜关键，而且是快速提升企业知名度和美誉度的重要手段，之所以从战略高度上系统设计和推出专业化商业组团形象是完全必要的选择，也是成就卖场无形的品牌资产之根本。

我们说的社区商业的形象定位，它包括两个部分：第一是主题定位，第二是形象定位。

主题、形象定位是社区商业形象定位的重要组成部分，商业的主题、形象定位主要考虑的因素：住宅楼盘的整体风格、项目片区的整体氛围、主题营造的可实现性等。在此，我们就不用案例进行说明，一般来说，社区商业的项目形象不能脱离社区，但是又要有别于社区，社区的生活环境讲究安静、舒适，但是商业部分也不能在形象塑造上讲究安静、舒适，它需要通过建筑风格的竖立来形成良好的商业氛围，吸引大家来消费。

所以说，形象定位需要在建筑风格、店内装饰等多方面下功夫，刺激消费者的购买欲望，创造一个舒适而又和谐的消费空间。

操作程序

八、社区商业的建筑规划定位

社区商业物业本身容易受诸多条件的限制，所以一定要根据项目自身的特点，考察周边环境等精准的市场调研后，才能比较准确地作出社区商业的规划定位。

1. 建筑规划需要考虑的因素

社区商业成熟的运作方法是越早规划，定位越好。在项目开发的同时，对社区商业前期进行调研，确定基本定位后报批、设计，然后策划可能有的行业所需要的配置，通常要考虑的因素包括：

（1）总的社区商业物业建筑面积；

（2）外立面风格；

（3）各面积单位的商铺的数量比例；

（4）纯商业建筑的层数及位置；

（5）主力店的数量及位置等。

2. 建筑规划前要对硬件进行预留

在硬件上做好预留，如超市的货梯、卸货场、车位等，方便用家的选择和使用，减少市场上商业物业的无效供应，这样才能尽量确保社区商业整体风格以及实用性与客户需求相吻合。

3. 建筑规划的细节问题

（1）项目的临街一侧尽可能布置有广场，如旱喷泉广场及停车场，注意提供优美购物环境，使之休闲特性明显。

（2）建筑造型强调现代而前卫、简洁、明快、标识性强。

（3）注重竖向交通的易达性，创造临街便捷的多渠道垂直交通：设室外电动扶梯，将人流动线上的顾客直接输送至 2 层甚至 3 层，在与之相邻的商业物业间架设人行天桥，在具有景观价值的临街面配置观光电梯，将客流直接从地面引向各层。

（4）建筑内尽可能设置面积适可的中庭，因为中庭是垂直交通组织的关键点，是步行空间序列的高潮，这里人流集中、流量大，最有可能促发层间运动，又宜作为休闲、促销场地。

（5）中庭顶部天窗宜采用透明材料引入自然光线，不仅节能，而且让上层空间开阔敞亮，把人的视线吸引向上。

（6）配套设施应较为完整，中央空调、电动扶梯、客梯、货梯、烟感喷淋消防系统、照明系统、通风系统、背景音乐系统、道路指示系统，均应规划建设到位。

（7）大多数情况下不建地下室或半地下室。选址宜在中心商圈，以最大程度充分利用和整合现有商业资源。

九、社区商业的业态定位

商业业态指的是经营者为满足不同的消费需求而形成的经营模式或经营形态。目前，我国现有的商业业态主要有：百货店、专业店、专卖店、商业步行街、超市、大型综合超市、仓储式商场、购物中心以及便利店、折扣店、专业市场（批发市场）、农贸市场等。

业态定位也是社区商业项目事前引导性规划的重要内容之一。社区商业的业态定位是建立在社区商业功能定位基础之上。外向型社区商业、中间和内向服务型社区商业的业态配置有着很大程度的差异。我们常说的社区商业的业态定位，主要指业态定位和业态组合定位。

1. 社区商业业态定位

（1）社区商业业态定位依据

社区商业的业态定位主要依据经营主体的多少、目标市场、经营理念、服务功能、立店规模、选址、目标顾客、商品结构、店堂设施和装修标准、商品进货渠道（从厂家还是分销商处进货）和募集方式（是中央采购还是单店进货）、商品的宽度和深度、价格政策（毛利率大小）、销售方式等诸方面。

（2）社区商业的业态具有购物、便利、服务的多元化功能

社区商业的核心消费群体应该是住宅小区的居民，部分业态会辐射周边的社区外消费群体。社区商业业态定位需根据消费群体的消费习惯、消费能力和消费结构而定。社区商业中心业态生活化、便利化、多元化，集商业、餐饮、休闲、文化、娱乐、体育、卫生服务为一体。社区商铺具有广泛的功能特点，不仅具备便利购物功能，同时还要考虑社区商业配套服务功能。社区商业就像一个社区的大会所，为社区居民提供丰富多彩的服务。

深圳招商海月花园的经营业态中，超市、服务配套、服饰精品等占有较大的比例。作为一种内向型社区商业，商业面积并不大，只有 7200m²，但是通过良好的业态配比实现良好的商业精英。

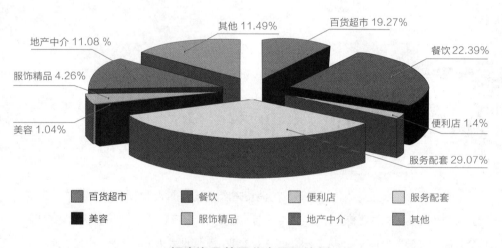

招商海月花园业态面积比例

（3）社区商业禁忌操作的四种形态

社区商业的消费对象主要是社区住宅的居民，以满足居民的日常生活用品和服务需求为主。依托社区稳定的人流，较其他商业地产而言，投资风险相对较小。但也正是由于社区商业经营的对象主要是本社区居民，使其商圈半径辐射范围小，商机绝大部分取决于住宅开发规模、人口数量和消费能力。因此，社区商业仅仅遵循"价高者得"的商业规律是不够的，很容易造成业态分布混乱，不利于后期经营管理。以下我们总结出四种不适合社区商业的商业形态。

1）批发市场不能做。

批发市场是指为买卖双方提供经常性的、公开的、规范的进行大宗现货商品交易，并具有信息、结算、运输等配套服务功能的场所。

批发市场大量的物流人流导致嘈杂和噪声，如果将批发市场引入社区，将会直接造成大量的社会问题、交通问题、环境问题等。既然社区商业是为了满足社区居民的日常生活消费需要，那么在居民的日常生活消费中多久才需要批发一次呢？显然，社区商业与批发市场的特性不兼容。

2）专业市场不能做。

批发市场和专业市场有些微小的差异。批发市场以批发为主，专业市场是经营某一个品类的市场，可以批发也可以零售。但专业市场同样是不适合引入社区的。特别是办公用品、纺织品等看似和人们日常生活关联比较紧密专业市场，总是容易诱导开发商作出错误判断而进入社区。例如，上海著名的大华社区里做了一个礼品市场，就是一个很失败的选择，这个市场一直生意清淡，就是因为礼品在社区中没有大量、持续的销路。

3）消费周期长的商品不能做。

消费周期长的商品例如家居。在社区入住阶段，大量居民装修，大家都会来采购建材、地砖、地板、抽水马桶、涂料、油漆等，但这个阶段结束后，居民稳定下来，繁荣景象就难以再现。反过来说，社区商业需要的是短平快的持续消费品类。

4）高档消费品不能做。

社区商业要根据自身实际消费需求来确定具体的业态，没有最好的，只有最合适的。大品牌、高端店蜂拥而上的做法往往最终导致两败俱伤的结果。

（4）社区商业外向型业态

社区商业的外向型业态，一般有两种情况，一种是社区商业引进了大型超级市场，从而以超市为主力店，带动了数千平方米的中档百货业态，我们称之为超市辅营区。这种超市辅营区往往依靠超市每日带来的成千上万的人流，经营一些大众化的、价廉物美的百货商品，这些商品一般都是大众化的品牌，在社区商业中心经营中档的商品，包括服装鞋包、化妆品和美容用品、饰品等。

社区商业外向型业态的另一种情况是，利用所处的某一干道定位食街、装饰材料街、五金机电街、汽配美容街等。

1）大型社区超市带来的百货化的外向型业态。

如深圳梅林家乐福辅营区包含服装、鞋包、珠宝、手表等百货业态及KFC、必胜客、漓江又一轩等大型餐饮。

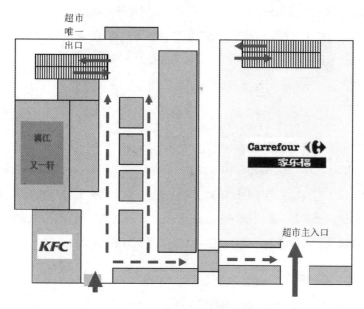

梅林家乐福超市平面图

🌐 **梅林家乐福辅营区经营商品情况表**　　　　　　　　　　　表 4-3

商店名称	商品品种	面积（m²）	价格（单件平均价格，元）	消费对象	经营状况
意大利犀牛	男鞋	20	90～130	中青年男性	一般
欧美药妆	化妆品	15	中档	年轻女性	一般
培芝牛初乳	营养品	15	150～300	3～15岁儿童	好
流行美	女性饰品	10	30～200	时髦女性	旺
曼奴	服装为主	20	150～300	中青年男性和女性	一般
简单生活	床品	40	中档	中年女性	好
Arrow	男士	10	100～150	年轻男性	一般
巴黎三城	眼镜	40	200～250	年轻女性和男性	一般
城市生活	女包	20	150～200	年轻女性	旺
Apple sweet	男装	30	150～200	年轻男性	一般

续 表

商店名称	商品品种	面积（m²）	价格（单件平均价格，元）	消费对象	经营状况
巴黎三城	眼镜	40	200 ~ 250	年轻女性和男性	一般
城市生活	女包	20	150 ~ 200	年轻女性	旺
Apple sweet	男装	30	150 ~ 200	年轻男性	一般
徐福金	金银首饰	20	500 ~ 600	中青年女性	一般
蓝道夫	女鞋	20	50 ~ 300	中青年女性	旺
同和堂	中药药材	5	1.5 ~ 40/g	中老年女性	一般
JoJo	童装	20	80 ~ 200	3 ~ 7 岁儿童	好
小矮人儿童用品	儿童饰品	5	5 ~ 30	3 ~ 7 岁儿童	好
达芙妮	女鞋	25	100 ~ 250	中青年女性	良好
奥康	男鞋	40	250 ~ 450	中青年男性	一般
百事时尚	女包	40	200 ~ 300	年轻女性	良好
时尚坊	女休闲装	100	30 ~ 200	青年女性	良好
儿童乐园		70	20元 / 次	儿童	良好
漓江又一轩		500	中档		一般
必胜客		400	中高档		一般
天福茗茶	茶叶	20	中高档		生意旺
童装店	童装	60	30 ~ 150	3 ~ 7 岁儿童	良好
圣迪奥	女休闲装	60	150 ~ 250	年轻女性	生意旺
促销女装	女装	10	10 ~ 70	中青年女性	一般
促销包	包	15	130 ~ 170	中青年女性	一般
E'SEEO	女装	20	200 ~ 300	年轻女性	一般
诗婷美容	美容	100	120元 / 次	女性	生意旺
索兰	女鞋	30	70 ~ 150	中青年女性	一般

续表

商店名称	商品品种	面积（m²）	价格（单件平均价格，元）	消费对象	经营状况
贵族眼镜	眼镜	30	300～1300	年轻男性和女性	一般
以纯	女休闲装	30	70～150	年轻女性	生意旺
快鱼连锁店	服装	30	30～150	男性	一般
啊呀呀	女性饰品	30	2～15	年轻女性	生意旺
保罗	箱包	30	60～130		一般
中联药房	药房	150	10～5000		生意旺
AVON	化妆品	20	50～150	年轻女性	一般
谭木匠	梳子	20	20～150	年轻女性	一般
歌莉娅	女休闲装	25	30～150	年轻女性	良好
特里斯丹	女包	15	39	年轻女性	生意旺
冰吧	小吃	10	2～8元		生意旺

梅林家乐福辅营区单件商品价格多在100元/件左右；商品以中档为主，并有一些稍微高档的品牌（流行美、简单生活、Arrow、蓝道夫、达芙妮）。

2）大宗食街的外向型业态。

如深圳桃源居的餐饮业态，因为形成了餐饮特色一条街，扎堆经营吸引了大量的外来消费人流。

🌐 **深圳桃源居餐饮业态分布**　　　　　　　　　　　　　表4-4

类别	门店数	单店实用面积（m²）	建筑面积（m²）
酒楼	23	200	6080
无油烟快餐	9	40	513
咖啡西餐	2	/	675

2. 社区商业业态组合定位

社区商业业态组合定位是指开发商根据项目现有的业态状况和对未来商业发展趋势的把握，充分利用自身可能整合的各种招商资源，为便于该楼盘作为房地产项目实现销售和该项目作为商业地产日后能够成功运营而对项目各功能分区和各楼层的业态所进行的规划。

业态组合定位必须在项目开发前期完成。如若业种业态组合定位科学合理，可使商铺营销增加靓丽的卖点，有力促进商铺的销售。反之，如果业种业态组合定位不符合项目所在城市商业发展现状的实际需要，将导致项目投入运营后必定不能做旺而最终归于失败。

（1）社区商业业态组合规划原则

1）社区商业的基本特性：超市、餐饮和服务配套是社区商业的三大基本业态。

2）租金收益的最大化，位置较好的铺位优先考虑承租能力较高的业态。

3）是否具有招商的可执行性，符合项目实际情况。

4）能否在项目目前条件下开业经营，培育商业氛围。

5）符合商铺建筑设计技术指标。

知识点 **社区商业的八大基础业态**
超市、餐饮、便利店、服务配套、美容、服饰精品、生活家居和休闲类。

（2）社区商业的业态组合不是简单的"1+1+1"

商业规划中的业态组合定位有许多选择，但任何选择都必须考虑大量的细节。比如，内置步行街商铺的开间、进深和购物动线宽度应该多少为宜，商铺面积如何划分才利于销售又利于经营，公摊面积多少方易为业主接受，在什么情况下内置步行街可往3层、4层设置，怎样选择业种组合可使商铺售价最佳，如何处理业主租赁合同和招商合同的关系等。所有这些细节都必须与项目的业态组合定位"精准"吻合。

（3）单体社区商业项目的业态组合定位

1）单体社区商业项目要考虑的六大因素。

单体社区商业项目是社区普遍的商业存在形式，它的一个突出特点是受到用地面积和建筑密度等规划条件限制致使开发面积过小，这个时候应该如何开发单体社区商业项目的商业价值进行业态组合定位呢？一般来说，单体商业地产项目业态组合的定位，主要考虑如下六个因素：

①尽可能引进符合项目地实际需要的新业态，以造成对原有业态的强烈冲击，颠覆旧有商业格局。同时，所确定的业态必须有足够大的规模，以至于3~5年内无人能出其右，形成规模上的强势地位。

②要有主流业态和核心店，保证项目开业后对周边商业物业形成竞争态势，销售力强，以吸引人气，积聚商气；但又强调多业态经营，以使各业态之间优势互补，降低整体经营成本，提高利润率，预防风险。

③现代百货公司和大型综合超市比较适合作为主流业态引进，但二者之间存在竞争关系，要注意它们的错位经营。

④首层和二层尽可能采用产权清晰、便于日后管理的内置步行街业态，即使引进现代百货或综合超市作为核心店，也必须考虑采用适合进行产权分割的办法，将项目化整为零进行销售，确保回笼开发资金。

⑤大型综合超市能够有效地形成商气，对确保项目运营成功有利，但其要求租金相对较低，容易形成"租售"矛盾。

⑥现代百货公司以时尚和女性消费为主，可以承受较高的租金，但该业态必须从首层开始配置，公摊面积最少40%。其与大型综合超市相似，将在一定程度上导致部分潜在客群不愿投资此类商铺。这是在引进百货公司和大型综合超市业态时必须注意的。

2）单体商业项目的规模：总建筑面积2万~3万 m^2，层数控制在3~4层。

打造一个单体商业项目，其规模宜在总建筑面积2万~3万 m^2，层数控制在3~4层。如若当地城市人口基数大、现有商圈十分繁荣的条件下也可建5层。但总建筑面积一般应控制在4万 m^2 之内。开发商应清醒地认识到，商业项目总建筑面积过大，开发风险便骤然放大。另据研究，人们对单体商场面积的心理最大承受能力为1.7万 m^2，生理最大承受能力为2.3万 m^2，超过这个"疲劳度"就适得其反了。

从国外百货店的一般规模来看，单店营业面积多为7000~8000m^2，在日本，超过6000m^2 就要受到"大店法"的规制。

操作程序

十、社区商业的价格定位

1. 社区商业价格定位的内容

社区商业的价格定位是与社区商业的产品定位紧密相连的。所谓价格定位，就是开发商将商业物业产品、服务的价格定在一个什么样的水平上，这个水平是与竞争者相比较而言是否具竞争优势。

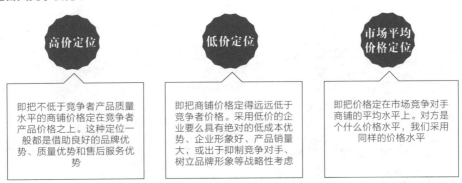

高价定位	低价定位	市场平均价格定位
即把不低于竞争者产品质量水平的商铺价格定在竞争者产品价格之上。这种定位一般都是借助良好的品牌优势、质量优势和售后服务优势	即把商铺价格定得远远低于竞争者价格。采用低价的企业要么具有绝对的低成本优势、企业形象好、产品销量大，或出于抑制竞争对手、树立品牌形象等战略性考虑	即把价格定在市场竞争对手商铺的平均水平上。对方是个什么价格水平，我们采用同样的价格水平

社区商业的价格定位的三种情况

由于社区商业存在租售两种情况，因此我们对社区商业项目进行定位时往往除了考虑售价定位外还需要考虑租金定位。

2. 社区商业的租金定位

社区商业的租金定位通常是运用市场比较法进行定价，通过项目周边主要项目（相近或相类似的商业项目）的市场调研，进行综合比较，主要比较的要素有：整体区位；商业氛围；人流量；主力店；交通条件；开发商实力；规模主题；升值前景。

新手知识总结与自我测验

总分：100 分

第一题：社区商业要得出哪两个关键结论（20 分）

_____

_____

第二题：社区商业定位中包含哪些定位内容？（30 分）

_____

_____

第三题：单体集中商业规模如何确定？（20 分）

_____

_____

思考题：某高档小型社区商业街，处于两期项目之间，总面积 3000m²，现在已经进驻了几家餐饮业（主力店），目前人气不旺，两期共有 1500 户左右，但社区外商业较丰富，该商业街为开发商持有。如何扩大其在周边的影响力？如何通过推广吸引来社区业主（售价 24000 元 /m² 的楼盘）？（30 分）

_____

_____

_____

_____

得分：   签名：

社区商业
新兵入门

05

社区商业的规划与设计

操 作 程 序

本章使用指南

社区商业的规划与设计是一个全局问题，也是个细节问题。说是全局，是因为它关系到方方面面，如怎样落实定位与策划的表现，后续的持续经营。说是细节，是因为它不仅仅是画大的规划图，还要科学规划众多的细节，如位置、入口、开口、交通、动线、景观、业态分布、商铺面积、空间布局、建筑表现形式、配套规划等。目前很多社区商业失败的案例，规划与设计的失败是一个重要原因。形式主义加功能缺位，让众多项目一开盘就面临夭折。本章通过抓住每个环节，总结社区商业的规划与设计最优形式，让整个操盘变得异常清晰实用。

操作程序

一、明确社区商业的五条规划原则

1. 规划先行，适时调整

社区商业的规划要把发展社区商业的任务列入各区的城市和经济发展规划之中，要加强社区商业的规划制定，明确建设社区商业的模式、形态和业态结构。

（1）规划前进行必要的市场调查

相关人员要进行市场调查，掌握社区居民的收入水平和消费层次，了解社区居民的消费习惯和消费心理，以此作出合理定位，决定布点的规模、位置、运作方式、经营档次；管理部门要在房地产开发前期介入，对商业网点、设施等预先规划，加强与统筹规划社区商业的开发商的沟通，防止产生新的矛盾。

（2）匹配合适的商业功能结构、行业结构以及品牌结构

规划中，要注意商业功能结构、行业结构以及品牌结构等应当与社区的规模、层次相适应。新建社区商业宜用点状、组合式，并尽可能使商业设施与居住区分离，原有社区则应采取调整、完善其功能与业态的方法。

（3）开发招商中适时调整

在开发招商中，相关人员要根据实际情况对原定规划进行适时调整，改进其中不合理、不可行的部分，补充遗漏的部分，实现规划效益的最大化。

2. 体现以人为本原则

社区商业要充分体现以人为本的原则，以方便居民日常生活，提高生活品质为中心，以小型网点为主，大力发展食品、日用品、餐饮、文化等各类日常生活需要的商业和服务业。尤其要积极发展符合社区特点的大众餐厅、社区茶馆、洗衣保洁、美容健身、家政服务、老年服务、修理服务、电话购物、网上购物等现代生活服务业，不断提高生活服务水平，形成

规范化、标准化、个性化的社区服务体系，基本实现社区居民购物、餐饮、修理、家政、综合服务、可再生资源回收等基本生活需求不出社区就能得到满足。

3. 符合商业发展规律

社区商业规划要符合商业发展规律，采取新区标配和老区改配双管齐下的路子。新建居民区和危改区要按照社区商业中心配置标准进行配置；已建成的居民区及平房保护区，商业服务功能不够完善的，应通过调整结构、置换房屋用途等办法，按社区商业中心的要求逐步加以完善。

社区商业的规划必须充分考虑社区居民的购物习惯和特点，保证充分的购物便利。即满足基本的"51015"目标。从发展趋势来看，大型社区商业发展形成以购物中心为主打业态，被誉为"第五次零售业革命"的购物中心越来越代表了社区商业发展的成熟度。

4. 因地制宜、因人制宜

社区商业的重点是规划、建设好配套齐全的社区商业中心，但在建设中要避免片面地求大求全。

社区商业因地制宜、因人制宜的四个标准

5. 创新规划

建设社区商业仅仅有合理规划是不够的，积极寻求多方投资渠道、开发社区商业，才能实现规划蓝图。推动大型商业集团开发社区商业，可以把先进的商业业态、连锁的商业网点、品牌化的商品引入到社区，并在周围集聚一批专卖店、专业店、快餐店以及其他文化娱

乐企业通过组成联合舰队实行组团式开发，进一步提高社区商业的组织化程度和商业层次。

操 作 程 序

二、如何处理好商业与住宅的关系

1. 切勿做破坏性规划

当前社区规划设计重住宅轻商场的现象比较严重，导致商场空间难用。开发商与规划设计单位在设计方面为保证住宅的户型、朝向等，对裙楼商场的空间破坏性较大，主要体现在：

（1）住宅核心筒的摆放位置不当，导致商场整体开放式格局被割裂，有的不得不结合核心筒设计"回"字形动线；

（2）住宅因为柱网比较密集、不规则，使得商场空间十分难用；

（3）住宅的消防梯、电梯设置不当，造成商业死角的存在；

（4）在商场的外部，如住宅大堂的布置破坏了外部商业街的连续性，地下停车场的出入口和小区车道，使得室外商业街的商业气氛荡然无存等。

2. 解决商住和谐共处的两种规划设计策略

虽然住宅与底商在设计规划上的冲突较大，但若在项目建筑规划设计之初充分重视的话，仍可以在很大程度上降低底商对住宅影响，寻求到二者价值的平衡。

方式一：转换层设计，将住宅和商铺独立化

为充分保证住宅、商铺的设计要求，转换层不失为一种可以两者兼顾的设计方向。例如，底商三层，在第四层设计一层转换层，以此作为住宅的分户层，同时将第四层的平台建成空中花园，同样可以进行绿化等环境景观的设计，既创造了住宅的销售卖点，又能够解决住宅对商铺的影响。

方式二：寻求住宅住户大堂、消防等配套设施位置的平衡

住宅的消防、采光、通风要求较多，住户大堂、消防楼梯、地下车库出入口等相关硬性配套设施，都会对商场形成一定的负面影响，这些设施应该尽可能往建筑物四周、地段偏离主街道的地方进行设置，柱网结构方面可以局部的通过梁作为过渡，保证绝大部分区域商场柱网结构布局的合理性。

操 作 程 序

三、社区商业的位置与空间布局规划

社区商业第一个具体规划的就是它的位置。我们需要研究社区的交通流向、人口分布、居住环境、消费习惯、出行习惯等，从而最终决定把商业放在一个最适合的位置。以上这些因素，如果前期调研充分的话，会为位置规划起到很好的指导作用，但是很多商业的布局除了考虑这些因素，还需要考虑与周围商业的竞争程度，这个时候，就需要考虑以下四个关键因素：

1. 位置规划的四大注意事项

（1）商业和住宅应巧妙结合

一方面因为商业可能对住宅的品质、居民的生活、周边的交通、社会治安、噪声污染有很大影响，另一方面作为开发商，都希望社区商业能够形成一种规范的商业氛围，而不希望社区商业在无序发展中变得杂乱无章，因此商业和住宅的巧妙结合就成为首要考虑因素。

（2）主出入口的易达性

地面层以上的商业步行街是很不容易存活的，除非在二层也有主力店出入口或广义上

"主力店",如地铁口、办公大楼出入口。

美国多层购物中心满足易达性的两个必备条件

在美国,地面层以上的商业街屡试屡败,后被补习学校、对外办公机构等目标消费场所代替。据纽约对此类商业街的分析,成功的多层购物街必备两个条件:位置在传统购物街上,或高层楼面上有大型主力店盘踞。

（3）建筑能见性

商业建筑的性能对吸引人气具有重要作用。一般来说,主力店和日常消费的店面都要处于能见性比较高的地段。

（4）基地大小

基地如果太小,即使容积率较高也很难有成功的商业房产出租。只有餐饮、娱乐和市中心知名品牌的大百货店可以达到六、七层,其他业态的店铺鲜有能突破地面层的。如餐饮、娱乐这类可达二、三层,但也需要地面的直接入口,且地面也往往是停车和促销活动的最佳场地。

所以作为商业街不可片面追求规模,倒是要在细算市场需求的前提下努力争取基地面积,使消费者出入自由、宽松又便捷。

2. 社区商业的布局和形态分类

传统的住宅和规模较小的住宅区建设时配建的商业一般以裙房和底铺类型较多,规模较大的住宅区建设时一般配建独立的商业建筑。在规划前,按照不同的分类方法,可以得出不同的布局和形态（见表5-1）。

🌐 **社区商业的布局和形态分类**   表 5-1

分类方法	分类项目			
按与住宅建筑的关系	独立单体	住宅混建（以裙房或底铺形态设置）		
按所在的地域	住宅区内	在住宅区周边沿街设置		与住宅区分离独立设置
按布局形态	街区条状	块状组团型		条块结合型
按商业布局的分类	沿街式	裙组式	多点式	会所式

3. 社区商业的分布类型

（1）社区空间形态

社区的空间形式一般都经历过"构成型"形态时期——"封闭型"形态时期——"半封闭半开放型"形态时期——"开放型"形态时期这样一个过程。这些都是随着经济关系的转变、科技进步、交通环境以及城市空间功能的发展、社会文化思潮和审美意识的变化，并伴随着消费者需求的提高、市场的高度商业竞争等因素渐进而成。构成型形态是一种早期的社区商业布局形态。在此我们不再说明。

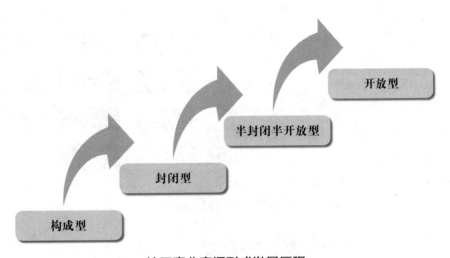

社区商业空间形式发展历程

1）封闭型

深圳"香谢丽花园"的半围合形态、广州的"翠湖山庄"的大围合形态，都是典型的封闭式格局。尤其"香谢丽花园"在建筑、街区、场所和人之间的尺度关系上把握的相对较好。

环境空间幽馨、私密、雅静。当然，这种形式也有其不足的地方，最突出的是围合空间的舒朗和通透性较差。

2）半封闭半开放型

"万科四季花园"、"南国奥林匹克"、"星河湾"等项目，他们在开放和封闭之间的关系上处理的相对较好，令人感受到大社区和小场所在包容性与私密性方面的对比，有鲜明的疏密与聚散的秩序效果。尤其"星河湾"其内在的空间张合力和非均衡性的动感令人感受到生动丰富的空间活力和神秘的幽闭情感。曾有人批评"星河湾"的规划太密，缺乏通透性。而实际上"星河湾"的通透在于展示其特有瑰丽的江堤资源，其江岸通透性空间使用得恰到好处。"星河湾"的组团内空间的幽闭氛围也是其品位与品质的必然。

半封闭半开放型

3）开放型

深圳的"蔚蓝海岸"以及广州的"中海名都"等一些临江高层住宅社区，就是典型的开放型空间形态。它们的尺度标准是以城市街道、车辆以及绵延的海岸和江堤作为参照物，自然在空间上显得舒朗、开阔和通透。建筑群的排布也是点式布局，现代都市感非常强烈，这种形态对现代人还是有很大的感染力。开放性更利于人们与现代科技社会的交往和沟通，体现了时代精神。

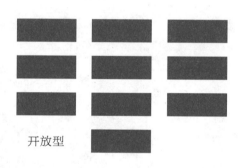

开放型

（2）社区商业的五种布局类型

商业的分布形式是前期规划重点问题之一。整体的分布与商业的规模、性质有直接关系，而现实案例中不同业态商家的分布则体现了商家对于位置的偏好及商业整体规划的合理程度。社区商业的商业布局一般分为五大类，主要依据项目的地块特征、建筑规模、交通以及周边状况来定。

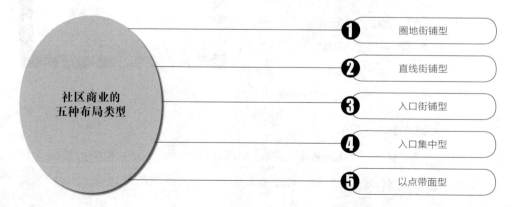

社区商业的
五种布局类型

❶ 圈地街铺型

❷ 直线街铺型

❸ 入口街铺型

❹ 入口集中型

❺ 以点带面型

1）圈地街铺型

圈地街铺型优势在于，商业体量可以较大限度的扩大，展示面较长，可视性佳，对外性较强，较有效地吸引外部的消费者，在一定程度上利于商业的销售。圈地街铺型缺点表现在商业规模较大，不利于业态的控制，如果出现街铺空置的情况，对社区的整体形象有较大的负面影响。如美丽365花园、锦绣江南、招商海月花园就属于圈地街铺型。

2）直线街铺型

直线街铺型优势在于，临街展示面比较长，昭示性比较好，利于销售。但是，由于临街面较长，居民购物不太方便，如空置量大也会对社区商业形成比较大的负面影响。比较适合体量适中的外向型商业。如西海湾花园，港湾丽都，麒麟花园、阳光棕榈园都属于直线街铺型。

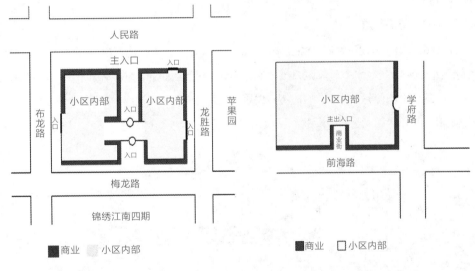

圈地街铺型示例：锦绣江南　　　　**直线街铺型示例：阳光棕榈园**

3）入口街铺型

入口街铺型优势在于有利于社区居民的购物消费，街铺商业价值较高。缺点在于一定程度上限制了商业的规模扩大，且展示面不长，可视性不强。如万科四季花城就属于入口街铺型。

4）以点带面型

以点带面型优势在于商业较分散，在一定程度上方便居民的购物。缺点表现在商业较分散，难以形成规模效应。如海滨广场都属于以点带面型。

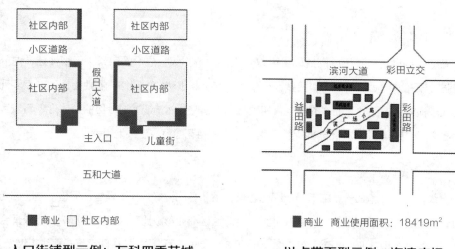

入口街铺型示例：万科四季花城   以点带面型示例：海滨广场

5）入口集中型

入口集中型优势在于将商业独立于住宅区，减少商业对居住的影响，同时，一定程度上利于商业规模的扩大，易于形成规模效应，带旺整个社区商业。缺点表现在商业较集中，弱化了社区商业的便利性特点，有时不方便居民的购物消费。星河湾、蔚蓝海岸、凤凰城、祈福新邨、皇御苑都属于入口集中型。

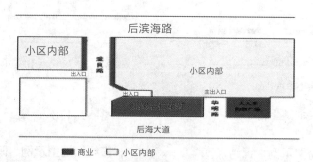

入口集中型示例：蔚蓝海岸

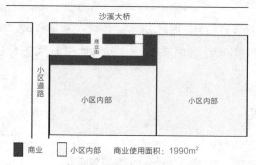

入口集中型示例：星河湾

4. 社区商业的多种布局组合搭配模式

（1）社区多组团，商业街多组团布局模式

深圳桃源居多期分片区滚动开发，先后在前进路、汇江二路、洲石公路开发了相应的社区商业。

桃源居社区商业布局图

（2）社区大围合，商业街大围合布局模式

不少社区项目四面环绕市政道路，通常会逢街规划商铺，形成商业大围合布局模式。在大围合商业街区规划中，还有一些项目在社区主入口部分，通过将门禁系统后移，将商业街引进形成内街，在增加商业街面积的同时，也形成了一条半开放式的商业街，这种半开放式的商业街因为位于社区主要出入口，因而也是生意最旺的。

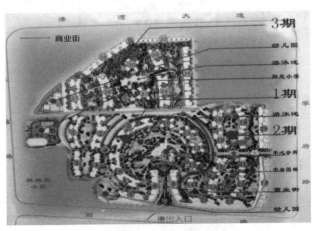

中海阳光棕榈园商业街

（3）社区组团与商业组团分别集中布局模式

为了保证住宅区的私密性与品质感，同时又能很好地为社区居民提供便利的商业服务，一些大型社区往往将社区组团与商业组团分别集中设置，互不干扰，如深圳万科城，东莞万科运河东一号等。

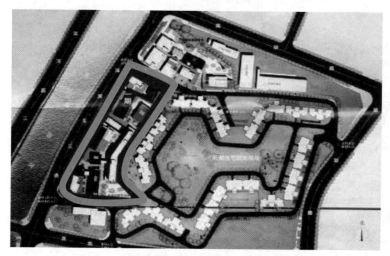

万科运河东一号商业街
注：图中深绿色线内为小区商业，后面是住宅区域

操作程序

四、社区商业的总体规划

社区商业的总体规划就是从总体上对商业的分布形态、体量、功能、主题等进行规划。

1. 社区商业规模体量规划

社区商业地产的开发必须遵从社区商业的规律，必须量化规模规划。在开发社区商业时，开发量和承载量的比例是一个难以把握的问题。社区商业开发的成败不在于商业设施有多气派，种类有多全，而在于这些商业设施到底能够承载多大的消费量。

社区商业经营面积的总量应和该社区住宅总量、公共服务设施数量和居住人口的规模相适应，并充分考虑到周边商业环境对其产生的影响。

当前社区商业开发有失度的苗头，追求商业面积最大化的问题比较严重。一些社区项目商业规模偏大，导致社区商业招商难甚至长期空置。由于社区商铺价值高于住宅价格多倍，开发商为了追求利润最大化，尽可能地划分街铺销售，如深圳宝安中心区就出现了社区开发逢街必划铺的现象，有的甚至临着小区地下停车出入口、车行道也规划街铺，这种做法使得社区商铺开发过量，也大大降低了商铺的价值。

新建社区商业规模的标准

根据商务部的《社区商业评价规范之二（新建社区）》的总体要求的第一条："大型社区人均商业用地面积不小于 0.9m²，中型社区人均商业用地面积不小于 0.7m²。"社区商业要以社区实际消费需求量来适度规划，超过了这个度，就会使社区商业价值降低。

一般经验的做法是，3 万～5 万人的社区配置的商业营业面积不低于 2.5 万平方米。

2. 社区商业功能布局规划

对于一个社区商业来说，每一个小部分的功能都应该在前期规划阶段筹划完善。在综合性的社区商业中心或者商业街，所有商铺的功能已经都有明确的划分，以实现社区商业的现代化的统一经营管理。如位于佛山市乐从镇的佛山奥园，其社区商业广场就明确地分为餐饮区、购物区、休闲娱乐区、装饰区四大服务功能区域。

3. 社区商业经营结构规划

各社区商业的经营结构，一般按照购物 40%、餐饮 30% 和其他服务 30% 的面积比例进行设置。根据当地社区居民收入水平和消费需求，社区商业业态服务可从品牌引入、商品陈列、服务方式等多方面入手，将房屋中介、设计装潢、保洁保绿、维修回收、护老托幼、洗染彩扩等引入社区。

另外，还可进一步拓宽社区的服务范围，为民政、劳动、卫生、体育、街道等部门主办的法律、就业、医疗咨询、各种服务技能培训、全民健身、公益事业和社会福利事业等提供活动场所，设立宣传栏，使社区同时成为社区文化建设的有效载体。

4. 社区商业主题营造规划

随着社区商业在住宅社区越来越普遍，社区商业尤其是外向性社区商业的竞争也越来越激烈。一些个性鲜明、有特色的社区商业中心或社区商业街正倍受众多消费者青睐。因此，诸多开发商也把社区商业作为树立或者提升品牌的宣传工具，规划营造独具个性特色的风格。如常州奥林匹克花园打造的澳洲风情商业街、重庆市东方港湾花园的英伦风情街、广州雅居乐花园的欧洲风情商业街等。

特色氛围的营造对于很多开发商来说，简单地被认为开展社区商业活动，就是在营造社区的商业特色氛围。定期或不定期地举办一些与主题相关的活动确实对社区商业的特色氛围很有帮助，但是在建筑设计上就应该将营造特色氛围作为一项重要内容。

（1）社区商业特色的营造应与住宅的文化、特色保持高度一致

假如住宅营造的是欧洲小镇风情，社区商业却以江南园林特色为主题，则显得非常突兀、不协调。不但整体建筑外观应坚持此原则，甚至一草一木都不容疏忽，不能只停留在表面功夫，细节也是体现事物本质的重要组成部分。

（2）在建筑外观及线条上，既要统一于住宅还是区别于住宅

社区商业除了与住宅风格相统一，还应该注意强调自身色彩及线条的强化运用，因为商业与住宅是不同区间的两种物业，商业在外观的处理上更强调视觉的冲击力。

（3）通过建筑设计营造商业特色氛围

景观小品、植物及地方代表性建筑对于整个社区商业的特色营造及商业氛围提升也有着重要作用。景观小品、植物可依据自身特点进行相应的布置。如万科四季花城特色主题是欧洲小镇风情，其在假日大道商业街的整体景观营造，包括常绿乔木、休闲座椅等均给人很强烈的欧洲小镇风情感受。唯有做到大到建筑外墙，小到一草一木，均浑然一体，各具特点而又围绕同一主题，整个社区商业才能够给人很鲜明的特点，形成项目自身的差异化优势。

以上三点是我们在建筑设计上营造商业特色氛围的基本策略。这三点较为灵活的方式不但可巩固社区商业特色，使之在业主、消费者心中留下深刻印象，而且也是与业主、消费者拉近距离，可以从一个侧面体现社区商业的贴心服务，营造活泼、亲切的商业氛围。表5-2是一些典型社区的特色氛围的塑造形式，它对我们社区商业如何在建筑上进行特色氛围的塑造具有借鉴意义。

⬤ **典型社区特色氛围的塑造形式**　　　　　　　　　　　　　　　　表 5-2

楼盘名称	主题风格	表现形式
万科四季花城	欧洲小镇风情	建筑外观、线条；地方代表植物；景观小品点缀；与住宅风格统一
中海阳光棕榈园	都市闲情＋地中海生活情景	建筑外观、线条；地方代表植物；景观小品点缀；与住宅风格统一
波托菲诺	意大利风情山海小镇	建筑外观、线条；地方代表植物；景观小品点缀；与住宅风格统一
桃源居	世外桃源	建筑外观、线条；地方代表植物；景观小品点缀；与住宅风格统一

5. 社区商业景观规划

　　社区商业大多都提供购物、休闲、娱乐等多种功能，成为社区居民日常生活的重要组成部分，因此，社区商业中心或商业街的景观规划亦必不可少，不仅可以改善社区居民的购物环境，好的景观规划还能彰显社区商业中心或者商业街的个性差异，提升社区商业中心或商业街所在小区的品质或品牌。社区商业中心或商业街的景观规划设计应该与社区商业建筑风格融为一体，相得益彰。

操作程序

五、社区商业交通组织与人流动线规划

　　社区商业的目的是要为社区居民生活提供便利和配套的，而不是为社区居民增加交通负担和交通阻塞的。没有交通组织规划，容易导致居民进出受阻，机动车乱停乱鸣，长此以往就可能演变成为大麻烦。

1. 人流动线规划的表现形式

在社区商业的人流动线中，一般存在人流的集散中心，目前主要表现为两种形式：人流焦点和人流端点。

人流焦点一般位于社区主出入口或商业的主力店，是人流的集散地，具有唯一性，一般情况下，人流焦点人流较密集，具有凝集人流的作用。

人流端点一般位于社区出入口和商业的主力店，是拉动人流的关键，可以并存多个，有效地提升人流流动频率。二者的差异见表5-3

🌐 **焦点型人流动线和端点型人流动线的主要特性差异**　　　　　　　　**表 5-3**

焦点型人流动线	端点型人流动线
人流集散中心具有唯一性	人流集散中心为两个或多个
能有效地聚集人流，对人流焦点附近的商铺价值提升明显	两端或多端拉动人流，增加人流频率，提升商业的整体价值

2. 社区商业人流动线规划的核心要点

结合两种类型人流动线的分析，社区商业的人流动线规划应主要注意以下几点：

（1）规划人流动线应简单易达，增强商业的便利性。

（2）人流焦点或人流端点尽量临主要道路设置，对外展示面良好，利于导入外部人流。

（3）人流焦点应设置于商业的中心位置，均匀的拉动人流；人流端点的设置应考虑能否引导人流经过尽可能多的商业。

（4）人流动线设计以直线为主，在人流视野范围内的商铺，具有较高租金价值，同时适当勾勒弧线，体现层次感及节奏，增加人流动线的变化。

（5）人流动线规划中，可结合具体情况设置具有衔接过渡的中庭等设施，一方面使人流的动线较灵活，同时也起到很好地凝聚人气的作用，提升部分商铺的商业价值。

3. 社区商业提升人流的策略

（1）美国模式——主力店拉动人流

所谓主力店拉动人流是指有一定规模和品牌，能独立吸引人流的大商家，如上海的新世界百货、家乐福超市等。如何拉动人流，以使每个店铺门口都达到预期的数值，典型的美国式购物中心以主力店来拉动人流。主力店拉动人流的策略在中国的商业地产规划和社区商业规划中，逐步得到重视，现在基本上已经成为人流规划的基本策略。

主力店拉动人流的基本做法是在两个主力店的主要入口之间连线，开辟一条主要通道，两侧的小店自然得到预期的人流。美国至今已有六千多家购物中心如法炮制，屡试不爽，并推广至全世界。

在郊区建购物中心，必须配主力店以拉动人流，在城市里，有各种各样的"主力店"时刻吞吐人流。在这些"主力店"之间连线，给人方便的同时必能立即创造商机。

（2）亚洲模式——借助天原的"主力店"

在很多亚洲城市里的商业中心或商业街没有主力店也照样得以生存，如日本东京的Lalaport、横滨市的地下商业街，上海的伊美、新天地、港汇等。表象上看上去各不相同，其实亚洲模式成功的奥妙之处是借助于天原的"主力店"带来的人流。

人类天生有寻找捷径的本能。在人群每天固定的出行路线中寻找捷径并开辟的，马上会创造人流。如横滨地下步行街，将数十个地铁站连成了一张网，任何人换乘都很方便；又如首尔的COEXMALL将一个展览中心、一个百货店和一个地铁出口连在了一起。在上海，有地铁站的地方商铺往往很抢手，也是这个道理。

生活中的现成"主力店"：

知识点

地铁出入口（约6000～20万人次／天）；公交车站（终点站3000～6000人次／天）；公共停车场（每位8～10人次／天）；办公大楼（每平方米6～8人次／天）；展览中心（高峰人次1万人次／天）；居住区主入口（3000～10000人次／天）；主力店、大卖场、百货店等（3000～10000人次／天）；食街（就餐固定人流）。

4. 深圳典型社区商业的人流动线规划

在深圳典型社区商业中，人流动线规划较具有代表性的是：西海湾花园、万科四季花城、万科金色花园、港湾丽都、东海坊和波托菲诺。

西海湾花园

后海大道

创业路 · 主出入口

出入口

南商路

□ 住宅　■ 商业

万科四季花城

| 社区内部 | | 社区内部 |

小区道路　小区道路

假日大道

| 社区内部 | | 社区内部 |

主出入口

五和大道

□ 住宅　■ 商业

特点：西海湾花园和万科四季花城主力店与社区主出入口相距较近，两者形成一个整体，作为人流焦点

万科四季花城

景田东街

出入口　出入口　出入口　主出入口

出入口

景田北路

出入口

莲花路

□ 住宅　■ 商业

港湾丽都

出入口

桃园路

前海路

□ 住宅　■ 商业

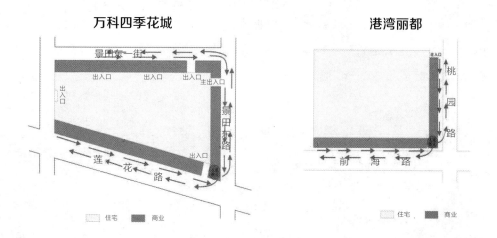

特点：万科金色家园和港湾丽都的主力店与社区主出入口虽然相距较远，但由于商业分布较长，两者未能吸引人流经过大部分商业，仍然是以主力店作为人流焦点

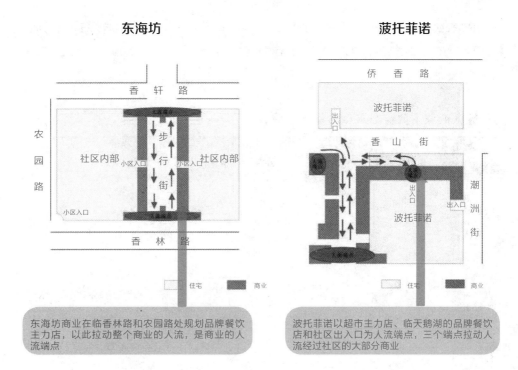

东海坊商业在临香林路和农园路处规划品牌餐饮主力店，以此拉动整个商业的人流，是商业的人流端点

波托菲诺以超市主力店、临天鹅湖的品牌餐饮店和社区出入口为人流端点，三个端点拉动人流经过社区的大部分商业

六、社区商业业态组合规划

社区商业业态组合规划分为必备性业态和指导性业态。社区商业业态组合得好，可以实现社区居民、投资者、经营者、开发者多方的共赢。社区商业业态组合规划的前提是精准把握当地社区居民收入水平和消费需求程度。这样，经营者自身才会有造血功能。

1. 社区商业各业态的分布特点

根据各业态的经营特点，对于位置的要求也不尽一致。从方便居民生活及合理分配资源的角度出发，应该注意的基本原则有以下几点：

A. 在商业布点时，可优先考虑体现居民生活便利的业态，如超市、服务配套类和便利店等业态的位置，既方便社区及周边居民的消费，又兼顾龙头商家对其他小商家的带动作用；

B. 餐饮等业态有噪声、卫生等问题，在规划业态时应避免影响到社区居民的正常生活；

C. 对位置要求不高的业态可规划于相对较偏的位置，如装饰公司、美容一般是以二楼为主要承租面积，但必须预留良好的展示面。

🌐 **社区商业主要业态布点的基本要求表**　　　　　　　　　　表 5-4

业态 指标	经营面积（m²）	经营楼层	位置
综合超市	6000 ~ 15000	−1 ~ 3 层	主干道 / 主出入口
社区标超	1000 ~ 5000	1 层 /2 层	主出入口 / 主干道
便利超市	100 ~ 500	1 层	主出入口
餐饮	快餐类：100 ~ 500； 西餐咖啡：200 ~ 800； 中式酒楼：1000 ~ 3000	1 层 /2 层	偏好社区商业街两端位置，临主干道
美容 / 美发	美发：50 ~ 100； 美容：200 ~ 1000	1 层 /2 层	主力承租面积通常位于二层，具体位置上无特殊要求
休闲类	500 ~ 1000	1 层 /2 层	主力承租面积通常位于二层，具体位置上无特殊要求，但要有一个较好的展示面
便利店	50 ~ 200	1 层	靠近主出入口，离居住区域较近
饼屋 （蛋糕店）	30 ~ 60	1 层	一般处于社区商业街中间位置，单体购买频率较高
生活家具	100 ~ 200	1 层 /2 层	属于新型社区的过度业态，位置上要求不高，楼层位于一、二层都可
地产中介	30 ~ 100	1 层	新兴社区门店数量较多，有一定过渡业态性质，租金承受能力较高，通常位置较优越
干洗店	10 ~ 20	1 层	靠近主出入口，离居住区域较近
冲印店	10 ~ 20	1 层	不要靠近主出入口，虽配套性质明显，但单体购买频率不高
其他	10 ~ 40	1 层	位置要求不高，可移动弹性较大

下图是万科金色家园社区商业的分布特点。从图中我们可以看出：商业分布形式为环

绕街铺型，展示面较宽。临莲花路展示效果最好，也是大型品牌主力商家分布最密集的区域，如麦当劳、肯德基、民润、小六汤包等。

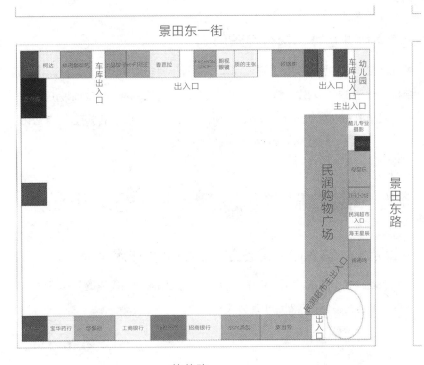

万科金色家园商业分布形式（一层）

2. 商业规划布局与业态组合设计的原则

（1）以人为本原则

不同年龄层次的消费人群具有不同的生活方式和消费偏好，社区商业的规划布局和业态组合则必须准确把握消费群体的出行方式、出行路线和生活需求之后才能进行有针对性的规划设计，以人为本，从满足消费群体的需求出发，这是统领商业规划布局及业态组合设计的最基本的原则。

（2）商住分离、动静分区的原则

社区商业的规划布局既要利用交通集散之利，又要避免互相干扰之弊，因此也要遵循商住分离、动静分区的原则，应降低在居住组团内部开设底商的可能性，从而可以有效地减少对居住区的干扰，保证各组团的居住品质，使社区商业真正起到塑造社区形象及品质的作用。

（3）同业互补、错位经营原则

各业态之间的"同业互补、错位经营"是进行行业业态组合设计的关键原则，通过对前期商业结构和业态分布的调控，将休闲、购物、服务、娱乐等各业态的比例控制在相对合理的范围内，从而形成较为理想的业态组合和良性互补，项目实施后则可通过专业化管理，运用市场手段，利用级差地租对经营业态进行调整。

3. 商业规划布局与业态组合设计的关键点

关键点一：首先应明确各业态的意义和作用差别

首先应明确各业态的意义和作用差别。由于人们对商品需求的频率不同，商品的贵重程度不同，商业业态也就自然地出现分级与层次。

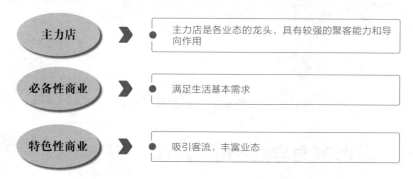

主力店	>	主力店是各业态的龙头，具有较强的聚客能力和导向作用
必备性商业	>	满足生活基本需求
特色性商业	>	吸引客流，丰富业态

社区商业业态组合中不同业态的作用

关键点二：确定各业态的位置

人们对日常生活不可缺少的油盐酱醋等日常用品希望就近购置而又没有太多的选择，这些店铺就要离住宅近一些；而对于非经常性购买，又要求具有更多挑选余地的商品，此类店铺可以设置在离住宅相对远一些的位置。

社区商业业态位置确定规律

关键点三：充分考虑不同业态之间的匹配程度

考虑匹配程度可以最大限度地发挥协同作用，某些商业业态需要组成商业集群以增强吸引力（如妇女与儿童用品），而另一些带有排斥性的商业业态则必须相互避开（如医疗诊所与餐饮店）。

关键点四：合理区分不同的业态建筑空间需求

在社区商业规划乃至社区规划之初，必须先行对社区商业的业态进行充分的研究，初步形成社区商业业态的战略布局，并以此战略布局指导空间规划（或条件预留），使得在规划中提供的空间条件与既定的业态布局策略相统一。

大型餐饮和时尚精品店建筑空间需求

在业态布局研究中确定需要开设大型餐饮设施，那么在规划中就应为之安排相应的停车用地及后勤通道，在建筑空间设计中则根据餐饮设施的运作要求对营业空间及后厨空间给出合理的安排；而对于时尚精品屋来说，则既不需要停车也不需要建筑的大空间设计。以上两种业态对空间的需求不同是非常明显的。

关键点五：不同商业形式业态组合操作不同

不同类型社区的商业规模和结构存在较大的差异性，但是，所有能够规划建设社区商业中心或者社区商业街的住宅小区，其社区商业业态配置规划具备一定的规律性。

组团式和多点式社区商业	商业网点的设置都应该以工薪阶层为主要消费群，一般设置一家中型超市，一家便利店，一家修配店，以及三家中小型餐馆等
沿街式社区商业	以中高档消费群为主，业态规划以大型商场为主体，重点发展小型中西餐馆、便利店、美容美发、洗染、花卉、洗衣房等便民利民的商业网点，形成功能齐全的商业群落

业态组合规划操作规律

操 作 程 序

七、社区商业目标商户及开间面积规划

社区商业规划一定要考虑到商业目标客户。很多开发商招商的时候首先想到国际一流的大品牌，如沃尔玛、家乐福。但并非越是国际性大品牌就越好，而是适合的才是最好的。

社区商业是一种特别质朴的商业形式，就像居家过日子一样，只要适合这个社区的需要和消费，适合社区居民的需求，那就是最好的，而不一定要求大、求新、求高、求洋。

1. 超市百货主力店商户规划要提前了解配套、布局、规模需求

在社区商业超市等主力店租赁的洽谈过程中，除卖场空间有着诸多不适合的情况之外，在配套方面也有一些不足，如超市必需的理货区方面、熟食区的烟道方面，商场的前期设计未考虑或者考虑得不够，尤其是超市通常使用的平步式自动扶梯，其跨度远远超过踏步式自动扶梯，有的商场受空间限制，想改都改不了。再如百货商场没有规划中庭、停车位规划不足等，都或多或少影响了商铺的使用。

另外，主力店规划之前不能确定租赁关系，规划设计难以量身定做。尽管目前出现了"订单式商业地产"模式，但主力店在项目规划之初不能确定，依然是项目明确规划的障碍所在。

国内的超市百货对于规划中的商业项目，基本没有签意向协议的习惯，缺少像沃尔玛、家乐福等国际商业品牌的远期战略规划。面对这一现实，开发商更应该让策划公司提前介入，通过周密的市场调研和分析，了解商城最适合做什么，再与对应的商家沟通，了解其规模、布局、配套等需求，这样即使主力店未引进，后遗症也会控制得很小。

2. 重视社区餐饮业商户规划

社区餐饮消费需求与社区餐饮污染，是一种难以调和的矛盾，社区商业的开发既要考虑到社区居民对餐饮业的现实需求，又要兼顾餐饮业对社区环境带来的影响。

作为社区商业的开发者，必须在项目策划阶段，充分了解社区居民餐饮需求的特征，严格执行国家和政府对餐饮行业的规定和要求，把硬件配套设施做到位，在餐饮规划上做足功夫，并尽可能做到餐饮规划区域与社区的相对独立性，减少餐饮业对社区生活的干扰，只有从社区居民实际需求出发，在经济效益和社区效益中找到平衡点，做到绿色社区、绿色餐饮，才能使餐饮业走上健康发展的道路，才是社区商业地产开发的长久之计。

（1）重视社区餐饮业的聚客效应

社区商业在餐饮消费方面有着很大的发展空间，一项调查显示，社区居民对社区商业配套的餐饮服务需求人数占总调查人数的 41.1%。从深圳社区商业情况来看，目前最旺的地方是社区超级市场，第二旺的地方就是餐饮店，无论是连锁快餐面点王、肯德基，还是风味餐厅漓江又一轩、大型餐饮西湖春天，大都是高朋满座，生意兴隆，跟社区超级市场一样，为社区商业带来了旺盛的人气。一般情况下，一座五六千 m^2 的社区超市，日人流量在万人次左右，而一间三四百 m^2 的品牌连锁快餐厅，日人流量可达千人次。尤其是节假日，在人口密集的居民区，基本上都会出现餐厅排队等座的现象。

所谓"民以食为天"，作为社区居民需求率高达 40% 以上的餐饮业，的确在社区商业中有着良好的聚客效应，如何在社区商业开发中适度规划餐饮业，发挥社区餐饮业的聚客效应，对于完善社区商业业态、满足社区居民服务要求，有着重要的意义。

当前的社区商业地产开发中，受居民排斥餐饮业的影响，开发商往往走极端，宁可舍弃餐饮定位，也不想惹麻烦，孰不知餐饮业是社区商业的重要业态之一，同时，社区餐饮业的聚客效应，也是提升社区商业的价值和提高社区商业的可持续经营能力的重要砝码。其实，社区商业地产的开发，大可不必"谈餐饮而色变"，只要在项目规划前期充分考虑到排污、烟道的配套设计，减少餐饮业对居民生活区的干扰，餐饮业就会受到社区居民的欢迎，就会在社区商业地产开发中发挥其商业价值。

（2）如何做好社区餐饮的规划

社区餐饮有着强大的需求，开发社区商业在经营定位上一般都少不了餐饮业。如何规划好社区餐饮，是政府、开发商、策划代理商、经营者、业主等各方关注的焦点问题。

首先，社区餐饮要控制好规模

在深圳出台的商业网点规划中，其中餐饮网点规划提出要"限制大型餐饮网点入驻社区"。社区商业进驻大型餐饮网点，将可能超过环保卫生等相关配套设施的承载能力，造成过多的油烟、污水、噪声等污染。

其次，在社区商业餐饮业态定位前，要先了解社区的人口数量及结构

如小孩学生的多不多、外来人口的数量、家庭居住与单身租户的比例等。只有掌握了人口实际消费需求才可以确定该引进什么样的餐饮店、引进多大规模的餐饮店。

再次，环保、卫生、安全等各种相关配套设施一定要齐全

环保、卫生、安全等各种相关配套设施一定要齐全，尤其是项目商业定位要经营餐饮时，更要重视餐饮的排污系统的设计。一般开发商在建设项目的时候要向环保部分提交相关的申请报告，如果项目商业部分要定位餐饮，那么开发商在提交报告的时候就应增加餐饮的排污设计申请。在商铺的设计上，餐饮铺位的开间不能过小，否则经营商家在装修上将无法达到排油、烟和隔声等效果。对达不到排污等各项标准的商铺，不能为了追求经济利益而强行改造经营餐饮。

3. 社区商业商铺开间面积规划

为达到合理解决社区商业开发量与承载量的比例问题，社区商业商铺面积的规划是一个重要方面。

商铺的面积与经营的业态业种有最为直接的关系

150～200m² 的空间比较合适做餐饮。如果从商业铺面的销售角度考虑，社区商业的投资者中，一般以中小投资者为主，因此面积在 20m² 左右的小商铺最受市场欢迎，并且社区商业商铺投资者一致认为中小商铺面积不要超过 100m²，对于大型商铺，开发商一般采用先招商然后定制性地规划建设的经营方式，如引进万佳百货，其相应商铺面积则规划上万平方米；若引进胜佳超市，其商铺规划面积不过 1000m²。

（1）社区商业主力店、次主力店、街铺的面积规划

1）超市百货主力店面积

一般标准超市规模达到 6000 ～ 10000m²，单层面积一般在 3000m² 以上，家乐福、沃尔玛等国际超市要求单层面积较高，沃尔玛要求单层面积达 1 万 m²。

2）次主力店面积

次主力店包括品牌连锁餐饮、健身中心、美容中心等，如一般连锁快餐肯德基、麦当劳的面积要求在 300 ～ 500m² 之间。

3）街铺面积

街铺通常情况下以经营社区便利为主，其中快餐店、美容美发店经营面积较大，一般在 100m² 左右，而面包坊、冲晒店、药店经营面积较小。

在社区商业规划中，有些开发商为了追求商铺销售面积最大化，尽可能把社区商铺进深做深、面积做大，动辄单铺面积就超过 100m² 以上，殊不知大面积的铺位不太适合社区商业经营，除了餐饮、美容等业态外，更多的社区便利店只需要四五十平方米。有些社区商业中心的街铺每年租金递增率十分有限，其主要原因就是铺位面积大，商户经营成本高，导致单位租金难以成长。

（2）深圳 23 个社区商业商铺面积规划统计

深圳的社区商业走在全国的前列，不仅仅是社区商业的规模和开发数量，而且在商业业态、开发模式、空间布局等多方面的创新得到了全国的认可。硬件规划设计如不合理，会导致合适的业态无法进驻，因此，硬件规划是社区商业能否良好经营的重要环节。每种业态对于硬件技术指标的要求都不一致，对于铺位面积的需求也各不相同。

结合社区商业各业态面积需求，我们结合深圳的旭飞花园、东方雅苑、港湾丽都、都市名园、西海湾花园、中海湾畔、万科金色家园、桃源居、美丽 365 花园、波托菲诺、潜龙花园、海滨广场、阳光棕榈园、锦绣江南、熙园、东海坊、蔚蓝海岸、金地海景翠堤湾、万科四季花城、皇御苑、招商海月花园、星海名城、东方沁园等 23 个社区的情况举例。将 23 个社区铺位按面积区间分为 30m² 以下、31 ～ 80m²、81 ～ 200m²、201 ～ 500m²、501m² 以上五种面积区间。

1）深圳 23 个社区商业的分类面积和分类个数统计

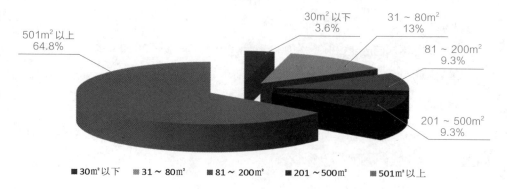

23 个社区商业商铺分类面积统计图例

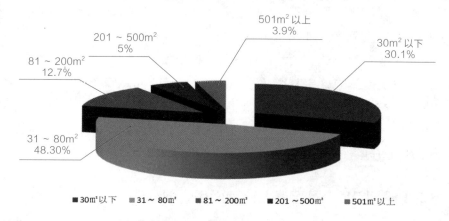

23 个社区商业商铺分类个数统计图例

2）三种类型商业的铺位面积比、铺位个数比

从下表可以看出，面积区间较大的铺位在面积比例上占有较大的比例。

①外向型社区商业辐射面较广的业态——如餐饮、美容等的比例相对其他面积区间的社区商业较高，而这些业态的经营面积都较大，因此，面积区间较大的铺位比例相对应的较高。但是，在个数比例上，"30 ㎡以下"和"31 ～ 80 ㎡"两种面积区间的铺位还是占有较大的比例，虽然其所占面积比例较低，但由于单体面积偏小，在个数上有着较大的优势。

②中间型社区商业的辐射力相对于外向型社区商业较弱，经营面积较大的主力店在规模上会相对减少，因而该面积区间中"501 ㎡以上"的面积相对应的降低，但个数比例却有所上升，主要由于在缺少经营面积较大的主力店，为保持商业的辐射面，相应增加次主力店的数量，形成规模效应。

③内向型社区商业中面积区间较大的铺位面积比例下降较多，主要由于内向型社区商

业的对外辐射力较弱，一些辐射面广且经营面积较大的业态比例会相应的减少。

三种类型商业的铺位面积比

表 5-5

类型	面积配比				
	30 ㎡以下	31 ~ 80 ㎡	81 ~ 200 ㎡	201 ~ 500 ㎡	501 ㎡以上
内向型	8.3%	30.3%	9.8%	15.2%	36.3%
中间型	5.2%	21.3%	14.0%	10.0%	49.6%
外向型	1.3%	2.8%	5.6%	7.2%	83.2%

三种类型商业的铺位个数比

表 5-6

类型	个数配比				
	30 ㎡以下	31 ~ 80 ㎡	81 ~ 200 ㎡	201 ~ 500 ㎡	501 ㎡以上
内向型	33.6%	55.0%	5.5%	3.7%	2.1%
中间型	27.5%	51.8%	13.6%	3.8%	3.2%
外向型	32.5%	29.7%	19.5%	10.2%	8.1%

3）23 个典型社区商业面积与业态之间的关系（表 5-7）。

23 个典型社区商业面积区间商铺的各业态比例

表 5-7

业态	30 ㎡及以下	31 ~ 80 ㎡	81 ~ 200 ㎡	201 ~ 500 ㎡	501 ㎡以上
超市	0.0%	0.0%	0.6%	5.0%	40.4%
餐饮	9.9%	12.7%	29.7%	46.7%	27.7%
便利店	2.3%	4.1%	0.0%	0.0%	0.0%
服务配套	37.6%	25.2%	18.4%	15.0%	4.3%
美容	5.7%	14.7%	18.4%	5.0%	4.3%
生活家居	3.9%	4.1%	7.6%	1.7%	0.0%
休闲	2.9%	1.5%	4.4%	20.0%	17.0%

续表

业态	30 m²及以下	31～80 m²	81～200 m²	201～500 m²	501 m²以上
服饰精品	11.0%	10.1%	4.4%	1.7%	0.0%
地产中介	11.2%	12.2%	5.7%	0.0%	0.0%
其他	15.4%	15.5%	10.8%	5.0%	6.4%
合计	100.0%	100.0%	100.0%	100.0%	100.0%

4）深圳 23 个社区商业合适铺位开间、进深之比（表 5-8）。

🌐 **深圳 23 个社区商业的铺位开间／进深之比**　　　　表 5-8

开间区间	比例	进深区间	比例
3m 以下	13.2%	3m 以下	4.5%
3m～6m	51.2%	3m～6m	29.0%
6m～9m	26.9%	6m～9m	30.8%
9m～18m	4.0%	9m～15m	30.1%
18m 以上	4.8%	15m～18m	1.6%
合计	100.0%	18m 以上	4.0%
		合计	100.0%

操作程序

八、社区商业的建筑设计及附属设施规划

社区商业的"软"环境和"硬"环境是投资者投资决策前必不可少的考察内容。所谓 "软"

环境就是上面所指的业态规划设置；而所谓"硬"环境主要指社区商业的设计，包括了社区商业建筑外立面风格设计以及店铺内部的相关技术指标的设计。社区商业设计的合理与否，也会影响到投资者的经营运作。因此，在建筑设计之前，要尽量避免物业硬件与商家固有的经营特性、经营要求之间的不适应，减少后期经营不必要的麻烦。

优秀的社区商业设计要求：

楼层不宜过高，店铺与店铺之间还要有便捷的交通联系。在层高的设计上，要按照既有层高规划相适应的业态，或是按业态定位规划合适的层高。一般业态层高大约为 4 ~ 5m 就可以，而特殊物业类型，如建材类，则需要达到 6m 左右。

1. 社区商业建筑的空间设计

社区商业的空间设计最为重要的包括店铺内部设计，电气设备、能源配套设计，物流、客流、车流设计，商业外观形象和环境设计，建筑外立面设计是重点需要考虑的五个方面。

（1）店铺内部设计

店铺的内部设计主要是指层高、间隔、楼梯、预留排水管位、光纤电缆接口等的确定。具体包括四个细节：

1）层高最好在 5m 左右，以有利于业主或使用者在其中另隔一层，作为仓库或休息场所使用。

2）内部间隔墙尽可能少地采用承重墙，以方便使用者使用面积的灵活性和主动性。

3）两层或以上的店铺要预留室内楼梯，以实现层与层之间的灵活贯通。

4）预留好排水管位和光纤电缆接口，以方便需要设置卫生间和需要网络服务的使用者。以上都是在社区商业店铺内部设计时需要考虑的细节。

（2）电气设备、能源配套设计

电气设备、能源配套设计非常零散却不可或缺，具体需要三个细节：

1）中央空调的配置，要有足够的电量。

2）餐饮需要天然气或煤气管道，若在高楼层还要有物流交通、垃圾处理。

3）做家电卖场需要配备专门的电梯和配套仓库。

（3）物流、客流、车流设计

建筑设计里叫做竖向交通，商业规划中我们称之为垂直交通。包括电梯的位置，客流的走向，正门、侧门、进货口、垃圾出口、小货车进出口等位置的设计。

（4）商业外观形象和环境设计

商业外观形象和环境设计时，主路口、形象招牌、外观形象、外围环境都要作为重点去考虑，要合理分配设计，切不可任凭商户随意悬挂招牌、广告等。

（5）建筑外立面设计

建筑外立面设计是社区商业中心或商业街主题风格营造的主要实现者。目前的房地产市场上，欧式风格是社区商业街比较流行的主题，另外，澳洲风情、拉丁风情、东南亚风格等也是市场上比较受欢迎的设计风格。

2. 国外社区购物中心的设计三大秘诀

在设计商业中心时，不仅要考虑如何安放各类主力店位置，消费者合理的步行距离，还要注意店铺单元的大小和划分。通常上海的商铺 10 ~ 60 ㎡最多，进深不超过 10m。美国的商铺 100 ~ 200 ㎡左右的最多，进深通常为 14 ~ 20m。美国在设计社区购物中心上已经积累了成功的经验，并被各地效仿。

国外社区购物中心的设计三大秘诀

❶ 秘诀一：核心承租户优先确定位置

❷ 秘诀二：根据项目的组合效应安排普通承租户位置

❸ 秘诀三：充分考虑商店的装饰效果

秘诀一：核心承租户优先确定位置

国外社区购物中心都有严格的设计布局，其目的是使购物中心的任何一部分都能吸引大批的购物者。购物中心重视对承租户的科学组合与安置，核心承租户对引导人流起关键作用，占总购物中心面积的约 40%，其位置一般最先确定。

秘诀二：根据项目的组合效应安排普通承租户位置

对普通承租户的位置安排，充分考虑他们之间亲和力的不同，一些经营项目需组成群体以增强吸引力，而另一些经营项目必须相互避开。一般来说，国外的社区商业中心，会把四种类型的经营项目分别汇集在一起。

一是男士用品店，包括男鞋、男装、运动用品等应当集中布置。

二是女士用品店和儿童用品店，应该集中在一起，便于消费者进行价格、颜色、款式的比较。

三是食品零售店，包括肉店、鱼店、面包店等。

四是个人服务，如干洗店、修理店等也要集中布置。

秘诀三：充分考虑商店的装饰效果

国外社区购物中心在总体布局确定以后，还充分考虑商店的装饰效果，承租户的平面布局和店面装饰需要在统一和个性之间维持一种平衡，既要有必要的控制，保证所有商店具有整体性，又要避免标准化的设计，提供给承租户表现个性的机会。

3. 社区商业的建筑附属规划

（1）骑楼、雨棚的设计

1）骑楼式商业街

整体外观大方稳重，品质感较强；广告牌的设置比较协调，但是由于公摊面积比较大，铺位的使用率比较低，一般只有 75% 左右。

2）雨棚式商业街

新新家园商业街采用统一加装的金属玻璃雨棚，美观实用，既能遮挡风雨，又不影响铺位的光线，且使用率能够达到 90% 以上。

3）无骑楼无雨棚的商业街

外观简单明了、广告效果明显，但是由于它没有雨棚等遮风挡雨的辅助建筑，不利于消费者的停留。

（2）复式商业街

复式铺空间感良好，并且能有效地增加商铺的使用空间。深受一些餐饮、酒吧等业态的青睐，但是由于一些品牌连锁加盟店都有标准的形象店要求，一般不使用复式铺。

（3）广告位规划

1）门楣广告

桃源居汇江二路的街铺广告位，统一设置了广告位，大广告位设在外走廊的顶部，小广告位设在店面门楣上。整体感觉整齐协调，又实现了很好的广告展示效果。

桃源居汇江二路广告位

2）灯箱式广告

四季花城主商业街由于层高较低，内部光线较暗，通过在房檐的立柱设置统一的灯箱式广告，弥补了店面门楣广告位不够突出、鲜明的缺陷。

四季花城商业街

3）广告无规划，影响商业街形象

星海名城商业街部分商铺的广告牌横七竖八，给人以杂乱的感觉，影响了商业街的整体形象和档次。

星海名城商业街

（4）空调位规划

1）空调位设置在小区内部

空调位设置在小区内部是目前社区商业街常用的一种空调设置模式，如桃源居等社区都有将商业街的空调排风机安置在了朝小区内部的墙面上。该模式虽然解决了商业街正面的美观问题，但是从小区内部的角度来看，影响了小区内景的美观，负面影响还是比较大。如果设立外带栅格的统一空调位，将会更加美观。

2）空调位设置在门口、墙面下角

将排风机设置在墙角下，当消费者走过的时候，常常会有热气冲着人吹来，特别是在夏天，会感觉非常不舒适，对商业街的负面影响比较大。

3）空调位设置在墙面 2m 以上

将空调位设置在墙面 2m 以上，是目前一些社区商业街常见的模式，排放的热气不会吹到消费者，也不至于阻碍交通，如果加以装饰，外观效果会更好。

4）空调位设置在楼顶

当一些社区的商业建筑采用单体的形式时，空调位就可以安装在商业建筑的楼顶上，是一种较为妥当的安置方法。

5）空调位百叶窗装饰

一些高品质的小区对空调位的设置进行了统一的规划，还在空调位的外包装上也下了功夫。如东莞三正半豪宅就将空调位设置在了门面顶端，并用百叶窗进行修饰，既美观又实用。

（5）停车场规划

在社区商业的交通配套上，最为重要的是车位规划。车位规划首先要考虑的是按照小区社区商业的开发量或者承载量来确定相应个数，其次是根据社区商业物业的整体规划布局来确定车位的合理位置。车位规划对外向型社区商业更为重要。

1）外向型商业街区对停车位要求较高

外向型商业街区的人口流动性较大，停车位需求也比较大，设置足够的停车位，有利于提升生意机会，如大型超市、食街等对车位要求都较高。外向型街区有时还需要提供地下停车位。

2）内向型商业街区对停车位要求低

内向型商业街区是以本社区的居民为消费主体的，因此不需设置太大面积的临时停车带，甚至不需要设置停车位，因为这些停车位时常会成为居民停车场所，长时间的停留阻碍了商业街的交通，破坏了商业气氛。

4. 熟悉不同商家对物业条件的需求

（1）各业态品牌商家列表

⊕ **各业态品牌商家列表**　　　　　　　　　　　　　　　**表 5-9**

业态		商家
超市	大型综合超市	沃尔玛、新一佳、百佳
	社区标超	华润、民润
餐饮	大型餐饮	湘江老厨、毛家饭店、天天渔港、醉翁亭
	西餐咖啡	雨花西餐、上岛咖啡、米萝西餐
	中西式快餐	麦当劳、肯德基、嘉旺城市快餐、永和大王
便利店	—	7-11、万店通
服务配套及服饰精品	服务配套	一致药店、海王药业、柯达冲印、博恩凯音像、中国银行、千百度花艺、三春晖书店、久美书店、一品轩、小白兔、雪莉阿姨、正章
	服饰精品	以纯、爱特爱、尤可、芬怡内衣、贝蒂童装、品质生活（天工坊）、圣骏水晶、风之谷精品
美容及美发	美容	NB 自然美、玛莎、思妍丽、明之堡女子美容桑拿会所
	美发	纯剪一派、出发点
生活家居	—	瑞信家具、侬侬家私、绿源沙发、雅兰
休闲	—	避风塘茶楼、清风茶艺馆、新港鸿沐浴保健中心

（2）超市类对物业条件的需求

1）综合超市

⊕ **综合超市对物业条件的需求**　　　　　　　　　　　　　　　　　表 5-10

技术指标	具体要求
需求面积（㎡）	10000 ～ 20000
单层面积（㎡）	5000 ～ 10000
经营楼层选择（层）	— 1 ～ 3
结构层高要求（m）	≥ 4.5
进深（m）	≥ 50
楼板承重（kg/㎡）	≥ 500
给水排水	提供市政管道供水，日供水量 ≥ 100 吨；排水管道、隔油池、降温池、 污水井、化粪池等
供配电	提供符合国家标准的市电和变压器，电量要求约为 100 ～ 150kW/1000 ㎡，同时提供后备发电机
中央空调	提供与否需与开发商沟通
店内垂直交通	每层设置自动扶梯，货梯两部
电话线	提供配口
燃气管道	提供城市燃气管道配口
排污	预留排油烟竖井，为风机设置机基；其他排污系统均要建设到位
卸货 / 理货区（㎡）	500 ～ 1000
停车位（个）	200 ～ 500
物业交付装修标准	毛坯

2）社区标超

⬤ 社区标超对物业条件的需求　　　　　　　　表 5-11

技术指标	具体要求
需求面积（m²）	1000 ~ 3000
单层面积（m²）	1000 ~ 3000
经营楼层选择（层）	1 ~ 2
结构层高要求（m）	≥ 4.5
楼板承重（kg/m²）	≥ 500
给水排水	接驳到位，日供水量 ≥ 100 吨；
供配电	提供商场正常用电的高低压配电设备电量要求约为 100 ~ 150kW/1000m²，并设置备用电源
中央空调	提供与否需与开发商沟通
电话线	提供配口
燃气管道	配备管道煤气或瓶装煤气站
排污	设置排污、排油井、隔油池及排油烟井道等设施
停车位（个）	50 ~ 150
物业交付装修标准	毛坯

3）便利超市

⬤ 便利超市对物业条件的需求　　　　　　　　表 5-12

技术指标	具体要求
需求面积（m²）	100 ~ 500
单层面积（m²）	100 ~ 500
经营楼层选择（层）	1
结构层高要求（m）	≥ 4.5

技术指标	具体要求
楼板承重（kg/m^2）	≥ 500
给水排水	接驳到位
供配电	提供商场正常用电的高低压配店设备并设置备用电源
电话线	提供配口
物业交付装修标准	毛坯

（3）餐饮类对物业条件的需求

1）大型中式酒楼

大型中式酒楼对物业条件的需求　　　　　　　　　　　　表 5-13

技术指标	具体要求
需求面积（m^2）	1000 ~ 3000
单层面积（m^2）	500 ~ 1000
经营楼层选择（层）	1 ~ 3
结构层高要求（m）	≥ 4.5
楼板承重（kg/m^2）	≥ 500
中央空调	不需要，自装
电梯（部）	2
步梯（部）	1
燃气管道	提供接口
排污	设置排污、排油井、隔油池及排油烟井道等设施
停车位数量（个）	50 ~ 200
物业交付装修标准	简单装修 / 毛坯

2）中西快餐店

⊕ 中西快餐店对物业条件的需求　　　　　　　　　　　　　表 5-14

技术指标	具体要求
需求面积（m²）	150 ~ 400
单层面积（m²）	100 ~ 200
经营楼层选择（层）	1 ~ 2
结构层高要求（m）	≥ 4
步梯（部）	1
燃气管道	提供接口
排污	设置排污、排油井、隔油池及排油烟井道等设施
物业交付装修标准	简单装修 / 毛坯

3）西式快餐店

⊕ 西式快餐店对物业条件的需求　　　　　　　　　　　　　表 5-15

技术指标	具体要求
需求面积（m²）	200 ~ 500
经营楼层选择（层）	1 ~ 2
单层面积（m²）	100 ~ 250
结构层高要求（m）	≥ 4
中央空调	需要，预留 2 ~ 5 个机位接口
电梯（部）	不要求
步梯（部）	1 ~ 2
排污	设置排污、排油井、隔油池及排油烟井道等设施
物业交付装修标准	简单装修 / 毛坯

4）西餐咖啡店

餐饮业态是社区商业中承租比较稳定的业态，物业出租以后，调整难度及成本相对较大，因此，餐饮业态的经营场所需要加以细致的规划设计。

西餐咖啡店对物业条件的需求　　　　　　　　　　　表 5-16

技术指标	具体要求
需求面积（m²）	200 ~ 500
经营楼层选择（层）	1 ~ 2
单层面积（m²）	200 ~ 500
结构层高要求（m）	≥ 4
步梯（部）	1 ~ 2
燃气管道	提供接口
排污	排油井、隔油池及排油烟井道等设施
停车位数量（个）	约 20
物业交付装修标准	简单装修 / 毛坯

（4）便利店类对物业条件的需求

便利店是社区商业中较为灵活的业态，对硬件技术指标的要求主要体现在要有良好的展示性，合适的开间、进深和层高等。

便利店类对物业条件的需求　　　　　　　　　　　表 5-17

技术指标	具体要求
需求面积（m²）	50 ~ 100
经营楼层选择（层）	1
结构层高要求（m）	≥ 4
开间（m）	4 ~ 9
进深（m）	≤ 15

续表

技术指标	具体要求
排油排污	提供接口
店前走道	店前走道宽 1.5m 以上，要裸露且没有绿化带
物业交付装修标准	简单装修

（5）服务配套及精品类对物业条件的需求

服务配套是社区商业的基础业态，有着举足轻重的作用，主要服务于社区居民，经营场所面积通常不大，对经营场所的技术指标要求不高。服饰精品虽非日常购买频率较高的商品，但在社区商业中也发挥着重要作用，对于技术条件的要求与服务配套类商家基本相同。

🌐 **服务配套及精品类对物业条件的需求**　　　　　　　　　　　　　表 5-18

技术指标	具体要求
需求面积（m²）	30 ～ 200　部分商家 30 以下亦可（干洗、花店等）
经营楼层选择（层）	1
结构层高要求（m）	≥ 4
开间（m）	3 ～ 10
物业交付装修标准	毛坯

（6）美容美发类对物业条件的需求

美容 SPA 和美发两者对经营场所的技术指标要求不尽相同，同时，美容业态对外服务性质较强，对展示性要求较高，其经营的特点也决定其对供给水、排污等技术指标有着较细致的要求。一般情况下，美容 SPA 的经营楼层多在二层，而美发大部分则在一层。

⊕ 美容 SPA 类商家物业条件要求

表 5-19

技术指标	具体要求
需求面积（m²）	80 ~ 500
经营楼层选择（层）	≤ 3
结构层高要求（m）	≥ 4
给水排水	提供接口
燃气管道	不需要
排污	提供接口，排污水管直径要宽
物业交付装修标准	简单装修 / 毛坯

⊕ 美发类商家物业条件要求

表 5-20

技术指标	具体要求
需求面积（m²）	80 ~ 150
经营楼层选择（层）	1
结构层高要求（m）	≥ 4
开间（m）	4 ~ 8
进深（m）	10 ~ 20
给水排水	提供接口，能保持稳定正常
店前走道	裸露，最好不要有绿化带
燃气管道	不需要
排污	提供接口，排污水管直径要宽
物业交付装修标准	简单装修 / 毛坯

（7）生活家居类对物业条件的需求

生活家居业态由于其所销售的部分产品体积较大，对于经营面积的要求相对较大。

生活家居类对物业条件的需求　　　　　　　　　　　表 5-21

技术指标	具体要求
需求面积（m²）	50 ~ 200
经营楼层选择（层）	≤ 3
层高要求（m）	≥ 3
开间（m）	3 ~ 5
进深（m）	10 ~ 15
物业交付装修标准	简单装修 / 毛坯

可以看出，生活家居对于经营场所的硬件技术要求符合自身经营的需要，和其他业态相比，其对大面积商铺的需求可通过打通两间或多间小铺来达到，这样在规划设计商业建筑时可有较大的灵活性。

（8）休闲类对物业条件的需求

休闲类业态辐射面较广，服务性质较强，对于供配电、供水、排污要求高，同时，面积的需求也相对较大。

休闲类对物业条件的需求　　　　　　　　　　　表 5-22

技术指标	具体要求
需求面积（m²）	≥ 200 ~ 500
经营楼层选择（层）	2 ~ 3
结构层高要求（m）	≥ 4
给排水	提供接口
供配电	提供接口且符合国家标准
排污	提供接口，排污水管直径要宽

技术指标	具体要求
燃气管道	需要
停车场车位	50 左右
物业交付装修标准	毛坯

休闲业态经营场所一般在二、三楼，对给水排水、供配电、排污、停车场车位等技术指标有一定要求。

新手知识总结与自我测验

总分：100 分

第一题：社区商业有哪五种布局形式？（4 分 / 个，共 20 分）

_____

_____

第二题：社区商业商铺开间面积如何规划？（20 分）

_____

_____

第三题：不同类型的社区商业（外向型、中间型、内向型）其商铺面积、数量、业态如何匹配？（30 分）

_____

_____

思考题：一个相对封闭的中型街区人口约 6 万人（含小型工业区人口 3 万人、其余为多层、高层住宅人口及政府机构），已有超市型百货两间，共约 2 万 m²（配套租金 200 元 /m²），散乱配套约 1 万 m²，餐饮约 5000m²。应建立一个什么样的集中式商业？租售价格为多少？（30 分）

_____

_____

得分：   签名：

社区商业
新兵入门

06

社区商业的营销模式

操作程序

本章使用指南

　　我们总会听到这样的问题，我这些商铺是出租还是销售。如果出售该怎样操作，如果出租该怎样操作。营销环节是直接面对客户的环节，如何采用有刺激性的营销策略是事关成败的关键。本章列举了常用的营销策略，每种营销策略都有各自的优势、劣势和使用环境。如何结合这些营销策略并科学应用到实际操盘中，才是本章学习的关键。

操作程序

一、社区商业营销三大问题

问题一：如何在商铺销售与主力店租金优惠方面找到平衡点

开发商必须意识到主力大商家对项目起着重要的影响，虽然主力店租金低，但是主力店的进驻，扩大了商圈半径，从而提高了销售部分商铺的附加值，所提升的销售价值大过租金的损失，而且增强了项目长久经营的稳定性。

问题二：主力店引进来就成功吗

开发商往往以为，引进了大型主力店就万事大吉，实际上，一旦大商家引进过程没有控制好，今后很可能面临经营危机，这里面有两个问题必须要高度关注：

首先，有没有搞清楚主力店的辅营区经营问题

目前很多社区商业普遍存在这样的一个问题：主力店如超市人流量大，经营状况非常好，而辅营区商场却门可罗雀。

其次，开发商有没有搞清楚主力店与辅营区规划关系

一般开发商在与超市洽谈时，把更多的目光投在租金和工程条款上，对方给越高的租金越好，自己投入的越小越好，却忽略了引进大商家最根本的目的——实现真正的双赢。

问题三：关注销售模式与业态控制的关系

社区商铺销售后，很多都是由业主各自招商，对业态定位没有统一要求，经营管理比较混乱，而开发商又没有权利过多干涉，所谓的统一管理很多都流于形式。不同的销售模式直接影响后期的商户控制问题。

操作程序

二、社区商业三大销售策略

目前社区商业市场有全部出售、全部出租和出租出售综合三种操作策略，而每种模式又有很多的操作方式，所引进的业态及长期经营效果也各不相同。这些都是目前社区商业营销手段不断创新的结果。

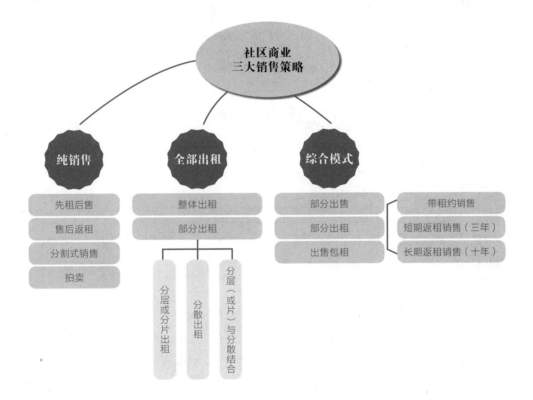

1. 纯销售模式

北京的建外 SOHO 商业街，上海的金桥·罗马假日基本用的都是纯销售模式。但是，这种商业街的店铺出售后会带来很多后遗症，如业态混乱，物业管理难，缺乏统一模式，不能组成有效的商业系统性，业态分类难以差异化组合，整个商业项目缺乏品位。

开发商一次性收回投资摆脱了风险，但以后投资者的风险增大了，该商业的价值就很难提升，还有可能成为死铺。如南京路，福州路旁的中福城一条街，内街商铺全部出售给温州人。这种商铺产权已全部出售，管理公司很难在经营权上加以制约。

全部出售模式一般只适应沿马路的，或少量社区内街面商铺，而且是底铺、小面积。而内街式大型社区商铺不宜推广，如确需出售，应事先在合同条款中对经营权、经营业态、规模、期限加以制约，只有如此才能较有效地保证整体商业街的完整性。

● **纯销售模式优点缺点分析**   表 6-1

项目	内容
优势	（1）开发商可在短期内回笼资金，降低项目整体资金压力，无需承担返租补贴与相关税费； （2）将商业经营压力转移向中小业主，由其分担经营压力
劣势	（1）产权分散，主力店或品牌店难以进驻； （2）无法规划经营业态及规范整体形象； （3）对于商业做旺主要靠市场自身调整，所需时间较长； （4）若经营不好，对于项目整体形象有一定影响
适用	（1）商业销售竞争不激烈导致市场成熟度低，投资客户缺乏了解； （2）纯街铺销售； （3）商业体量极少或零星商业物业

执行纯销售模式可以采取"先租后售"、"售后返租"、"分割式销售"和"拍卖销售"等几种策略，每一种策略适用于不同的类型。

（1）先租后售

目前开发商一般采用"先租后售"营销模式，即通过先期将适合社区品质和业主需要的商家或业种引进来，引导社区商业走上合理化发展轨道后再出售社区商铺，将不合适的经营者排除在外。这种销售方式的目的就是顺势控制社区商业的业态与业种，使之布局更合理，以保证社区商业品质，最终令开发商、业主、投资者、经营者（品牌商家）的利益达到一个较好的平衡点，这种模式适合于老城区或者市中心开发的一些高档物业。

先租后售模式策略分析 表 6-2

项目	内容
性质	以租验售
优点	（1）顺势控制社区商业的业态与业种，使之布局更合理，以保证社区商业品质，最终令开发商、业主、投资者、经营者（品牌商家）的利益达到一个较好的平衡点； （2）便于管理，便于确定各商铺的未来真正价值
风险	社区商业从开业到旺场要有一段时间，“守场期”的长短决定商铺的销售进度，资金回收期难于控制
适用类型	适合于老城区或者市中心开发的一些高档物业。市中心高档物业有一个先天优势，它本身的楼盘价格就给商铺投资者与业态都设置了一个准入门槛，避免了低价楼盘中常见的那些只关心炒楼不管经营者品质的炒客；另一方面，保证了社区内商铺的投资价值
经营策略	宜在小区规划初期，预先规划不同位置的商业用途和商铺的规模、数量，避免出现恶性竞争，事先帮助投资者和商家规避风险，有序经营

（2）售后返租

在售后返租中，开发商作为物业的开发单位，通过将商场分割成不同面积单位出售获取开发利润。同时在保证小业主每年一定的收益率的前提下，要求小业主与开发商签定与大型商家租期一致的承包经营合同，从而为开发商与大型商家签订的租赁合同奠定基础。这种模式由深圳彩田路彩福大厦新一佳开始已形成了高潮，至今这种营销模式得到了普遍运用。由于大商家承租经营稳定、回报年限长久，受到投资客的追捧，近几年已有多个项目因此而取得销售的成功。

知识点

售后返租的起源

售后返租 20 世纪六七十年代开始出现在美国，后流行于日本、中国香港。在内地，首度兴盛于 90 年代中期的海南。近一两年在北京及南方一些房地产项目采取售后返租的方式售卖引起各界专家的注意。这些项目以产权式商铺和酒店公寓为主，用较低的投资门槛吸引普通投资者。这种以大商家整体承租、开发商长期包租为销售模式，市场称之为“产权式商铺”。由于产权式商铺投资相对较小，无须参与经营管理，收益稳定，因为降低了置业门槛而吸引了更多中小投资者。

⬤ **售后返租模式策略分析**　　　　　　　　　　　　　　表 6-3

项目	内容
性质	以产权式商铺为主，用较低的投资门槛吸引普通投资者。以大商家整体承租、开发商长期包租为销售模式，市场称之为"产权式商铺"
优点	（1）将企业经营的风险层层下放到业主那里，可使开发商在短期内套现、回笼资金； （2）因投资相对较小，无须参与经营管理，收益稳定，吸引了更多中小投资者； （3）开发商通过将商场分割成不同面积单位出售获取开发利润； （4）要求小业主与开发商签订与大型商家租期一致的承包经营合同，为开发商与大型商家签订的租赁合同奠定基础
风险	在于经营管理者是否具有长期、稳定经营的能力
回特点	由于大商家承租经营稳定、回报年限长久，受到投资客的追捧。开发商经常承诺"3 年包租，租金回报 21%，一次性全部返还，3 年投资回报 80%以上"、有的"10 年返租，每年 8%"，承诺不一，共性都是"零风险、高回报"，项目一经推出就非常火爆

（3）分割式销售

　　分割式销售一般出现在大面积的社区商铺中，在销售过程中不少采用"划线为界"的方式。因此面积分割得小一些，即使单价提高一些，总价也显示不出太大变化，往往能随即一卖而空。这已成为不少商铺营销者获得更多融资的技术手段。但无论整铺面积切得多小、建筑的物理形态如何转变，这些都是技术性手段，没有改变整体空间单一产权的实质。开发销售商在地坪上按特定面积划好区块，再分别按不同的需求销售给中小投资者。这种实体分割成"店中店"的方法看似灵活，实际上形成了经营中的漏洞。主要表现为：中小投资者缺乏该方面的经验，一旦发生权责纠纷、商业欺诈，因为权属不统一的关系，处理起来十分困难。

⬤ **分割式销售模式策略分析**　　　　　　　　　　　　表 6-4

项目	内容
性质	整体单一产权
优点	商铺面积分割小，单价提高一些，总价却无太大变化，能随即一卖而空，这已成为不少开发商获得更多融资的技术手段

续 表

项目	内容
风险	（1）建筑的物理形态转变，只是技术性手段，没有改变整体空间单一产权的实质； （2）分割"店中店"的方法看似灵活，实际上形成了经营中的漏洞； （3）中小投资者缺乏该方面的经验，一旦发生权责纠纷、商业欺诈，因为权属不统一，难以处理
适用类型	这类分割式销售一般出现在大面积的社区商铺中，并且多以商业中心为主

（4）拍卖

　　将商铺在公开场合拍卖，在公平竞争的原则下进行价高者得之，因此该价格在很大程度上可以反映出市场对商铺价格的承受能力，投资者也认为在商铺市场信息短缺、信息失灵和信息不对称的情况下，参与商铺竞拍不失为一种安全的投资方式。导致开发商采用拍卖的方式处理社区商铺原因可能很多，比如：缺乏参考价格，无法给社区商铺一个合理的价格定位，于是拿出部分商铺试探市场的行情等。

　　拍卖销售模式策略分析　　表6-5

项目	内容
优点	（1）有便于资金回笼，能够迅速把投入的资金变现，进而投入到新的开发项目上，使资金流良性循环的积极意义； （2）开发项目性价高，易于提高开发商的知名度
风险	市场真实价格难于把握，一旦流拍，对社区商业形象有所损失
适用类型	开发商缺乏参考价格，无法给社区商铺一个合理的价格定位，于是拿出部分商铺试探市场的行情等

2. 全部出租

　　采用全部出租，开发商可以保证商业模式的统一性，统一经营、统一管理、统一招商，在经营过程中不断调整完善，达到开发商、商家、消费者三者三赢。

上海新天地的全部出租策略

上海新天地，刚开始时每年租金164万元，现在是每年租金600万元。其商业模式已成为上海的一个亮点、大都市标志性的旅游景点。这种模式被不断地拷贝、模仿，成为一种新的商业模式，如杭州新天地、重庆新天地、北京新天地、上海玫瑰坊等。这种商业操作需要开发商有较强的资金实力，有良好的经营管理队伍，如襄阳路小商品贸易市场管理队伍，工商管理、税务、警所到现场联合办公，组成了一支有效的管理队伍。

全部出租的缺点是开发商资金一时难以回收，但以后的增值前景非常可观。"养铺"是商业地产增值的必然途径，一万平方米左右的商业广场，"养铺"时间一般为2～3年。对企业来说，每年保证有正常的现金流，2～3年后经营上比较成熟的商业，就有较稳定的回报和超值的价格。

全部出租又包括两种方式，一种是整体出租，一种是分割出租。

（1）整体出租策略

整体租赁是指开发商不将物业出售，而将其整体出租给一家商业企业，由这家商业企业进行商业规划及经营，开发商每年向商业企业收取约定的租金。租金一般在第三或第四年起开始递增，前二、三年主要是帮助商业企业培养市场，以实现项目的可持续发展；同时，商业企业向开发商交纳相当于2～3个月租金的押金。

🌐 **整体出租模式策略分析**　　　　　　　　　　　　　　　表 6-6

项目	内容
优点	（1）不需设立专门的经营公司和配备专业的商业人员； （2）交易简单，结算方便； （3）物业可进行抵押贷款，有利开发新的项目； （4）物业的升值空间较大； （5）带租约更有利于日后整体销售或设计产权式商铺； （6）可以一次性回笼一笔资金
劣势	（1）租金较低，影响总体收入； （2）不利于商场整体发展； （3）对出租者有出租风险（如对方租约15年，第一次付了5年租金，由于经营不善导致商场形象声誉等受损，而后不再续约）

续表

项目	内容
风险	（1）收益低，其收报率在 3 ～ 5% 之间； （2）租期长，物业就算升值，其套现的难度很大； （3）不排除租户经营失败而没法交租的可能，因而对租户的评估要求准确
适用类型	（1）无商业专才的开发商； （2）资金实力雄厚的开发商； （3）经营相对保守的开发商； （4）售后返租的产权式物业开发商； （5）社区商业面积一般不超过 20000 平方米

（2）分割出租

分割出租是指将物业进行分割出租，这种策略的优点在于租金较高，定期经营总收益大幅提高，同时可自行总体规划，做出自己的品牌形象，通过自主经营管理，降低了经营风险。缺点在于租金回笼比较慢，而且前期还需要投入一笔装修广告等预算。分割出租包括三种方式，一种是分层或分片出租策略，一种是分散出租策略，一种是分层（或片）与分散结合出租策略。

1）分层或分片出租策略

与整体出租模式相似，只是开发商按照市场需求，将各层或各片区分别出租给不同租户。

分层或分片出租模式策略分析　　　　　　　　　　表 6-7

项目	内容
优点	（1）租金相对整体出租要高一些； （2）风险分散，租金相对有一定保证； （3）物业可进行抵押贷款； （4）比整体出租更适合日后带租约出售物业或设计成产权式商铺； （5）某一层或一铺经营失败时，开发商能掌握主动权，并进行重新招租
风险	（1）需重视前期的商业策划（业态组合、功能定位、市场定位等）； （2）需设立相应的管理部门及配备有关的商业专才； （3）各业态环环相扣，一家经营失败，影响到其他租户的经营，要求开发商建立储备租户资源库， （4）并具备极强的招商能力
适用类型	（1）资金实力雄厚的开发商； （2）售后返租的产权式商城； （3）物业面积在 10000 ～ 30000m^2

2）分散出租策略

分散出租亦称零租，开发商在确定某一主题功能下对各个铺位进行招租，租期相对短些，一般为 2 ～ 5 年；开发商应帮助租户统一办理相关的营业执照、税务登记，甚至代开具销售发票、财务结算等。

⊕ 分散出租模式策略分析　　　　　　　　　　　　　表 6-8

项目	内容
优点	（1）租金很高，开发商收益可最大化； （2）物业升值空间大，容易出售变现； （3）租期短，容易改变功能或调整经营
风险	（1）需设立专业的经营管理公司负责经营管理； （2）需充分重视前期的市场定位，功能定位的策划工作； （3）招商能力的要求极高； （4）日常经营能力的要求高； （5）经营风险最大
适用类型	（1）商业区或城郊的大型商住物业； （2）面积在 1 万 ～ 50 万 m^2，停车场及卸货区的面积足够大； （3）售后返租的产权式商城

3）分层（或片）与分散结合出租策略

此模式是上面两种模式的结合。在确定了功能后，采用第 1 种模式引进若干主力店，之后再利用主力店的品牌效应，对各类中小店进行招租。目前多数社区里大型购物中心采用此模式。

⊕ 分层（或片）与分散结合出租模式策略分析　　　　表 6-9

项目	内容
优点	（1）大小租户的结构使项目稳定性提高； （2）主力店的进驻有助于将部分物业设计成产权式铺位，并容易取得销售的成功； （3）有利建立完整的租户资源库，为以后开发商业地产项目创造成功运作的条件； （4）为开发商创造经常性收益
风险	（1）要求开发商具备很雄厚的自有资金实力； （2）需设立专业的经营管理公司和配备相关的商业专才； （3）对主力店的招租能力要求极高
适用类型	主要是 3 万 m^2 以上的购物中心

3. 部分出售、部分出租或者出售包租

这是一种介于以上两者之间的方案。当开发商为保证企业有适当资金流，同时又不愿降低商业广场的品质，可将部分商铺出售套现，并与投资者签定包租返利方案，以保证整体业态的统一性，这样商业物业在运作策略操作上可进可退，企业有较大的灵活性。

开发商在社区商业开发的过程中，将整个项目的一部分商铺出售，以收回投资成本（开发商在出售商铺时，一般都和商铺投资者签订返租协议，取得已出售商铺的管理权，以便对整个项目进行业态规划），然后组建管理公司或聘请专业管理公司来对社区商业进行出租经营、管理，以赚取后期的营运利润和支付商铺投资者的收益。

采用这种模式：部分租，部分卖，出租部分起示范作用；或者以租代售，又租又售；还可不租不售，自己做商业经营，同时赚到投资开发利润和商业经营利润；还可与商家联营，以物业为股本，成立专业商业经营公司，合作或合伙经营；还有更巧妙的办法是，以物业与其他人共同建立商业经营公司，专门经营其开发的商业物业，并以租赁的方式从其手中租用他的商业物业，同时享有租赁收入、合伙经营收益、物业增值三部分利益。

⏺ **售后结合模式策略分析**　　　　　　　　　　　　　　　　　　表 6-10

项目	内容
优点	（1）开发商宜将社区商业中最具升值发展潜力的一部分物业预留作自营，以争取更大的经济收益； （2）资金回收速度快，商铺投资者的资金进入项目的资金循环有利于分散开发商的风险
缺点	造成经营定位的不明确，经营格局的混乱，导致经营商家的效益、投资者的回报、开发商和商业管理公司的品牌得不到保证，经营风险高
风险	售租结合模式由于产权不集中，各个商铺经营权完全分散，开发商或管理公司很难控制，整体的经营定位、档次主要为经营商家自行调节，甚至投资者都处于被动地位，经营风险很大
适用类型	（1）楼盘规模足够大，项目取分期开发； （2）适合雄厚的资本实力，要有比较出色的商业专业人才的企业； （3）中小型企业不宜采取这种高风险的经营模式

（1）部分出售、部分出租或者出售包租的操作策略

1）部分出售的操作策略

开发商在选择哪些铺位宜出售，哪些铺位应保留时，应将项目作仔细分析，一般操作策略如下：

第一，开发商将沿马路、商铺入口处，有升值潜力的黄金地段铺位保留下来，或将大商场保留下来，将小商铺出售。因为大商场出售不易，特别是在商场还没起色时就更难，大商场定位好后，小商铺仅起到差异化商业配套作用。

第二，在出售商铺时，开发商就要选择好商家，应先咨询好对方经营何种业态，经营规模、装修标准，然后对该商家进行评定，决定是否销售。

第三，如果觉得该商家经营业态与社区相符，在签约时就要将经营业态、经营规模、装修标准协商确认，写进合同作为制约的条件。如大连万达所投资的全国连锁商业广场，都采用部分出售策略，而且做成全国品牌规模效应。

2）出售包租的操作策略

最简单操作是将三权分立：有所有权没有经营权，有经营权没有所有权，有管理权没有所有权。开发商将投资者购买的商铺全部签约包租下来，包租时间一般2～5年，时间太短，投资人有风险，时间太长，开发商有风险。由开发商统一招商引店，统一经营管理，年终统一给投资者一个固定回报，回报率将根据不同的地区，不同的板块而定，同时也参考银行利率，现在低的回报率是5%～6%，高的回报率是10%～12%。

3）经营利润留成与投资者分成操作策略

此操作策略包括开发商提供物业，经营者出资经营，双方根据经营利润分成获得收益。

（2）部分出售、部分出租或者出售包租的实质

从销售角度看，短期返租与长期返租都会使得销售速度加快，两者不会对销售成果产生非常大的区别。从风险角度看，短期返租相对于长期返租，后期返租压力小，后期风险非常小；同时也更能趋向政府相关政策，避免政策风险。根据销售和风险的特点，我们可以将部分出售、部分出租或者出售包租这三种租售结合的方式分为带租约销售、短期返租销售（三年）和长期返租销售（十年）。

1）带租约销售

带租约销售　　　　　　　　　　　　　　　　　　　　表 6-11

优势	（1）通过招商保证前期商业定位与形象； （2）能快速回收资金，无需承担返租补贴与相关税费； （3）短期内使业主获得稳定收益
劣势	（1）铺位差异性影响销售难度的程度比较明显； （2）未出租的商铺销售难度较大，特别是大铺； （3）销售难度较大，售价与租金之间产生的收益回报低难以达到投资者期望； （4）中、长期收益难以稳定； （5）后期经营管理难度较大，严重损坏商业形象与公司长期发展； （6）各类手续复杂，易产生纠纷，影响公司品牌
适用	（1）商业氛围已形成且正经营红火，无需担心后续收益； （2）可销售物业有大型主力店进驻且长期经营保证，获取长期稳定收益回报； （3）纯街铺或少量商业物业

2）短期返租销售（三年）

短期返租销售（三年）　　　　　　　　　　　　　　　表 6-12

优势	（1）前期由开发商统一控制招商和经营，能确保既定的商业定位与规划，可以有效保证整体商业形象； （2）帮业主坚守前几年守业期，既能坚定投资者信心，又能在返租后卸下返租包袱； （3）3 年返租期较适中，3 年后商业有可能旺
劣势	（1）承担前几年的返租补贴； （2）返租结束后的统一经营管理要求较高； （3）因返租而产生相应的返租法律风险

3）长期返租销售（十年）

长期返租销售（十年）　　　　　　　　　　　　　　　表 6-13

优势	（1）前期由开发商控制招商，能确保既定的商业定位； （2）给投资者坚定信心； （3）返租销售，并适当降低投资门槛，可以扩大客户层面，有利于加快项目销售速度； （4）如果项目经营管理非常成功，远期物业租金收益将有可能出承诺回报
劣势	（1）承担十年的返租补贴； （2）如后期经营管理没有达到预期目标，则承受返租年限越长，压力越大； （3）因返租而产生相应的返租法律风险

4. 操盘实控销售模式

（1）街区完全销售模式

此种模式较为普遍，利于开发套现。

（2）次主力店持有 + 街区销售模式——星海名城

星海名城项目，开发商持有了两个小型超市次主力店，其余街铺销售。

（3）主力店持有 + 街区销售模式——桃源居

桃源居开发商持有了部分集中商业，整理租赁给人人乐超市作为商业街区的主力店，其余商业街区销售。

（4）主力店持有 + 街区持有模式——梅林一村

梅林一村的开发商持有全体物业，采取收取租金的形式来回款。开发商持有了整体商业街的产权，在市场变动的情况下，可以很主动地去调整业态而及时应对市场反应。

操作程序

三、社区商铺价格制定考虑要点

1. 住宅售价和同地段社区商铺售价存在同向关系

经过相关专家多年的调研，发现商铺和住宅的价格上存在一定的内在联系。

（1）商铺的售价和同类地区的住宅售价之间存在规律性的同向变动。

（2）住宅价格低于商铺价格，因此按照同一地区住宅的价格的一定倍率可以大致评估出商铺的售价。

近年来新建的商铺和住宅的售价之比由原来的1：1一直飚升到现在的1：2～1：3，有的甚至达到1：5～1：6。以上海为例，发现新建的小区社区商铺和住宅的价格比为1：1.5～1：2的倍率，是较为合理的价格体系。

2. 社区商铺的各楼层售价和租金存在巨大的价格差异

按照以往的商铺的经营经验，三层以上的商铺有时往往因经营利润下降、亏损而闲置，第二层商铺的营业额一般仅为底层商铺的一半，这些经营状况将直接影响商铺租售价格，故在业内有"楼层高，价格低"之说。单从租赁的角度考察社区商铺的楼层差异，我们不难发现，二层商铺租金约在底层租金的1/3～1/2之间，三层商铺租金约为二层商铺租金的1/2。正因为商铺是个差异性很大的物业，在销售价格上有巨大的价格落差，所以顶级商铺是一个敏感的市场风向标，如果一个时期的商铺价格差异越大，它表明市场越活跃。

3. 小商铺的价格要高于大商铺

在社区商铺价格方面历来有"大面积小价钱、小面积大价钱"之说。由于小面积商铺具有投资少、经营方式灵活等优点，而面积大的商铺与面积小的相比，由于投资资金比较大，有能力投资和愿意投资的人比较少，因而价格相对偏低。

因此，在同等条件下，小面积商铺的单位价格往往要高于大面积商铺，由此使得小面积商铺成为商铺市场上的紧俏货。一些闹市区甚至出现了 2 ~ 3m² 的迷你商铺。在经过投资者多次分割转让后，商业房产的价格也因此虚高了近 20% ~ 50%。

4. 三种方法细算投资得失

三种投资计算方法（表 6-14）主要是给客户提供服务使用的，如果客户要求详细计算投资回报的话，仅供销售人员参考。

🌐 商铺投资回报的三种计算方法　　　　　　　　　表 6-14

方法	租金回报率分析法	租金回报率法	IRR 法（内部收益率法）
公式	（税后月租金－每月物业管理费）×12/购买房屋总价 这种方法算出的比值越大就表明越值得投资	（税后月租金－按揭供款）×12/（首期房款＋期房时间内的按揭款）	IRR ＝累计总收益/累计总投入＝月租金 × 投资期内的累计出租月数/（按揭首期房款＋保险费＋契税＋大修基金＋家具等其他投入＋累计按揭款＋累计物业管理费）
优点	考虑了租金、房价及两种因素的相对关系，是选择"绩优地产"的简捷方法	考虑了租金、价格和前期主要投入，比租金回报率分析法适用范围更广，可估算资金回收期的长短	IRR 法考虑了投资期内的所有投入与收益、现金流等各方面因素。可以与租金回报率结合使用。IRR 收益率可理解为存银行，只不过我国银行利率按单利计算，而 IRR 则是按复利计算
缺点	没有考虑全部的投资与产出，没有考虑资金的时间成本，因此不能作为投资分析的全面依据。对按揭付款不能提供具体的分析	未考前期的其他投入和资金的时间效应。不能解决多套投资的现金分析问题，且由于其固有的片面性，不能作为理想的投资分析工具	通过计算 IRR，判断物业的投资价值都是以今天的数据为依据推断未来。而未来租金的涨跌是个未知数

国际专业的理财公司计算物业价值方法如下，可以作为大家的参考。

如果该物业的年收益 × 15 年＝房产购买价，则认为该物业物有所值。

操作程序

四、社区商业的招商策略

招商是商业物业营销推广链条中最重要、附加值最高的环节。招商的前提是商业物业的业态分布和规划，在成熟的规划基础上的招商才是有效和对路的。值得注意的是目前社区商业的招商因其规模和体量不大，没有专业可寻，基本还停留在"成行成市"的原始方式上，因此如何做好社区商业的招商和管理是现阶段的一个挑战。

从推广方式来看，社区商铺的营销推广日趋理性，针对性地锁定目标客户群体，进行有效的信息传递。居民关注社区发展的同时，对社区服务、居住环境、文化娱乐、医疗卫生等均提出更高层次的需求。

招商为何要先行

社区商业要达到利益的多方均衡，一定是招商在先，销售在后。这样在商业开业前，可利用商气拉升售价及加速销售速度；在商业开业后，可依托满铺、旺场经营，实现带租约销售，强势拉升售价。

1. 社区商业的招商策略

招商是否成功最关键的因素是业态定位和主题定位。任何一个项目作为独立的个体必然存在其独特的个性。像其他物业一样，社区商铺也有自己特有的特征，只有深度挖掘此类物业的固有属性，了解到它的特性，才能取得此类物业招商的真正成功。

（1）招商要注重市场培育

市场培育也即放水养鱼，就是以合适的租金吸引目标商家入场，经过一定的培育期后，商业氛围成熟，经营业绩增长，租金上升，物业升值，实现多赢的结果。

（2）招商要抓住主力店、品牌店的带动效应

对于大社区商业，尤其是社区特色街来说，主力店和品牌店效应明显。知名的大型百货商场、购物中心将带动周边的商业物业全面升值。主力店周边商铺的经营主要是"寄生"

业态，它本身不具备"聚客"能力，只有借助主力店的作用才能充分挖掘其商业价值并不断升值。

商铺品牌店是否进入社区是投资者很重要的参考因素

❶ 品牌客户对商铺的选择有严格的商圈评估标准和计算方法

❷ 知名的品牌客户其本身就具备聚客能力，会影响商圈的形成，加快社区商业的招商进程

纵观目前做得比较成功的社区商业，无论是社区商业中心，还是社区商业步行街，社区主力店和品牌店成为社区商业中一道最亮丽的风景线。像广州华南板块的社区商业，几乎每一个社区都引进一家大型超市，品牌店更是遍地开花。

一般而言，连锁品牌店具有品牌效应，顾客对商品的认同度比较高，后续经营能力强，并具有聚客效应，能帮助商圈的形成。同时，品牌店具有旺盛的生命力，经营期限长，承租能力高，一家分店资金周转有困难，可以从另外一家分店调度。引进连锁品牌店对租金的收益有比较充分的保障。而杂牌店多为首次经营者，由于对市场缺少了解往往出具租金较高，但后续经营能力相对较低，一旦市场状况不好，立即关门走人，打一枪换一个地方，租金的保障度较低。

社区商业更要注重商家的品牌和质量，不能来者不拒，对于那些杂牌店，即使租金再高也不宜引进，而对于那些社区居民特别需求但承租能力较低的业态，开发者应通过适当降低售价、给予租金补贴等方式引进，以保证社区商业服务功能的完整性，这样才能实现开发商、业主、商户、社区居民等各方共赢。

（3）招商要控制节奏

社区商业项目和住宅项目销售不同，商业项目要一气呵成，招商时间不宜过长，因为商业项目是统一开售的，一旦入伙，就容易出现节点，要乘人气最旺时期，一气呵成，至少冲到80%～90%，这样才能够保证人气的持续，使后期的招商更为顺利。商铺项目在设计之初，就要注重策划，避免产品的缺憾，设计保证均好性。

一般来说，社区商业的招商应从核心主力店开始启动，按照"核心主力店→次主力店→品牌专卖店→小型商家"这样一个顺序来进行。用核心主力店对社区商业的成败起着决定性的作用，它决定了社区商业的品牌形象。对于超级大盘来说，社区主力店的招商成为整个社

区商业成败的关键。因为，它同时带动了次主力店和中小商家。

社区商业招商启动顺序

（4）招商要把握好开业时间

招商基本完成后，就要规划好统一的商铺开业时间。社区商业与其他商业一样，在选择开业时间上也较为讲究，切忌开业时间不统一，以至造成一边营业，一边装修的局面。因此，在开业时间上尽量选择同一天。

通常来说，为了营造良好的热闹氛围，凝聚更多的人气，社区商业的开业时间最好选择在周末或传统的节假日，期待更多的居民参与其中。

（5）招商要重视业态控制

如同百货、购物中心等业态一样，社区商业同样要控制业态和品牌，这就要求社区商业的开发者不能仅仅以销售商铺为目标，还要对项目进行统一的业态规划组合，统一进行招商，并成立专业的经营管理公司进行管理，以保证社区商业的业态合理性和经营的可持续性。

目前社区商业业态分布不合理，某些承租能力较强的业态竞争过于激烈。一些业态如中介、药店等在社区商业中分布密集，比如，在某些城市多个社区商业中心都出现了中介一条街。社区商业某些业态恶性竞争，不利于社区的商业配套服务的完善。那么就必须在商铺销售的前期就要做好严格的业态划分，控制业态的比例，并将美容、地产中介等一些不能聚人气的业态设置在较偏的位置。最妥当的方式是由开发商把关将商户引进，采取带租约转让的方式来销售。

（6）招商要充分掌握社区商品品牌资源，力求商户标准化

社区商业的招商必须充分掌握社区商业资源，从而给予项目更多的选择空间。社区商业资源不仅体现在超市百货主力店和电器、餐饮、休闲等次主力店上，而随着我国零售商业的发展，在社区商业的便利、医药、美容、早点、干洗、眼镜、冲晒等业态都出现了品牌连锁店，因而社区商业可以从这些连锁店来选择，如深圳便利店有：7-11、百里臣、万店通等连锁便利店；药店有十大品牌，包括：一致药店、海王星辰、中联大药房、万泽药店、友

和医药有限公司、深圳市合丹医药连锁有限公司、美信医药、二天堂医药、永安堂大药店、同仁堂药店等，这些连锁业态的形成，使得社区商业的规范标准成为可能。

在招商的时期，招商队伍必须要摒弃以往的急功近利的思想，做好商户质量把关，最好能保证每一间店面都能够有足够的商户选择，采取"三选一"、"四选一"商户筛选模式，做到择优录取。只有充分掌握这些资源，合理运用这些资源，才能真正驾驭社区商业的招商，保证招商质量和社区商业的可持续性经营。

2. 社区商业主力店的招商

招商分为四个部分：主力店、次主力店、独立精品店和特色店。主力店的招商需要与商铺销售与主力店租金优惠方面找到平衡点。次主力店和连锁精品店要注意商业布局搭配和业态总量控制。这里我们重点节省主力店的招商。

（1）寻找主力店效应的价值平衡点

开发商必须意识到主力大商家对项目起着重要的影响，所以虽然主力店租金低，但是由于主力店的进驻，增加了人流量，提升项目的影响力，扩大了商圈半径，从而提高了销售部分商铺的附加值，一般能提升在 1.2 倍到 1.5 倍以上，所提升的销售价值远远大过租金的损失，而且增强了项目长久经营的稳定性。

至于引进什么样的主力店，需要根据项目不同的定位来进行选择，百货、超市、电器、图书、餐饮、休闲娱乐、各类主题卖场等品牌连锁企业都是可以选择的对象。

（2）超市主力店的招商要点

引进超市最大的难点在于租金，由于超市微利经营，加上目前连锁竞争扩张的压力，使得超市不可能高成本经营。然而超市主力店有着强大的聚客效应，一般情况下，一家六千平方米的标准超市，日人流量达万人次左右，从而带旺了整个街区，提升了商业价值。

目前通常的方式是，将超市引进二层以上，通过超市提升首层的商业价值。超市知名度越高，其租金必然越低，但提升首层的商业价值越高，可见两者之间其实是平衡的。

（3）"主力店 + 首层辅营区"招商分析

很多社区商业都采用"二、三层超市主力店 + 首层辅营区"模式。但是从现实表现来看，主力店引进来不一定代表成功。目前很多社区商业普遍存在这样的一个问题：主力店如超市人流量大，经营状况非常好，而辅营区商场却门可罗雀，甚至关门倒闭，辅营区根本分享不到超市的人流量。造成这个问题的原因，一是辅营区业态定位不合理，二是主力店交通组织过于独立，辅营区不能充分分享主力店带来的人流等。社区商业的业态要根据社区居民的消费特征来定位，如目前有不少社区商业都定位有中高档服装，但实际上社区居民购买中高档服装一般都去促销不断的百货店。

1）"主力店＋首层辅营区"模式的两大潜在问题

①定位失误，辅营区定位百货化，超市人流难以产生连带消费

例如，大连万达广场的经营模式一般都是二、三层引进沃尔玛超市、首层定位百货化的精品店中店。但是，由于超市的人流是以购买日常生活用品为主的，目的性很强，来去匆匆逗留时间短，而百货化的精品店中店是以季节化消费为主的，从而不能真正充分分享超市主力店带来的客流。

沃尔玛旺盛的人流与一楼的辅营区形成明显的反差

经过调查，辅营区人流中，沃尔玛超市带来的人流约占 1/10。由此辅营区定位不当，尽管沃尔玛聚客能力很强，但实际对于辅营区的贡献率很低。

②交通独立，主力店人流不能有效进入辅营区

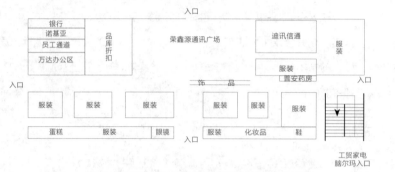

沃尔玛旺盛的人流不能有效进入辅营区

从平面上明显看出：二楼以上的交通体系非常独立，位于一楼的最边缘地带，主力店人流与一楼卖场没有任何关系，导致主力店的顾客群体在一楼产生随机消费的概率非常低。像这种主力店和辅营区相对独立的经营模式，直接导致项目难以长久稳健经营下去，早期的某些开发商即使通过炒作获得一定的销售利益，但随着投资者的日益成熟，这种模式已经被市场抛弃。

一般的开发商在与超市洽谈时，把更多的目光投在租金和工程条款上，对方给越高的租金越好，自己投入的越小越好，却忽略了引进大商家最根本的目的：如何利用大商家的人流提升辅营区的价值。从某种角度看，人流比租金更重要。所以主力店的引进不是单纯的租金或者品牌大小问题，也要充分协商如何利用主力店的旺盛人流来带旺辅营区。

2）"主力店＋首层辅营区"模式成功经营策略

从上述几个案例中明显看出，如何根据项目平面的不同情况，与主力店协商人流的动线与主要交通设施的配置非常重要，这种协商不是单纯地站在地产商的角度去强迫大商家，而是通过合理的经营建议，充分与大商家协商的结果，最终是实现真正的双赢，而不是简单的大商家引进。

主力店＋辅营区的模式确实在操作中出现过这样或那样的问题，但并不意味着这条路走不通，只要与大商家良好的协商，让大商家的人流确实能够给辅营区带来帮助。只要经过认真的市场研究，对辅营区的主题定位能够准确把握，还是有商业规律可循的。

从下面两幅图我们可以看到：梅林家乐福首层辅营区经历过多次调整，目前形成了单通道经营的格局，在单通道中间设置一组开放式柜台，从而形成了人流聚积效应。而华强商业中心通过出入口设计，出口人流巧妙进入辅营区，从而形成了人流聚积效应。

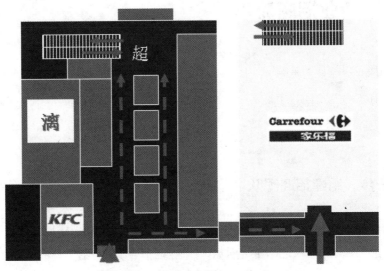

深圳梅林家乐福超市与辅营区的关系图

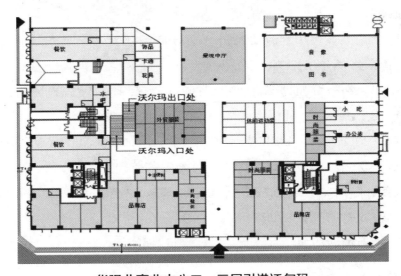

华强北商业中心二、三层引进沃尔玛

尤其重要的是，在超市辅营区规模庞大或是存在大量场内商铺的情况下，要求开发商必须成立专业的经营管理公司，对商家实施良好的管理和推广，并且适当投入一定的宣传推广费用，真正对项目的市场培育期认真负责，同时值得注意的是，社区超市的辅营区的经营定位不是千店一面的，必须立足于周边人口的消费特征来确定，并且要充分考虑到周边商业的竞争性。

3. 社区商业招商流程

第一	第二	第三	第四	第五
组建团队	选定招商目标	设定招商条件	招商谈判和签约	组织商户商装

社区商业招商流程

第一步，组建招商团队

首先，招聘专业人员，搭建招商的组织框架和岗位职责的确定

一个富有热情、精干、强大的招商队伍是招商工作的关键。在招聘的过程中，要对招商需要的人才进行技能锁定和团队整体规划，一般中等以上的社区商业需要配套以下几个方面的专业人才：

①招商经理1人，需对项目所在地的市场营销有实际操作经验（尤其要擅长招商运作），懂企划，善管理，具有出色谈判技巧和人格魅力。

②招商代表若干，分别负责项目招商大区的工作，大区经理应具备一定的招商运作经验，长于说服、鼓励性的谈判，具团队合作精神、服从意识和大局观念。

③区域协销经理若干，主要职责是协助 开发市场，完成销售。协销经理需人品正直，勤恳敬业，具备较佳的沟通和组织管理能力，并能长驻外埠。

④商务助理若干，主要职责是帮助一线招商人员做好内务（资料物品、来电来函、来人洽谈、信息收集等）和会务组织等工作。

⑤其他服务人员如文案、平面设计、接线及接待人员。

其次，要进行商业培训

就比如我们招进来的商户一样，需要给他上课，招商人员也不例外，我们也要给他做培训，培训他的商业知识、谈判技巧、商品知识、管理知识、服务态度和法律法规。

通过培训是团队了解项目的现状和投资价值，了解招商策略和操作步骤，同时也是进行磨合的过程。招商的培训主要有以下四个方面：

①项目及产品知识，以使团队成员对项目的现状有清楚的认识。

②沟通技巧（如接听电话、接待语言、洽谈技巧、仪表举止等），以培养团队成员的职业感。

③招商专业知识（招商流程、谈判技巧、接听电话、注意事项等）。

④招商要旨（招商策略说明及合同解读等）。

再次，社区商业招商团队专业分工

一般按照品类和功能及区域进行分工。比如 A 负责一楼，B 负责二楼，C 负责三楼，D 负责四楼，这是按照楼层进行分工；有的也可以按照品类进行分工，A 负责化妆品，B 负责鞋帽，C 负责男装，D 负责女装；还可以按照功能进行划分，A 负责餐饮招商，B 负责百货招商，C 负责休闲招商。

不管怎么去分，专业团队的组建一定不是吃大锅饭，一定是需要分类考核的，每个招商人员都要清楚自己的对象和目标是什么，按照什么条件和办法去招，最后工作绩效如何进行考核。所以我们说社区商业招商，首先是要组织一个专业的招商团队。

第二步，甄选招商目标

1）招商目标的选择

企业招商的目的是为了吸引知名商家，出租经营场所的使用权，更好地提高项目整体市场吸引力。因此招商目标的选择要根据市场需求和项目定位情况来确定，具体说应考虑以下因素：项目自身的市场定位、项目所在地的消费状况、投资商和开发商的自身资金情况、拟引进商家的市场定位及发展战略。

2）社区商业招商目标甄选的三项原则

①四角定位原则

假设卖场中的某个楼层的旁边是一圈偏厅，对于这个偏厅来讲的话，首先要进行卖场平面布局，这时候就要解决四角定位的问题，这就像下围棋一样，首先确定关键点的位置。很多人做卖场不会布局，把最好的牌子放到了电梯口，这样顾客买了以后就直接走了，因此一定要把好牌子放到最深的角落里面，把顾客吸引到这个地方去，这就叫四角定位。

②适合原则

做社区商业不要图大、图形式，一定要讲究适合。适合做百货的我们就做百货，适合做休闲的做休闲，适合做餐饮的做餐饮，而不是简单的卖东西。

③价格梯度原则

社区商业的商业价格要有一个梯度，保持各种品牌形成一个价格带。卖服装有 1000 元以上的，也有 100 元以下的。这样形成的价格带能保证不同品牌形成一个合理的价格区间。

根据价格曲线来落位品牌，这样消费者购物的时候就会很舒服。

四角定位原则

适合原则

社区商业招商目标
甄选的三项原则

价格梯度原则

3）社区商业的目标甄选策略

①分析目标主力客户

社区商业招商前期一定要明确招商对象以及目标客户，要分清楚谁是我们的目标主力客户，谁是我们的目标重点客户，谁是我们的目标源头客户，谁是我们的目标独家客户，谁是我们的一般客户，这些问题都是招商的首要问题。比如说星巴克，那可以找它的总部。比如说做阿迪，可能还要找到它的生产厂家。对于这些源头厂家来说，如果弄不明白的话，可能就没办法招商。当然一般客户要按照一般客户对待，也就是说目标甄选，要分清主次。

②重视项目引进品牌店与杂牌店的区别

一般而言，连锁品牌店具有品牌效应，顾客对商品的认同度比较高，后续经营能力强，并具有聚客效应，能帮助商圈的形成。而杂牌店多为首次经营者，由于对市场缺少了解，往往出具租金较高，但后续经营能力相对较低，一旦市场状况不好，立即关门走人，打一枪换一个地方，租金的保障度较低。社区商业更要注重商家的品牌和质量，这样才能实现开发商、业主、商户、社区居民等各方的共赢。

③要充分掌握社区商品品牌资源

社区商业的招商必须充分掌握社区商业资源，从而给予项目更多的选择空间。社区商业资源不仅体现在超市百货主力店和电器、餐饮、休闲等次主力店上，更体现在医药、美容、早点、干洗、眼镜、冲晒等连锁店上，如在深圳目前药店有十大品牌，包括：一致药店、海王星辰、中联大药房、万泽药店、友和医药有限公司、深圳市合丹医药连锁有限公司、美信医药、二天堂医药、永安堂大药店、同仁堂药店等，只有充分掌握了这些资源，才能真正驾驭社区商业的招商，保证招商质量和社区商业的可持续性经营。

第三步，设定招商条件和发布招商方式

1）设定招商条件

在甄选了目标之后，我们需要先设定一个招商的条件，这些招商条件至少包括：

第一，招商对象。

第二，合同条件。拟定明确的合同条款及内容。

第三，租金和费用标准。

第四，个人优惠政策。

第五，租金或折扣率。

第六，让利、优惠办法。比如说免租三个月，前三个月不收物业管理费。

第七，费用情况。比如说收不收电费，收不收保卫费，收不收物业管理费，包括要不要收员工的工装费，要不要收员工的培训费、午餐费，包装袋要不要收钱等。

第八，税收情况。是自己办营业执照、工商执照，自己保存，还是统一保管，要不要提供增值税发票，是提供四个点的小规模纳税人的，还是提供一般纳税人的增值税票，还是提供一般的营业税票。

第九，结算方式。是一个月结算一次，两个月结算一次，还是三个月结算一次。

第十，付租方式。是一个季度一付，半年一付，一年一付，还是三个月一付，还是一个月一付。

第十一，期限。是欠一年，欠两年，欠三年，还是欠四年。

第十二，物业条件。提供的是毛坯地还是其他的，提供多少度照明，装修由哪方负责。

第十三，促销。收不收广告点，收不收促销费用。

第十四，管理。是统一管理，还是独自经营。

2）发布招商方式

①项目洽谈会

项目洽谈会是招商最为常见的一种形式。它是由招商单位携拟与合资、合作或引进的项目，有针对性地与商家洽谈。其特点是针对性强，影响大，实效性好，易于吸引有兴趣的客商，主办者可以派遣技术专家与客商直接进行接洽。

②项目发布会

项目发布会是招商经常采用的方式。它是由项目主办者在一定的场合公布拟引进合资、合作的项目，阐述招商项目的特点和技术、资金要求，以期吸引客商。

③经济技术合作交流会

经济技术合作交流会是一种层次较高、范围较大的招商引资方式。其特点是层次较高，范围较大，可以是多种行业的招商。

④投资研讨会

投资研讨会是一种较小型、时间较短的招商形式。它通常是由政府部门、经济研究机构举行的区域性投资战略、政策、现状和发展趋势的研究讨论会。主办单位可以公布一些项目进行招商，可以介绍本地区的投资环境和利用外资的政策，达到宣传的效果。

⑤登门拜访

登门拜访是招商效果明显的辅助性活动。招商单位专门派出招商小分队或在国内外举办集会式招商活动之余，拜访跨国公司、投资咨询顾问公司、会计师行及其他中介机构，宣传投资环境，具体介绍投资项目，探讨合作事宜。其特点是机动灵活，针对性强，气氛融洽，容易引起被访者的兴趣。

有些社区商业由于比较小、散，很多招商人员就简单地打出条幅，写上招商电话，就算作发布招商信息。其实这种方式，并不能吸引真正有实力的商家，还为后续的经营埋下隐患。

第四步，招商谈判和签约

招商谈判的目的在于使参与谈判的商家能符合招商企业的目标和利益需要。要达到目的，招商谈判必须针对谈判的特点，确定一些基本原则。

1）招商谈判的特点

①谈判对象的广泛性、多样性和复杂性

商场的交易活动不受时空限制，而具体的谈判对象交易条件又是多样的、变化的。这就要求项目的谈判人员要围绕本项目的经营范围，广泛收集信息，了解市场行情，并选择适当的方式与社会各方面保持广泛的联系。

②谈判条件的原则性与灵活性

项目招商的目标要具体体现在谈判条件上。条件具有一定的伸缩余地，但其弹性往往不能超越最低界限，界限是谈判人员必须坚持的原则。这一特点就决定了项目谈判人员要从

实际出发,既要不失原则,又要随机应变具有一定的灵活性,以保证实现招商谈判的基本目标。

③谈判口径的一致性

在招商谈判中,双方谈判的形式可以是口头的也可以是书面的,谈判过程往往需要反复接触。这就要求谈判人员要重视谈判策略与技巧,注意语言表达和文字表达的一致性。谈判人员要有比较好的口才和文字修养能力,也要有较强的公关能力。

2)招商谈判的原则

根据招商谈判的特点,谈判双方要取得共识,促使谈判成功应遵循以下原则:

①坚持平等互利的原则

平等互利原则,要求谈判双方在适应对方需要的情况下,公平交易,互惠互利,这是保证谈判成功的重要前提。

②坚持信用原则

信用原则是指招商谈判的双方都要共同遵守协议。重信誉、守信用是商家基本的职业道德。在谈判过程中,应注意不轻易许诺,但一旦承诺,就应履行,保证言行一致,取信于对方,以体现真诚合作的精神。

③坚持相容原则

相容原则要求谈判人员在洽谈中要对人谦让、豁达,将原则性和灵活性有机结合起来,以更好地达到谈判的目的。

3)招商谈判的准备

所谓招商谈判的准备就是指在思想上、物质上和组织上为谈判进行充分的准备工作,主要包括:

①招商手册

招商宣传是招商成功的先导,招商手册是宣传的重要环节,是项目招商的基本宣传资料,关系到项目的形象,该手册突出如下关键点:

A. 通过钻石地段选择项目选址的正确性,树立基本的核心地段的商业物业。

B. 通过事实列举项目投资商与开发商业绩与荣誉,突出其在项目所在地的地位。

C. 招商策划和承租户的选择关系购物中心的成败,在招商过程中,有必要对每个承租户进行分级评价,预测他们的经营前景,作为店面出租的指导。

D. 承租户的选择确保租金的来源。

E. 需要保证购物中心的商品种类的完整性。

F. 需要保证购物中心经营项目的多样性与综合性。

②准备谈判的依据

A. 明确谈判目标，包括最优期望目标、实际需求目标、可接受目标、最低目标等；

B. 规定谈判策略，包括了解谈判对象的状况、谈判的焦点、谈判可能出现的问题及对策；

C. 选定谈判方式；

D. 确定谈判期限。

③组成谈判小组

A. 挑选谈判小组的成员；

B. 制定谈判计划；

C. 确定谈判小组的领导人员。

4）制订谈判策略

①明确谈判目的

招商谈判的目的就是招商洽谈的主要目标，或招商洽谈的主题。在整个招商洽谈活动中，招商洽谈者的各项工作都要围绕招商洽谈的目的而开展。

在招商洽谈的目的确定以后，需要确定招商洽谈的各个具体目标，在达到各个具体目标后，招商洽谈的主要目标即招商洽谈的目的就可以实现。

②确定招商洽谈的地点

在确定了招商洽谈目标的同时，还要确定招商洽谈的地点。招商洽谈的地点对招商洽谈的成功与否有很大的影响，因此，在确定招商洽谈地点时要慎重，应考虑以下几方面的问题：谈判中各方力量的对比，可选择地点的多少和特色，各方的关系及可能发生的费用等。

5）签约

所谓签约，首先需要签意向书，然后再签正式合同。为什么要先签意向书呢？这样是便于以后的调整工作。所以意向书是在招商过程中为了统筹调整所做的工作，如果我们签了商业的招商意向书，在招商意向书的基础上，我们最后统一通知商户进来，签正式合同，这就像我们现在买房一样，你先交一个小定，或者一个大定，最后统一签合同，如果我们要调整，我们就可以再审核和审批，灵活应对一些突发情况。所以招商合同不能一步签到位。

所以招商绝对不是招量的问题，一定是招质的问题。

巧开答酒会

在招商政策全部确定，招商意向书基本签到有把握的时候，可以把所有的商户招进来，开一次招商酒会，开发商可以接此机会介绍一下项目的整体情况，招商和管理的情况以及项目的成长前景，这样整个价钱就构筑上升态势。签到 80%、90% 的时候，再召开一个招商答谢酒会，把签约的全部请来，把那些没有签约准备签约的也请来，通过招商酒会让商户们感受到我们这个招商工作已经完成，对未签约客户形成压力。

第五步，商装组织、指导、管理

我们发现很多商业项目签合同的商户很多，但最后商户都不进来，造成很多商业面积空置，所以招商是一定要招进场的，进不了场的招商是没有意义的招商，只是签了一个虚合同的招商。

招商不只是签合同，签完合同是第一步，更重要的是组织进场，这才是最重要的，所以要保证商户能进场装修，装修完工后上了货才叫真正的招商成功。

社区商业招商的五个步骤就是组建一个团队，设定一个目标，设定一个条件进行招商、签约，最后组织计划，如果这五个步骤都把握好，招商工作的成功也就指日可待。

为何要减少二次招商

大家都不希望见到二次招商，原因是二次招商不仅品牌形象已经受损，难以招商而且浪费了开发商大量的人力物力，影响正常运营和投资回报。

新手知识总结与自我测验

总分：100 分

第一题：北京 SOHO 的纯销售模式有哪些优缺点？（20 分）

_____

_____

第二题：你所在城市最成功的社区商业项目商铺售价与住宅均价的比值分别为多少？（写出 5 个）（5 分 / 个，共 25 分）

_____

_____

第三题：社区商业招商的基本流程是什么？（25 分）

_____

_____

思考题：广西某市大型社区购物中心，二、三层成功招得商家家乐福进入，一层在家乐福入驻消息带动下入驻众多精品店，但是开业不久发现：家乐福的生意与精品店生意形成强烈反差，家乐福人流如织，精品店人流稀少。试问如何解决家乐福与辅营区精品店的经营平衡问题？（30 分）

_____

_____

_____

得分：   签名：

社区商业
新兵入门

07

社区商业的物业管理

操作程序

一、我国社区商业的物业管理现状及特点

二、社区商业的物业管理理念——统一管理，统一经营

三、社区商业的物业服务管理内容

四、社区商业物业的管理运作模式

本章使用指南

如果说，社区的物业管理中国落后国外 10 年，那么社区商业的物业管理相比国外，我们基本上还只是婴儿水平。社区商业的物业管理无论是对经营商户还是对开发商都是他们持久经营的保证。而现状是，大部分社区都是住宅的物业管理兼任社区商业物业管理的职能。非专业化的操作整个全国的社区商业物业管理成为一个重要的关注焦点。本章是用了很大篇幅来讲述社区商业物业管理的内容和提供的核心价值点，它可激发我们真正认识什么才是真正的社区商业物业管理服务。

操 作 程 序

一、我国社区商业的物业管理现状及特点

1. 我国社区商业的物业管理现状

由于社区商业在我国刚处于起步阶段，运作模式还不成熟，概括来讲，目前社区商业的物业主要表现以下三种：

社区商业物业管理现状

❶ 无任何物业管理，任其自生自灭

❷ 社区商业部分与住宅部分共享同一物业管理

❸ 若大型的外向型社区商业，则会成立专门的物业管理公司，以确保日后的长期经营

2. 社区商业物业的管理特点

商业物业作为一种商业经营场所，其物业管理机构面对的服务对象是业主、租户和顾客三个方面。其中，租户和顾客群不是长期稳定的，而是流动的，不断变化的，且来源不同，构成复杂，因此物业管理服务的好坏直接影响到商业物业的商誉。

总结社区商业物业管理特点，包括如下五个方面：

（1）顾客流量大

社区商业进出人员杂，不受管制，客流量大，易发生意外，安全保卫工作非常重要，有些零售商品易燃易爆，因此消防安全不得有半点松懈。同时商场在发生突发事件时，疏散相对较慢。

（2）服务要求高

物业管理服务要面向社区商业置业人和使用人，向他们负责，一切为他们着想。促进商业物业保值、增值；同时为使用人和顾客营造一个安全、舒适、便捷、优美的经营和购物环境。这是社区商业物业管理服务的根本原则。

（3）管理点分散

出入口多，电梯（客梯）、观光梯、自动扶梯等分散，需要的保洁、保安人员相对较多，管理点分散，管理难度较大是商业物业管理的特点。

（4）营业时间性强

顾客到社区商业购物的时间，大多集中在节假日、双休日和下班及晚间，而平时和白天顾客相对少一些。统一店铺的开张及关门时间有利于社区商业的整体形象塑造。开张、关门时间不统一会造成整体社区商业经营的凌乱感，无序经营的印象，对顾客产生不良的心理影响。

（5）车辆管理难度大

来社区商业的顾客，有开车的，也有骑车的，大量的机动车和非机动车对社区商业周边的交通管理和停车场管理增加了压力。车辆管理好坏直接影响着商场物业管理水平的整体体现。

3. 社区商业与住宅物业的管理差异

一般住宅类物业管理主要管理居民的居住场所，服务对象是住户；而商业物业作为一种商业经营场所，其物业管理机构面对的服务对象是业主、租户和顾客三个方面。其中，租户和顾客群不是长期稳定的，而是流动的，不断变化的，且来源不同，构成复杂，因此物业管理服务的好坏直接影响到商业物业的商誉。一旦物管机构在管理服务方面出现差错，导致租户或顾客不满，对物业商誉有极大的影响。若因此失去租户或顾客，就意味着会失去物业业主的信任，从而失去物业受托管理权，影响本企业的经济效益。

4. 社区商业与城市购物中心管理的差异

社区商业的物业管理相比于城市型购物中心的管理，其区别主要体现在硬件设施的配备和运营要求两个方面。

（1）硬件设施方面，社区商业配置水平较低，包含较多独立铺位，冷气、电梯等相应设施配置数量较少。

（2）社区商业强调"街坊生意"，多为长期经营，内容相对较少，百货类商户数量少，统一收银的情况极少，独立经营的意识较强。但是高风险的能力也较强，其运营中的企划推广多针对周边区域的"街坊"消费群。

操作程序

二、社区商业的物业管理理念——统一管理、统一经营

社区商业是有计划的商业聚集，对社区商业进行"统一管理，统一经营"是社区商业区别于其他房地产的核心特点。

"统一管理"要求社区商业必须由代表业主权利的、受业主、开发商委托的管理公司统一管理，没有统一管理的社区商业是难以经受激烈的零售业市场竞争。

"统一经营"是准确的商业定位及业态规划价值体现的保障。统一的经营理念及经营推广策略，是营造商业特色、稳定商户、吸引消费者、保证商业持续升值的重要手段，而专业、科学、规范而有效的管理，是维护商业经营秩序，稳定经营商户、优化卖场服务，提升商业形象及塑造商业品牌的重要一环。

统一管理，统一经营实际上包括四个方面的内容，即统一招商管理、统一营销管理、统一服务管理和统一物业管理。

1. 统一招商管理

统一招商管理要求招商具有规范的品牌审核管理和完善的租约管理。

（1）品牌审核管理

品牌审核管理指招商对象需经品牌审核后才能进入。审核包括对厂商和产品的审核，须具有有效的营业执照、生产许可证、注册商标登记证、产品合格委托书（适用于批发代理商）、品牌代理委托书（适用于专卖代理商）、税务登记证、法人授权委托书等。

（2）完善的租约管理

完善的租约管理指签定租约、合同关键条款必须进入。租约管理包括约定租金、租期、支付方式、物业管理费的收取等，还有其他比较关键的租约条款管理，比如：

A. 承租户的经营业态是受到整个社区商业的统一商业规划的限制，如果发生重大变化，须经业主委员会的认可（业主委员会成立之前，经开发商认可）；

B. 营业时间的确定；

C. 承租户的店名广告、促销广告的尺寸大小、悬挂位置、语言文字方面须接受统一管理；

D. 为整个社区商业促销承担的义务；

E. 承租人对停车场的使用，确定有偿还是无偿，有无限制；

F. 投保范围事宜；

G. 是否统一的收银等。

2. 统一营销管理

统一营销管理有助于维护和提高经营者的共同利益。由于目前商业竞争激烈，打折降价的促销竞争手段比较流行，以吸引购物者光顾。管理公司应该为社区商业策划好1年（12个月）的营销计划，所谓"大节大过、小节小过、无节造节过"。

组织策划相关的促销活动，所发生的费用应预先与业主沟通预算，经业主同意后，对实际发生的费用按照承租户销售额的一定比例进行分摊。如果社区商业统一收银管理，就能较好地执行按销售额分摊费用。

3. 统一服务监督

统一的服务监督有助于经营者间的协调和合作。社区商业须设立由开发商领导、商业专家组成的管理委员会，指导、协调、服务、监督承租户的经营活动，保证社区商业的高效运转。常见的方式有：

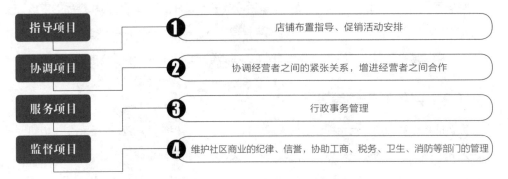

指导项目	❶	店铺布置指导、促销活动安排
协调项目	❷	协调经营者之间的紧张关系，增进经营者之间合作
服务项目	❸	行政事务管理
监督项目	❹	维护社区商业的纪律、信誉，协助工商、税务、卫生、消防等部门的管理

社区商业统一的服务监督的四种方式

4. 统一物业管理

　　统一的物业管理有助于建筑空间的维护和保养。社区商业的物业管理内容包括：养护建筑，维护设备，保证水、电、气、热正常供应，公用面积的保洁，保安防盗，车辆管理，绿化养护和意外事故处理等。社区商业的各项设施的使用频率较高，统一管理有助于对物业设施设备有计划的保养与维修，增加使用的安全性和耐久性。

操 作 程 序

三、社区商业的物业服务管理内容

　　社区商业物业管理包含以下十个方面。

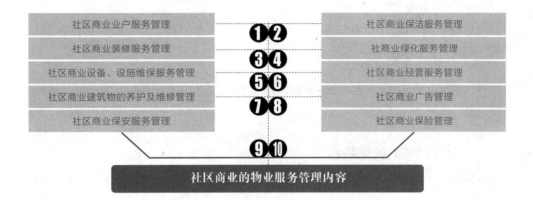

1. 社区商业业户服务管理

社区商业业户服务管理具体包括五部分的工作。

（1）接待与联系

接待与联系是业户服务的重要内容之一，是物业管理方为业户、顾客提供服务并与业户、顾客进行交流的窗口。其主要职能与其他类型物业管理的业户服务一样，包括倾听建议和意见，接受投诉，安排维修和回访，收取管理费与内外联系等。

（2）纠纷、投诉接待

顾客在社区商业购物因环境服务因素而来投诉。对物业管理方来说，所有投诉、处理结果都要有记录，作为年终表彰与履行"管理公约"业绩考核依据之一。

（3）报修接待

社区商业铺位的照明或其他设施出问题，对业户营业将造成很大的影响。业户报修，应迅速作记录，填写《维修任务单》，即时派维修工到现场抢修。

（4）走访回访

接待员的走访内容包括三方面：

一是听取业户和社区商业方对物业管理服务的意见、建议；

二是对报修后的维修结果进行回访；

三是对业户的礼仪、形象、环境、广告、装潢等方面的不足之处作出提示，督促改进。

（5）内外联系

1）社区商业内部联系

社区商业的内部联系包括向业户收取租金、管理费、水电能耗费、铺位的报修抢修费等；向社区商业方收取物业管理费、能耗费。

2）社区商业的外部联系

社区商业与街道、居委、警署、消防、劳动、环保、水、电、煤、电信及媒体都有业务上的联系，如处理不好这些关系，会使社区商业的经营活动很被动。

2. 社区商业装修服务管理

装修管理应包含在业户管理中，因管理难度较大，故单独列出论述。装修管理职能主要包括：审核装修申请、签订装修管理协议和现场监督管理等。

（1）社区商业装修服务管理的主要内容

承租商户对铺面只能通过申请批准后作一些小的变动装修，装修管理应做好以下四个方面：

第一，建立周全、详细、便于操作的管理制度；

第二，专人负责对工程实行严格的监督；

第三，选定资质高、信誉好的工程承包商进行装修；

第四，对装修现场进行监督管理。

（2）二次商装的管理规定

商户要进场就必须完成一项工作，即二次商装。二次商装是商业部门指导、组织、管理品牌商、商户来做的，但是首先需要开发商要做第一次装修，就是天、地、柱、墙、暖风、给水、排水、通风、排烟、隐蔽工程，各项强电弱电布线，这些都属于第一次装修，一次装修必须由开发商做，在开发商提供了基础照明、基础物业以后，商户来做二次商装。

二次商装的管理规定应遵循以下四个规定：

1）二次装修过程应遵守物业管理处制订的二次装修施工管理相关规定；

2）业户装修需使用电焊、气焊、砂轮、切割机等设备的，应严格遵守社区商业动火申请等相关制度的各项规定；

3）禁止擅自更改水、电管线及负荷用电；

4）装修完毕后，物业管理处根据装修前业户递交的经认可的装修设计图、装修协议，对工程进行竣工验收，如发现有违反装修设计图及装修协议某些条款的，应视情节轻重作不同的处理。

（3）装修管理中对装修施工方的约定

为了保证业户在装修过程中不损伤楼宇结构等重要部位，装修工程施工方是由物业管理处选定还是由业户选定，应视工程涉及的方面来确定，通常分以下两种情况：

情况一：限定物业管理处选择工程方

一般涉及的大型工程增建、改装都由物业管理处选定工程施工方。业户则按工程费用的一定比例支付给物业管理处作为工程监督管理费。

A. 凡涉及电力设备（由铺外的配电架至铺内的终端空气开关箱等）进行增建、改装的；

B. 为该层的消防设备（包括消防喷淋装置、管道、警铃等）进行增建或改造的；

C. 为该层的电梯、自动扶梯进行增建或改装的，以及电视监控系统、公共天线分布系统等进行增建或改装的，都由物业管理处选定工程实施工方。

情况二：业主或物业管理处自选施工方

凡涉及铺面、商号招牌、天花板、墙面、墙壁装饰、内部间隔，给水管、排水道、电力装置，通风设备、电话等小规模装修可由业户自行选定工程施工方，也可由物业管理处选定施工方。

（4）装修现场监督管理

在施工过程中，物业管理处应派专人在现场进行管理。管理的内容主要包括三个方面：

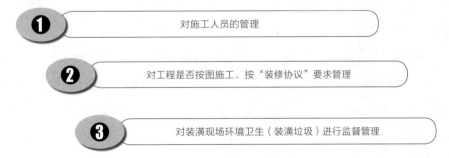

① 对施工人员的管理

② 对工程是否按图施工、按"装修协议"要求管理

③ 对装潢现场环境卫生（装潢垃圾）进行监督管理

装修现场监督管理的三方面内容

这是因为，一般建筑施工队的人员情况复杂，大多是临时工，施工方对他们可能也缺乏有效的控制；装修施工与整个楼宇的建筑不同，它通常局限于一个单元或一个楼层内施工，而其他层面则照常营业，如对施工人员无有效管理，势必会影响其他业户的营业活动。

对于装修的工程监控主要着眼于施工人员有否严格按认可的设计图纸进行施工，有否违反已签订的"装修管理协议"上的条款，有否违反物业管理处的其他管理规定等，如有违反规定要及时联系，发出"整改通知单"等。如装修时损及社区商业的装饰、装置或公用设施，则由业户负责将其修复。

3. 社区商业设备、设施维保服务管理

（1）社区商业的日常养护管理

社区商业的日常养护标准较高，维修要求严，其内容同办公楼相似，但其方式不同。商业物业的重点在于各种设施、设备上，因为商业物业设施设备使用频率较其他物业相比是最高的一类，设备、设施养护及维修管理的好坏直接影响经营环境和经营活动的正常运行。一些设备如电梯、自动扶梯等易出故障的设施设备，保证其正常运行主要靠平时养护。

（2）设备管理

社区商业高起点、高质量的设备设施需要具有先进的现代化管理手段和专业化养护维修技术。

1）队伍

在养护维修方面，必须有一支专业化队伍，对物业的各种设施设备加强养护，如空调设备、电梯设施等。

2）预防

由于社区商业使用频繁，预防性的维护工作与建筑地面、设备的日常检查工作就显得尤为重要。社区商业内部属于人流高度密集区域，空气调节必须适宜，载人运输工具必须保证长时间安全运行，因此必须加强各类设施、设备的维修保养，减少停机率。

3）故障处理

在社区商业开放运行中及时处理各种设备故障，保证其正常运转，为物业业主及使用

权人提供方便及不间断服务。

4. 社区商业建筑物的养护及维修管理

（1）社区商业修缮的计划、资金管理

为了确保社区商业建筑物的完好，应制定完整的修缮制度，编制每年的修缮计划，安排年度修缮资金，经管理处审核后报社区商业业委会审批，检查修缮结果。

（2）工程性质的确定

依据社区商业建筑物的损坏程度，将修缮工程大致分为大修、中修、小修三类。

1）大修工程

大修工程是指建筑物主体结构的大部分严重损坏，或有局部倒塌的危险；部分附属设施必须拆换、改装或新装，如上、下水道等。由于大修工程施工场地和安全的要求，通常是经营业户必须停止营业。因此，工期安排和开工前的筹备工作非常重要。

2）中修工程

中修工程是指建筑物部分损坏，在局部维修中只牵动或拆换少量主体构件，保持原楼宇规模和结构的工程。如楼顶的局部修缮或部分重做面层，加固部分钢筋混凝土梁柱，外墙的全面粉刷装饰等。中修工程影响面为局部，管理工作做得好，可使建筑物内的部分业户继续营业。

3）小修工程

小修工程是指及时修复的小损小坏，以保持建筑物原有完好等级的日常养护工程。此类工程在新旧楼宇中极为常见，如修补面层，门、窗、地面的整修等。小修工程较小影响商业经营，但也应加强施工管理，尽可能不影响业户及顾客。

（3）建筑物维修技术的档案管理

建筑物维修技术的档案管理是对原有建筑物技术资料的补充，是为日后建筑物的维修、整改、扩建等工作提供不可缺少的依据。

（4）维修或施工工程的管理

设备、设施的大中修或社区商业建筑物的修缮如需外发包时，应发包给有相应资质的修缮施工单位承接。

1）外发包合同应要求该施工单位对修缮工程有设置总工程师、主任工程师、技术队长或技术负责人的措施，形成工程施工过程中的技术决策、管理体系，总工程师为技术总监，各岗位有技术负责人，职、权、责分明。

2）维保部派专人在整个工程施工过程中对现场的质量、安全（包括防火）和是否按外发包合同要求对施工现场环卫（装潢垃圾）、环保措施进行监督管理。

（5）检查监督

维保部主管对属下各维修组的维修与保养每天进行抽查，发现问题记录在案，追查分管维修工的责任；发生责任事故追究维保部主管的责任。

5. 社区商业安全保卫管理

（1）社区商业安全保卫管理的重点

社区商业的安全保卫工作包括治安防盗、防范突发事件、监控中心管理、车辆管理、停车场管理等。其管理的重点如下：

1）安全保卫管理是社区商业物业管理的要点，必须予以重视。它由消防和治安管理组成。

2）社区商业物业一般都安装先进的自动火灾报警装置和自动灭火装置，这些装置直接与电视监控系统联网，一旦发现火情，烟雾达到一定的浓度或温度达到一定的高度这两种装置便自动通过导线将报警信号传输至报警装置、电视监控系统和自动喷淋装置。

3）运用电视监控系统对社区商业进行全方位、多角度，尤其对出售贵重商品及金融营业点进行日常监视，发现可疑人员或突发事件、恶性事件时监控人员及时录像存作查证。

4）在地下车库或露天停车场亦须安置监控探头，防止车辆被窃。

5）人防方面由于社区商业中铺面多，人流密集，易造成电视监控死角，人防是商服物业管理中必不可少的。

6）社区商业主要进出门岗的保安员发现可疑人员时用对讲机通知场内便衣保安人员加

以注意。流动岗应着便装，流动巡逻，做到勤观察、勤分析，善于发现问题及时解决问题。

7）对突发事件和恶性事件应及时处置，防止事态扩大，并注意保护现场及时向上级和公安部门报告。

（2）安全保卫管理

社区商业有的面积广、商品多、客流量大，需要一支训练有素的保安和消防队伍，并有一套紧急情况下的应急措施。安全管理工作的基本要求是保障物业安全，维持商业物业的经营管理秩序。对于商业物业的安全管理，应注意以下四点：

1）将物业管理中的安全管理与商业经营中的防损要求结合起来。

由于人流构成复杂，几乎任何一家商业机构都要面对商品防损的难题，采取包括录像监控、便衣巡查等各种保安措施，力求杜绝商品流失。物管机构的安全人员应根据委托管理合同的要求，合理分工，明确责任。

2）将物业保安管理同物业消防管理相结合。

消防安全是物业安全的重要环节，由于社区商业内人员密集、设备昂贵、财物汇集，发生火灾所造成的生命、财产损失无法估量。因此，物管机构的每一位安全人员都应同时是兼职消防安全管理员，并具备相应的消防知识与技能，及时发现并处理各种火灾隐患。

3）将安全管理与客户服务工作相结合。

物业管理服务对象较多，包括业主、租户及商业顾客，同其他类型物业的物管工作相比，由于物业的商业特性，其物业管理更加强调管理的服务性。安全管理人员在日常工作中，随时都可能会接到客户的各种服务要求，因此，必须将安全人员的日常工作纳入到客户服务工作中去，为顾客提供各种细致服务，尽可能地保护业主、租户和顾客的利益。

4）紧急事故的应急处理。

现代物业管理中的安全管理概念正变得越来越复杂化、严格化，已不仅仅局限于物业方面的安全保卫，还包括犯罪、意外事故、自然灾害及危险物等紧急事故造成的安全保护问题。

对于高度密集性的社区商业，必须设计一套有效的紧急事故处理程序，该套程序必须为诸如火灾、电源失控、水管爆裂、犯罪活动、爆破威胁、电梯事故、严重伤病等紧急事项有所准备。所有安保人员必须与物业电气、机械、交通和控制设备相关人员及物业业主、租户紧密配合。

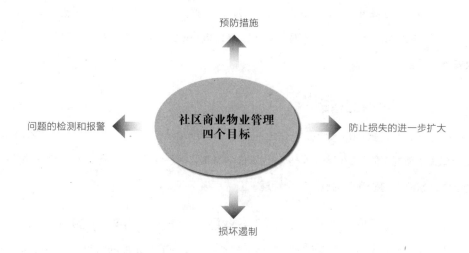

处理物业紧急事故最先进的方法在于预防的措施，因此在设计保护计划时必须尽可能地考虑任何紧急事故可能发生的各种情况，最大限度地作出反应。

（3）防窃防盗的管理

社区商业的防窃防盗可从以下十个方面加强管理：

1）超市类社区商业出入口不宜太多，太多的出入口对商品将带来不安全因素。在商品出入口应设置便衣保安，其职责是检查带出的商品是否有发票，是否是合法的商品购置行为。

2）大型社区商业在进货和为顾客送货（大件）时，由于商品货量大，堆在社区商业外场地上，容易给不法之徒以可乘之机，这时保安就要提高警惕，防止商品被盗。

3）社区商业在逢年过节、双休日时有较多的顾客；社区商业搞促销，如限时商品优惠；或凭广告券免费领商品时，都会造成柜台前人头攒动的拥挤现象，不法分子会乘机作案偷窃钱包，这时保安就应上前维护秩序，保障顾客人身与财产的安全。

4）社区商业为使收银活动安全，收银员换班或营业结束，将钱款解送至总收银柜或社区商业管理部门，这时保安应上前保护收银员以及钱款安全，防止歹徒抢劫。

5）一些盗贼在社区商业关门前躲在社区商业内隐蔽处，等到深夜出来作案，第二天开门后又混在顾客中出门。故社区商业关门后保安要仔细检查社区商业各角落、隐蔽点，夜晚值班时要提高警惕，加强巡逻。

6）对夜晚值班保安的素质要求应较高，夜晚值班应派出两名以上保安和一名管理人员，社区商业夜间应采取必要的技防措施，防范恶性事件和突发事件。

7）社区商业入口是保安的第一关，保安人员责任心要强，善于察言观色。发现可疑人员，用对讲机报告社区商业内的便衣保安员加以注意。

8）社区商业发生突发事件，保安、管理人员应按应急事件处理相关规程操作。防止事态扩大，注意保护现场，及时向上级报告或呼叫救护车。应特别强调，在发生恶性事件紧急疏散围观顾客时等。

（4）监控中心管理

监控是指利用电视监控系统对社区商业进行全方位多角度的监视，尤其是对出售贵重商品如钻石珠宝、高档手表等铺面应进行日夜监视。

如发现可疑人员或突发事件、恶性事件的发生，监控人员应及时录像，以作查证。

另外，地下车库或露天停车场亦须安置监控摄像探头，防止车辆被窃，万一遭窃，录像将提供证据、线索，有利破案等。这项工作的重要性要求监控中心的保安人员工作认真、敬业。

（5）消防管理

现代社区商业物业大多是立体性建筑，且机电设备较复杂，故其消防工作显得难度更大，也更重要。

1）消防工作的目的。

消防工作的目的就是为了预防物业火灾的发生，最大限度地减少火灾损失，为业主、租户和顾客提供安全环境，保障其生命财产安全。

2）社区商业物业常见的引发火警的原因。

主要由烟蒂或火种处理不当、电器引致的火警、装修不慎等。商业物业内部人群密集，短时间内的人员疏散压力较大，消防通道必须保持畅通无阻，遇有紧急情况时能及时疏散人群。

3）消防设施配备。

商业物业建筑应严格按国家消防部门的具体有关规定配备消防装置及设备，如火警报警系统、应急发电机、应急照明系统、花洒系统、空气调节系统等。物业内务类消防设施及消防通道的指示标识必须完整、齐全、清楚，所有固定装置、设备或装饰品均须达到高度安全标准，保证顾客特别是儿童不致意外受伤。

4）联合管理。

物业的消防管理还必须注意物业管理机构与业主、租户（使用人）之间的联合管理，组成以物业管理公司为主，业主和租户为辅的消防管理网络，必须注意消防宣传与强化消防管理之间的结合，才能真正把各项消防管理措施落到实处。

（6）车辆管理

社区商业类物业一般均位于本地商业旺区，用地有限，各类停车场所、车位较为紧张。一座较为成熟的商业物业，其建筑面积与停车场面积的合理比例大致为4∶1。由于停车面积供应紧张，对往来车辆实施有序管理难度较大。

社区商业建筑物的停车场（地上、地下停车场）应合理规划，加强使用管理，提高使用效率，不仅保证物业管理区域内良好的交通秩序和车辆停放秩序，确保业主、租户、顾客的车辆不受损坏和失窃，还应注意将车辆管理与环境管理、治安管理、消防管理及交通管理相结合。

6. 社区商业保洁服务管理

搞好社区商业的环境卫生和绿化养护的主旨在于创造整洁优美、和谐怡人的商业氛围，为业户提供一个理想的经营环境，为顾客提供一个轻松愉快的购物环境。社区商业的环境有外部环境和内部环境。

外部环境	楼宇的外墙、附属建筑设施及周围的绿地、广场、停车场等
内部环境	过道、扶梯、自动扶梯、电梯、卫生间、会议室等一切公用场所，以及业户的铺内、办公室内等非公用部位

（1）社区商业保洁管理方法

要做好社区商业的保洁服务管理，首先要确定做什么，即什么地方需要保洁，然后定出清洁的标准，根据这些标准、要求再定出保洁的频率（次数），还要再加上检查手段，如目视检查还是手摸检查或白纸擦一米检查等，制作社区商业环境清洁相关作业标准，内容要包含有检查的部位、项目、清洁的标准、保洁的频率、检查的手段等。

同时，可考虑制订社区商业保洁服务相关作业规程，指导保洁工对社区商业各部位的清洁按规定的操作程序去做，当作保洁工岗前岗中的培训教材。

（2）社区商业保洁管理的特点

社区商业物业环境的清洁与否是衡量物业管理水平的重要标志，保洁工作对物业业主、租户及顾客的影响极大，越是高档的现代商业物业，对清洁工作的要求就越高。

社区商业物业的人流多且人员杂乱，产生垃圾的源头较多，加上有可能部分租户居住在物业内部（如某些专业批发商场），存在生活垃圾的处理问题，保洁工作相对难以控制。除应有专人负责流动保洁、及时清运垃圾、随时保持室内外卫生清洁之外，同时还应注重提高清洁工作的专业性，满足商业物业内部各种设施设备的保养需要，其保洁形式具有以下主要特点：

特点1：社区商业物业实行两班制

由于商业物业日常的保洁需求时间较长（营业时间长，且节假日照常营业），在保洁人员的工作安排上一般实行两班制，即将巡视和清洁分开，隐蔽部位（如消防通道内的设施）的保洁工作安排在白天巡视时间完成，夜间主要对营业区域进行清洁，包括地面、卫生间、玻璃、消防器具等公共设施。

特点2：商业物业的保洁重点在大堂及大门入口处

大堂、大门是人群出入的必经之地，且位于最接近物业外部环境，只要注意大堂和大门出入口的卫生保洁，即可在很大程度上减轻物业其他楼层、部位的保洁压力，但需注意在顾客经过出入口放置防尘垫之后，仍会有部分灰尘散落地面，如逢雨天，应组织人员将污迹控制在大堂入口范围内。

特点3：商业物业保洁巡视的人员配备主要由物业自身素质及档次来决定

物业档次越高，巡视的内容越单一，需配置的保洁人员越少；物业档次越低，巡视工作所需的人员越多，巡视频度越大，特别是社区商业中心，清洁质量的高低取决于巡视保洁的质量。另外，保洁还需注意对停车场、理货区及垃圾存放点的巡视保洁，为方便顾客，还应注意垃圾收集桶摆放的数量与位置是否合理。

特点4：商业物业保洁人员应具备各种注意事项能力

社区商业对保洁人员的素质要求较高，包括及时发现问题的能力和正确处理清洁作业过程中的各种应注意事项的能力。在人员管理方面还涉及防盗等情况，物业管理单位应合理安排保洁人员的工作时间、工作区域及作业方式，做到既要保证物业环境的清洁卫生，又要尽量避免因保洁作业对物业内部正常的商业经营活动造成不良影响。

7. 社区商业绿化服务管理

绿化环境是保持生态平衡，营造舒适、美观、清新、幽雅的购物环境的基础。社区商业内外的绿化搞得好，能使周围的环境得到改善，又提升了社区商业的品位。绿化管理应配备专业技术人员，依据季节、气候，地域条件的不同和树木花草的生长习性及要求，制定详细的管理细则，指导养护人员执行。社区商业绿化服务管理包括三部分的内容：

（1）社区商业绿地管理

社区商业外围的绿地，在基建时就已定型，社区商业的整体绿化风格和局部独立的构图要统一协调，水平绿化和垂直绿化要相得益彰。社区商业绿地管理的内容包括：

1）为保证草坪生长良好，劝阻顾客、游客进入草坪；

2）时刻保持绿地环境整洁，及时清除死株、病株，缺株要补上，定期对花木修剪整形；

3）发现病虫害要进行捕捉或喷药，药物防治要注意安全，并挂警示标识；

4）草坪要经常除杂草，定期轧剪，每季度施肥一次，施后浇水或雨后施撒；

5）台风前对花木做好立支柱、疏剪枝叶的防风工作，风后清除花木折断的枝干，扶正培植倒斜的花木等。

（2）社区商业室内绿化管理

通过争取业户和顾客的配合，共同创造幽雅清新的购物环境，增加社区商业的文化氛围，就需要加强室内绿化管理，具体包括三部分内容：

1）社区商业人流量较大，因此社区商业内摆放的花卉要经常检查，及时修剪，清除黄叶，枯萎的花卉立即更换；

2）由于各点摆放位置的光照度不一，花卉就要定期相互调剂，更换位置；

3）花卉摆放前要有设计图，造型变更要有小样图，与社区商业总体设计风格相协调。

（3）检查督导

部门主管对保洁、绿化、服务的各组工作时时进行巡视，发现问题记录在案，并追究各组长责任。管理处经理、业户部督导不定期对各组工作进行抽查，发现问题立即督促主管部门整改，每月累积数次，超出规定时对主管进行处罚。

8. 社区商业经营服务管理

开发商和物业管理公司所签订的委托物业管理合同中，往往会把社区商业经营管理范畴的租赁管理、广告筹划、新项目开发同时委托给物业管理公司，以配合其社区商业的经营管理。作为物业管理公司也应将社区商业经营管理的好坏与自己的物业管理服务紧密地联系起来。

（1）租赁管理

1）出租方式的管理

出租方式的管理主要是在租金商定时要考虑多方面因素。如商品经营的范围及类别、附近社区商业楼宇的空置率、承租户的经营特色、社区商业所处的位置、经营商品给管理带来的易难。

2）竞标租赁的注意事项

严格审定投标者的资格，主要是审核其个人或公司的商业零售管理经验、经营业绩，资信状况及经营品种是否符合行业规定等；投标的程序须规范、严密、全面，尤其是租金的计算方式及规定，预付竞标租金的保证方式，有关撤回投标的规定，以及中标后延时签约的赔偿，应作更为周全和深入的考虑。

3）协议租金出租的注意事项

在和业户签订租赁协议之前亦应了解承租人的资格、经营管理经验、资金状况，以及目前所经营店铺的数目、业绩情况及所经营品种是否符合行业的规定等；承租人的经营性质、经营范围、所经营的商品档次和质量，是否有能力进行一定投入的商业推广活动，从而使社区商业的业务前景有较大的发展等。

4） 租金条款

①租金制定的参考三类因素

因素1：要参考周边社区人口数目、流动人口的数目及可能吸引其他社区的顾客量、社区商业地理位置的优劣，交通是否便捷等情况；

因素2：要参考商品经营的范围及类别、附近区域社区商业的空置率、承租人的经营特色、承租人要承租的层次、位置等情况等；

因素3：要参考周围区域同行业的营业面积、租金状况及经营状况等。

②租金的组成要素

租金的组成包括社区商业固定投资的折旧、保险，贷款资金利息、投资回报率等；水电能耗费、社区商业管理酬金、社区商业利润，物业管理费等；大、中修整改更新基金等累加应分摊到每平方米。

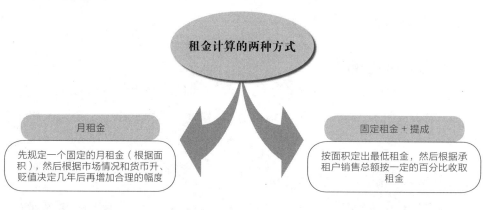

租金计算的两种方式

月租金	固定租金＋提成
先规定一个固定的月租金（根据面积），然后根据市场情况和货币升、贬值决定几年后再增加合理的幅度	按面积定出最低租金，然后根据承租户销售总额按一定的百分比收取租金

（2）广告策划

业户为了树立企业形象，追求经济利益，必然采取许多宣传和促销手段。除电视、报刊广告以外，最有效、最直接的就是在社区商业主体周边与社区商业内部悬挂醒目的招牌、广告牌、条幅，张贴宣传品。物业管理处为了规范社区商业的环境秩序和整体形象，在支持商业宣传策划的同时，必须加强社区商业的广告宣传管理。

节日期间还可以相应地进行节日布置，既增添了社区商业热闹兴旺的气氛，提高了社区商业的文化氛围，又扩大了社区商业的知名度，吸引大批消费者来购物助兴。

协调好社会关系，与政府及其他组织机构保持联络，参与社会公益活动如捐助失学儿童等，会给业户带来潜在的商业机会。

（3）项目开发

物业管理处还应不断增加服务项目，扩大服务领域。

1）开办社区商业儿童乐园，让儿童能尽兴地玩耍，父母能放心地购物；

2）开办商务中心，为业户提供传真、复印、打字、电报、长途电话、电子邮件等服务；

3）开办茶座，为顾客提供休憩、饮茶、品味小吃的场地；

4）举办舞会、卡拉 OK、节日庆祝、年终联欢等文娱活动，活跃业户的文化生活；

5）办好社区商业内部食堂，为业户提供清洁卫生、美味可口、物美价廉的饭菜，为顾客提供寄存包袋、代订报刊、代办保险、兑换零币等服务；

6）开办投币洗衣店、快速冲印照相店，鲜花店、礼品店、电脑屋等；

7）为顾客、业户提供全方位的服务，使顾客生活中的大多数服务要求都能在商业街中得到满足。

（4）对承租商的管理

1）统一产权型的商用物业管理策略

其经营者都是承租商，可以在承租合同中写进相应的管理条款，对承租户的经营行为进行规范管理，也可以以商场经营管理公约的形式对他们进行管理引导。

2）对于分散产权型的商用物业管理策略

一般宜采用管理公约的形式，明确业主、经营者与管理者的责任、权利和义务，以此规范双方的行为，保证良好的经营秩序。也可由工商部门、管理公司和业主、经营者代表共同组成管理委员会，由管理委员会制定管理条例，对每位经营者的经营行为进行约束，以保证良好的公共经营秩序。

9. 社区商业物业形象管理

社区商业的整体布局设计是很重要的，而各铺位上的宣传广告（包括灯光广告、灯饰、条幅、张贴、悬挂品等）要和社区商业整体设计相协调，这就要求承租业户的广告设计必须经过物业管理部门审核，以做到管理有序，不会破坏社区商业的整体设计格调。

（1）社区商业物业形象的宣传推广

社区商业物业管理的一项重要工作，就是要做好物业商业形象的宣传和推广，扩大商业物业的知名度，树立良好的商业形象，以便吸引更多的消费者。这是整个社区商业物业统一管理的一项必不可少的工作。

1）社区商业物业良好的形象是商业特色的体现

社区商业物业良好的形象是商业特色的体现，也是未来潜在的销售额和一种无形的资产。社区商业物业必须具有自己鲜明的特色，才会对顾客有更多的吸引力。在各类商业不断涌现，各种产品层出不穷、花样繁多的今天，顾客去何处购物，选购哪家的商品，都会有一个比较、选择、决策的过程，也有一种从众心理和惯性。

2）社区物业楼宇的良好形象就是销售的先行指标

商家应树立与众不同、具有特色鲜明的形象，以形象昭示特色，以特色的商业标识、商品、服务和特殊的营销策略征服吸引顾客，在实际管理中不断突出这些特色，使顾客熟悉、认识这些特色，印入脑海，潜移默化，传递、追逐这些特色（一段时间后，顾客便会将物业的形象与特色联系起来）。这样才能留住老顾客，吸引新顾客，有稳定、壮大的顾客流，所以物业楼宇的良好形象就是销售的先行指标。

3）社区商业物业的良好形象具有提升商品价值和形象的作用

社区商业物业的良好形象一旦形成，便是一种信誉、品牌和无声的广告，说到底也就是一种无形资产。当商业市场进入"印象时期"后，消费者过去买"品牌"，现在买"店牌"。可以说，在不同商店里，同样品牌的商品具有不同的价值与形象，社区商业物业的良好形象便具有提升商品价值和形象的作用。

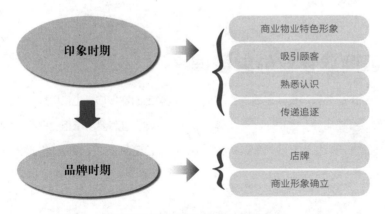

社区商业物业形象确立示意图

（2）社区商业物业识别系统的建立

企业识别系统简称 CIS，是强化商业物业形象的一种重要方式。从理论上分析，完整的 CIS 系统由三个子系统构成，即 MIS（理念识别系统）；VIS（视觉识别系统）；BIS（行为识别系统）。三者只有互相推进，共同作用，才能产生最好的效果（其关系如下图所示）。

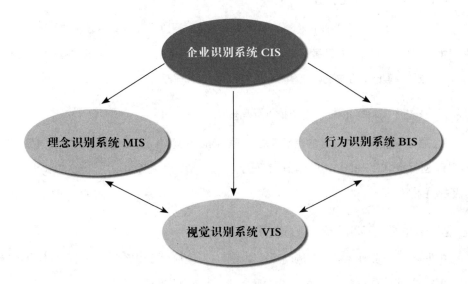

CIS 是一种借以改变企业形象，注入新鲜感，使企业更能引起广大消费者注意，进而提高经营业绩的一种经营手法。它的特点是通过对企业的一切可视事物，即形象中的有形部分进行统筹设计、控制和传播，使商业物业的识别特征一贯化、统一化、标准化、个性化和专有化。

1）CIS 的统筹设计、控制和传播做法

综合围绕在企业四周的消费群体及其他的关系群体（如股东群体、竞争同业群体、制造商群体、金融群体等），以社区商业物业特有和专用的文字、图案、颜色、字体组合成一定的基本标志——作为顾客和社会公众识别自己的特征，并深入贯穿到涉及商业物业有形形象的全部内容。

2）商业物业有形形象的内容

企业名称、自有商标、商徽、招牌和证章；信笺、信封、账单和报表；包装纸、盒、袋；企业报刊、手册、简介、广告单、商品目录、海报、招贴、纪念品；橱窗、指示牌、办公室、接待室、展厅、店堂；员工服装、服饰、工作包等，使顾客通过对具体认识对象的特征部分

的认定，强化和识别物业形象。这样便可以帮助顾客克服记忆困难，并使这个一贯、独特的形象在他们决定购物时发生反射作用。它是社区商业物业促销的一项战略性工程，必须系统地展开，长期坚持。

（3）承租客的匹配

社区商业物业是一个商业机构群，其所有人主要是通过依靠经营商业店铺的出租而赢利，因而社区商业物业的管理者必须十分重视对客商的选择及其搭配。商业物业的管理者，应主要依据所管理的商业物业的规模大小和不同层次去选配承租客商。

1）大型社区商业中心承租客的选配

大型社区商业中心其经营的商品范围、零售商店的类型以及商业机构门类应该是越齐全越好，应尽量争取一些省市级、全国性乃至世界级的分店为基本承租户，给人以购物天堂、度假去处的感觉。

2）中型社区商业承租客的选配

中型社区商业物业，其经营的商品和零售商店类型应该尽量齐全，也应有其他各种商业机构，同时应尽量争取省市级和区级大商店的分店作为基本承租户。

3）小型社区商业物业承租客的选配

小型社区商业物业，如一些住宅小区的购物中心则各方面都不必太全，其主要功能是为附近居民提供生活方便。

⊕ 承租客商在商业物业的不同作用 表 7-1

承租商种类	租赁期（年）	租赁面积占总经营面积	作用意义
基本承租户	≥20	50% 以上	最关键承租户是物业发展的基础，对稳定商业物业的经营管理及保证收入起主要作用。
主要承租户	≥10	30% 以上	对商业物业的经营稳定性起重要作用
一般承租户	<10	20%	

（4）社区商业形象的统一管理

社区商业的整体布局设计是很重要的，而各铺位上的宣传广告（包括灯光广告、灯饰、条幅、张贴、悬挂品等）要和社区商业整体设计相协调，这就要求承租业户的广告设计必须经过物业管理处审核，以做到管理有序，不会破坏社区商业的整体设计格调。

楼宇内外的广告牌、条幅、悬挂物、灯饰等凡属商户铺内的，由商户提出设计要求或制作，必须由物业管理公司统一安装在合理位置；广告策划是社区商业经营服务管理的一项重要任务，就是要设法把顾客吸引进来，把承租人留住。因此要策划和组织各项商业推广宣传活动，如综合表演、纳凉晚会、模特表演、摄影展、商品使用演示等。

10. 社区商业保险管理

社区商业的物业管理中保险管理是必不可少的。在社区商业的维修施工和广告安装中，均有可能发生意外的事故（包括火灾）而对业户、顾客、员工造成伤害；在保洁操作中，也有可能保洁工未按"规程"操作，用了湿拖造成顾客滑倒摔伤；或雨天地滑，顾客在社区商业进门处滑跤跌伤，这些都有可能向物业管理方提出索赔。为了规避风险和最大限度地减低这方面的损失，社区商业的物业管理处应采取如下两种措施。

（1）工程或服务的公众责任险、财产险（火险）

物业管理方可以向保险公司投保公众责任险等险种，在考虑保险额度时，可以根据事故发生率的高低选择投保的金额。

（2）财产险

为防止社区商业可能遭受火灾、台风、暴雨、水浸等损失而投保的，物业管理处应主动出面向社区商业方（大业户）和各业户的投保减灾提供建设性意见。

操作程序

四、社区商业物业的管理运作模式

1. 管理主体的设置

社区商业物业应实行统一的专业化管理。但在具体的管理决策上应设立商业物业管理委员会。因为商业物业管理内容虽包括物业管理、物业形象的宣传推广和对经营者的分类、选择与管理，但不涉及具体的经营问题。

物业管理公司的权限范围

物业管理公司不拥有所管物业的产权，因而不具有物业的经营使用权。它只是受物业产权人的委托对物业及设施、使用人的经营行为进行管理，以保证商业物业良好的经营环境和经营秩序，使经营者的生意好做。社区商业物业本身是一个整体，由于多家经营，各经营者经营活动的许多方面需要协调一致，而物业公司并不参与经营，无权介入各经营者的经营活动。

因此，要保证管理的有效性，应该组织由工商管理部门参与、经营者代表组成的管理委员会，对商业物业的公共事务进行管理。管理委员会由全体经营者投票选举产生，代表全体经营者的利益。日常工作可以由一个执行机构负责，重大决策由管理委员会共同决定或者由管理委员会召开全体经营者大会讨论决定。这样一来，商业物业的管理者就可以通过管理委员会间接地对各经营者的经营活动进行协调和管理。社区商业物业管理委员会应主要从以下几个方面开展工作：

（1）制定管理章程，并负责监督执行，以规范每个经营者的经营行为。

（2）开展商业物业整体性的促销活动。如筹资、委托制作宣传商业物业的商业广告，举办节假日削价展销会，组织顾客联谊活动，以商业物业名义赞助社会事业等。带旺人气，吸引顾客。

（3）协调商业物业各经营者的关系。管委会可以通过共同订立的章程，规范每个经营者的经营行为，协调各经营者之间的关系。如：不得欺行霸市，不得进行不公平的竞争；统一营业时间，不影响他人营业；各自负责管好店铺门前卫生等。经营者在经营上发生的矛盾、纠纷，也可由管委会调解解决。

（4）开展一些经营者之间的互帮互助工作，如互通信息、互相提供融资方便等。

（5）协调管理者与经营者之间的关系。一方面，商业物业管理者可通过管委会来达到统一组织、协调经营者经营的目的；另一方面，管委会又成为经营者与商业物业管理者之间对话的桥梁和中介。

（6）与工商管理部门配合，严格执行《消费者权益保护法》，严厉打击假冒伪劣产品，维护商业物业的形象。

2. 内部管理运作方式

（1）专业化运作管理机制

以专业化管理要求，在归并物业管理要点上着力推行建章立制工作。建立统一的台账记录、统一的规章制度、统一的行为规范和操作规范及统一的文明用语规范，并按行业要求挂牌、上墙，实施制度化管理。

（2）教育培训机制

强化教育培训，有效地实现人力素质的再改造、再提升。建立坚实的培训体系，实施分层次教育培训，不同层次人员按不同要求进行培训，注重专业性、针对性和适用性相结合；推行晨会制度，把培训工作渗透到日常工作之中，进行物业理念、服务规范、职业道德的潜移默化的灌输和熏陶。

（3）人力资源开发机制

建立有利于人力资源的开发和合理使用机制，打破地域界限，内部流动，平衡各物业点之间的骨干力量和技术力量，压缩冗员，缓解紧缺。

（4）工作责任机制

推行达标创优活动，并以此为依托，扎实管理基础。除以经济责任书的形式向管理下达达标要求和管理质量目标、与经济利益挂钩、强化质量意识外，还按行业达标要求，制定工作细化标准，实行量化管理。建立管理质量保障体系，推行每月一次物业工作报告制度，将物业工作情况、物业隐患和整改要求以书面管理形式通报业主，加强双方间的沟通和信息

交流，增进了解，取得理解、支持和配合，共同搞好物业管理。

（5）管理监督机制

成立公司、物业处经理、领班的三级督查网络和业余督查员队伍，进行物业管理质量的动态监控，及时收集各种信息，进行管理状态调控，为物业质量的好转奠定基础。

3. 外部管理运作模式

（1）成立社区商业物业管理委员会

如果商业物业属分散产权性质，管理委员会由全体业主根据各自产权面积所占的份额，进行投票选举；如商业物业为统一产权，则管理委员会由所有经营者每人一票选举产生。管委会的组成人员一般由 5～9 人为宜，不宜过多，否则不便统一思想、统一意见。管委会的人员应该由具有一定代表性、有经营经验和广泛商业关系的人员担任。

管委会的主要任务是协助管理公司，协调、规范经营者的经营行为，提出经营方面的合理化建议，决定经营格局的调整、经营方向的定位、经营活动的整体安排（如拍卖、让利等经营活动的组织安排）等重大经营行为，同时协助经营者组织经营、联系货源等，并对违规者进行处罚。

（2）引进工商管理部门

在经营场所内，设置工商管理办公室，由工商执法部门协助对经营者的经营行为进行管理，以保证商业物业的信誉。

4. 社区商业物业管理人员配备

社区商业管理人员配备的原则是因事设岗，一专多能，精简高效，使业户感觉没有虚职，没有闲人，业户交纳的管理费都用在刀刃上。

（1）业户服务部

可设主管一人，并可由物业主任兼任。该部主要职能是业户接待与内部管理，下设业户接待员若干名，分别兼任行政人事、文书档案、计划财务、物料管理等职。接待员的多少主要依据于业户服务部的工作时间和工作量，通常每班保持两人便可。

（2）维保服务部

可设主管一人，全面负责房屋、设备、设施的运行、保养和维修工作。该部门主要职能是保证社区商业不间断地安全运行，使物业保值和升值。维保服务部的作业人员应根据社区商业经营服务需要、社区商业设备的多少和技术难易程度进行合理配置。

（3）保安服务部

可设主管一人，全面负责社区商业的门卫、巡逻、监控、消防和车管工作。

该部门主要职能是安全防范与消防管理。具体作业人员根据社区商业保安的值勤点、工作量和作业班次进行配备。

（4）保洁绿化部

可设主管一人，全面负责社区商业的室内保洁、室外保洁与绿地养护工作。该部门的主要职责是保洁服务管理和绿化服务管理。具体保洁和绿化作业人员根据社区商业保洁范围、保洁面积、保洁频次以及社区商业的绿化面积进行安排。

（5）经营服务部

可设主管或兼职主管一人，全面负责社区商业业户委托给物业管理公司的租赁代理、广告策划及项目开发等经营服务工作。该部门的主要职责是配合业户的经营活动，促进社区商业经营销售和物业管理工作。

新手知识总结与自我测验

总分：100 分

第一题：社区商业的物业管理理念包括哪四个统一？（5分/个，共20分）

_____

_____

第二题：社区商业的物业增值服务主要体现在哪些方面？（25分）

_____

_____

第三题：大中小不同规模社区商业物业如何做好承租客的匹配？（25分）

_____

_____

思考题：社区商业物业管理委员会成立的难点主要体现在哪里？为何商业物业管理
委员会在我国的推广并不普及？社区商业物业管理委员会与住宅物业管理的利益矛
盾体现在哪些方面？（30分）

_____

_____

_____

得分：　　　　　　　　　　　　签名：

社区商业
新兵入门

08

邻里中心的开发及
运营模式

操作程序

本章使用指南

邻里中心是舶来品，借助苏州工业园的便利，它从新加坡成功引进，并迅速在苏州发展，尔后出现在上海的联洋，再后来就是注册之后的"邻里中心"四个字商标在全国落地开花。本章不仅阐述了邻里中心的四大核心价值，而且对邻里中心与同样是舶来品的会所进行了深入的对比分析。从中，我们会明白为什么邻里中心能在中国落地生根，为什么苏州工业园邻里中心靠独特的开发理念及运营模式能走向全国。

操 作 程 序

一、邻里中心的概念及特色

1. 邻里中心概念

邻里中心是新加坡的一个社区服务概念，是一种新型的社区商业中心的集成服务模式，具体指在 6000～8000 户居民中设立的一个功能比较齐全的商业、服务、娱乐中心，服务人口在 2 万～3 万人。邻里中心均为与住宅分离的独立建筑，与小区开发总量的配套比例约为 3%。

邻里中心的区域性服务特征，决定了其服务对象、服务范围和服务功能都有着明确的量化指标和具体要求。

🌐 邻里中心与社区商业对比分析　　　　　　　　　　　　　　表 8-1

类比项	社区商业	邻里中心
概念区分	隶属住宅项目	广义的社区商业，工业园区运用为主
操作者	住宅开发商	商业地产开发商
操作手段	住宅小区规划	市政规划为主
操作模式	开发与经营通常分离	开发与经营高度统一
服务业态	精选式、业态精	链接式、业态全
服务范围	单个住宅小区为主，周边为辅	单个或多个工业园区内的多个住宅项目
与城市商业关系	业态互补	区域替代
市场化程度	较高	高

2. 邻里中心的四大特色

邻里中心定位为"服务于社区的商业"，作为一种社区商业运作模式，它集合了诸多的生活服务设施于一体，是一个综合性的区域市场。其主要特征是集中化和集约化，是一种企业化、网络化、规范化的新型社区商业模式。

特色之一：邻里中心构成了巨大的家庭住宅延伸体系

邻里中心以居住人群为中心，全部设施紧密围绕人们在家居附近寻求生活、文化交流的需要，构成了一套巨大的家庭住宅延伸体系，比如：菜场、超市是厨房的延伸；浴室、洗衣房是卫生间的延伸；餐饮、小吃是餐厅的延伸；影院、茶座、歌舞厅是客厅的延伸；图书馆、阅览室是书房的延伸。

特色之二：邻里中心满足了社区多样化需求

邻里中心把日常商业和服务设施集于其中，既缩短了这些设施与社区居民的距离，又满足了人们多样化需求；既便民、利民，又提高了居民的生活质量和城市环境质量。

特色之三：邻里中心服务对象锁定社区居民的日常生活

邻里中心的服务对象以本区多个住宅小区居民的日常生活为主，有别于中心商务对外交流为主的城市功能，但两者又互为交叉，共同构成城市人居活动中心的完整系统。

特色之四：邻里中心是政府调控下的商业行为

邻里中心是政府调控下的商业行为，在政府的规划要求下，开发商通过高起点的商业开发运作，为社区居民提供教育、文化体育、生活配套等服务，这种不断完善的商业组合，取得了相当可观的经济效益，更提供了诸多的就业机会。

3. 邻里中心开发五个核心要点

业态定位——现代化的邻里中心、人性化的邻里中心、三满意的邻里中心。

环节把控——功能定位先行，开发建设跟进。

基本原则——基建服从于招商。

招商技巧——变招商为择商。

管理方针——长效后续管理。

操作程序

二、邻里中心的由来及新加坡邻里中心的成功发展模式

邻里中心的理念来源于新加坡，主要是政府主导的为居民提供社会生活配套设施的商业地产，其性质类似于国内的购物中心。但是这些社区配套建设到底是租赁还是销售呢？新加坡关于这个的争论从 20 世纪 60 年代争论到 90 年代。

1. 新加坡社区规划的三种类型

邻里中心在新加坡的多年发展之后，新加坡开始结合本国的发展情况由新加坡建屋发展局将社区规划为三种类型，设置相应的商业。

🌐 **新加坡社区规划三种类型**   表 8-2

分级	规模	配套	经营特点	商店组合	备注
第一类	每1000 ~ 1200套住户	配套建设一个邻里商店	生活必需品	普通日用品商店和餐厅	相当于上海规划的街坊级商业
第二类	每6000 ~ 8000套住户	配套建设一个邻里中心	中档商品	普通日常商品商店、诊疗所、餐馆和小贩中心	相当于上海规划的居住区级商业
第三类	每40000 ~ 60000套住户	配套建设一个新镇中心	高档商品	乐设施、银行、邮政局、超级市场、百货公司及高档商品、商店、餐馆、快餐店	相当于上海规划的街道或中心镇的社区商业

2. 新加坡邻里中心商业功能配置

新加坡的邻里中心，根据社区物业的规模、类型和居住人口，配备相应的商业配套设施和社区生活服务功能，含社区文化娱乐、零售餐饮、图书馆、健身体育、就业指导、老龄

人活动中心、医疗保健等多种项目，不以盈利为主要目的，由开发商或物业方进行集中经营与管理。

就商业方面，设置 35 个商店、2 个餐厅、1 个超市、2 个菜场、1～2 台自动提款机。必备功能有诊疗所及牙医、面包店、文具店、中西药行、托儿所、服装店、眼镜店、理发店、家庭用品、书局、家庭娱乐中心。

3. 新加坡邻里中心业态配置

新加坡的社区商业配置 12 个基本行业和业态业种，如菜场、银行、邮政、卫生所、洗衣房、理发店、快餐店、超市、新华书店、修理铺、公共厕所和社区活动中心。推荐 13 个行业和业态业种，如服装店、鞋店、礼品店、鲜花店、摄影店、音像制品店等。

1996 年随着中新苏州工业园区的建立，邻里中心逐步引入中国，并在苏州成功复制，随后成功引入到江苏其他城市和上海，目前邻里中心备正受到广大开发商和商家的广泛关注。邻里中心在成功进行多年的推广及运作之后，于 2002 年年底，"邻里中心"申请了专利。从此，"邻里中心"便作为一项专利产品，而被纳入企业化、市场化运作体系。

新加坡邻里中心的成功秘诀

新加坡邻里中心的成功秘诀是不以盈利为主要目的，由开发商或物业方进行集中经营与管理。配备基本的 12 种行业业态业种，推荐 13 种行业业态业种。

操作程序

三、邻里中心与业主会所的不同命运

邻里中心与业主会所都是舶来品，业主会所先于邻里中心引进到中国，一度成为大型社区配套的一种典型模式。而邻里中心是从新加坡引进过来，从苏州工业园到上海联洋的成功已经越来越受到广泛关注。同样是舶来品为什么它们的命运各不相同？

1. 邻里中心与业主会所的特征

（1）邻里中心的特征

邻里中心定位为"服务于社区的商业"，作为一种社区商业运作模式，它集合了诸多的生活服务设施于一体，是一个综合性的区域市场。其主要特征是集中化和集约化，通过建立企业化、网络化、规范化的新型社区商业模式，改变了传统社区服务业"小而散"的形态、打破了沿街为市的传统底商模式。而将这些商铺集中到住宅区中心，既解决了沿街底商与小区居民的矛盾，又为小区内外的居民提供了更大的便利。

（2）业主会所的特征

业主会所是以所在物业业主为主要服务对象的综合性康体娱乐服务设施。会所原则上只对社区业主服务，不对外开放，保证了业主活动的私密性和安全性。作为休闲健身的场所，会所也给业主提供了良好的社交场所。

🌐 **会所具备的软硬件条件** 表8-3

康体设施	泳池（最好是室内）、网球或羽毛球场、高尔夫练习馆、保龄球馆、健身房等娱乐健身场所
餐饮与待客的社交场所	中西餐厅、酒吧、咖啡厅等
其他服务设施	网吧、阅览室等

业主会所作为一个"舶来品"，但在行业政策背景的参照下，从某种程度上讲，业主会所是行业政策催生下得以盛行的，作为一种社区商业模式，业主会所从一开始便融合了公益性与商业性双重属性，这种双重属性似乎为后来的执行环节埋下了一个两难的伏笔。

2. 运作主体：一个服务对象，两种不同的形态

（1）业主会所的三个致命缺陷

业主会所在建筑前期的论证阶段，相关的配套型物业并没有被放在一个重要的范围内进行科学的定位与考量。

缺陷一：其一引进便成了地产行业的公众资源。

缺陷二：在策划、管理、运作、推广等层面上缺乏一个专业、有效的运作主体或运作组织，

也就是说，缺少一个像"邻里中心"背后那样的一个推广、运作组织。

缺陷三：在开发建设前期市场分析与人群定位环节的缺席。

（2）邻里中心开发：功能定位先行，开发建设跟进

与业主会所相反，在邻里中心的开发过程中，那种"功能定位先行，开发建设跟进"的服务原则，却被开发企业贯穿于整个项目的始终。在开发过程中只要认真遵循邻里中心这种服务原则，那么后期的经营、管理、运行就已经被定下基调。届时，真正运行起来的邻里中心就变成了一个综合性极强的中心大厦，它与百货、超市、商业街不同，有人将其喻为社区商业的第五业态。从层次服务上，邻里中心可以照顾到从普通大众到蓝领、白领的所有个性化需求。

（3）邻里中心、业主会所背后各属两个不同的运作主体

从它们的生存状态看，邻里中心、业主会所其背后完全是两个不同的运作主体。前者是组织化、专业化、企业化都很到位的策划管理机构，其经营主打是"邻里中心"，一旦经营不好，企业就吃不上饭；后者，业主会所的运作主体是开发企业，在开发前期就没有被放在一个重要的位置上进行必要的考量、分析、定位。因为，此时开发商所考虑的是怎样分析、论证才能让房子更好卖，至于业主会所的后期经营，开发商无暇顾及，在这种行业属性的限定下，开发商无法在公益与商业之间去寻找平衡。

从以上分析可以看出，邻里中心、业主会所是一个服务区域内的两种不同的商业形态。

3. 功能定位：邻里中心五脏俱全与业主会所的形而向上

邻里中心全面导入"基建服从于招商"、"功能定位在先、开发建设跟进、长效后续管理"的服务理念，由项目经理对周边商圈情况进行调查分析、区域竞争力盘点，最后再进行邻里中心的功能定位。在 12 项必备的服务功能基础之上，根据社区调研结果，在服务功能上对居民进行个性化设置。

大部分业主会所所缺失的也正是"功能定位在先、开发建设跟进"，最后再"长效后续管理"这样的经营原则。开发企业所想的是业主会所对于房子附加值能有多大的提升，至于"长效后续管理"却不在他的考虑范围之内。一旦房子卖出去之后，他便把投资目光转向其他地块，所以大多数的业主会所功能定位不明。

知识点 **邻里中心的必备 12 项功能：**

超市、药店、银行、书店、邮政、维修店、餐饮店、文体活动中心、
洗衣店、邻里生鲜、美容美发、卫生所。

4. 经营表现：邻里中心的蹿红与业主会所的惨淡

（1）业主会所在艰难中求生存

业主会所经过几年的发展、演变，已经由当初的配套型物业逐渐演变为外向型的便民商业形态。在招商中与招商后的管理上，开发商出于尽快完成租售任务的考虑，而主动放弃话语权，对招商后商户的经营状况、服务状况、业主口碑等也不怎么过问，致使开发企业在业主与投资商户的对峙中，把自己置于商业与公益的两难选择之中。具体表现在两个方面：

1）排场多于实用，人们不愿捧场

开发商建会所的一大动机是带动楼盘销售，所以往往是什么样的东西能提高楼盘身价、能打动人、听上去有震撼力，就上什么，最后与业主的实际需求相去甚远。游泳池就是最常见的一种面子项目，有游泳池的会所大多是难以维系，要么开发商往里贴钱，要么只能以牺牲质量为代价。还有豪华咖啡厅，有的把激光电影什么的也搞了进去，定价自然很高。

2）项目定价太高，业主难以消费

便宜没好货，好货不便宜。档次高的会所，价格自然就高。办个年卡就要花上个万儿八千的，一般业主根本承受不起，也自然就对会所敬而远之。一旦人气不足，会所自然要靠单价补回损失，这样价格就更加高不可攀。

（2）邻里中心在加盟者热捧中蹿红

邻里中心则由于众多加盟者所共同构筑的强势品牌效应，把针对商户的话语权牢牢地把握在手里。所以在开发商那里的"招商"，在邻里中心这里就变成了"择商"，也只有在这样的游戏规则下，邻里中心才能更好地贯彻"长效后续管理"的服务原则，最终打造拥有自己特色的服务于社区的商业。

1）以人为本，满足不同个性需求

邻里中心的介入往往是在拿地之后的产品论证阶段，这时它们根据开发企业为自己提供的平台，凭着多年对购房人群、周边商圈进行调查、分析的经验，在 12 项必备功能的基础之上，对社区邻里中心功能的个性化，进行科学、客观、合理的定位与规划。在 12 项基础服务功能之外，还有很多其他的备用功能，而这些功能，完全根据社区人群的不同而进行相应的增减。对于低端人群，邻里中心决不会拿出高端服务功能来硬性地塞给你，更不会产生定位上的失误。邻里中心还有一个理念，那就是"以人为本"，这句看着平常，似乎已经被别人用滥了，但它却是开发、规划、设计、基建、管理的出发点。

2）规划上导入大社区概念

在规划上，邻里中心完全扬弃了传统小区中的底商模式，导入了区域性的大社区概念。一般每 2 万人的组团，就有四五个小区，而邻里中心便被包围在每个小区之内。服务半径为 0.5 ～ 1.5 公里。

3）邻里中心在服务上致力于多层次与完整性

邻里中心在服务上致力于多层次与完整性。这里以一个四层楼的"邻里中心"为例，主体建筑 4 层，总共 1.8 万 m^2。

第一层是邮局、超市、银行、书店、中外快餐和各式电器；

第二层是各大品牌的专卖；

第三层是文体娱乐中心，其中有影院、游乐场、旱冰场、图书阅览室、保龄球等；

第四层是医院，内设九个专科。

同时，还会在邻里中心周边配备菜市场、酒店、幼儿园、小学、操场等，居家生活所需通过邻里中心都可以找到。

操 作 程 序

四、苏州工业园邻里中心基本特征

苏州工业园邻里中心的开发和运营逐步形成自己的鲜明特征，具体包括：

第一：规划在先

有序发展按园区发展，在开发区里建设 17 个邻里中心，服务范围在六千户到八千户，两万到三万人口，邻里中心的规模与单位住房比例是 1：2.7。科学的规划避免了重复建设，资源浪费恶性竞争，实现便民服务于区贸区容高度统一。

第二：配套完善，服务功能齐全

除了 12 项必备功能以外，逐步向中介、旅游、家政、房产、法律等方面服务业的深化功能，并能做到低层面、中层面、高层面统一于邻里中心。

第三：商业服务与公益服务有机结合

邻里中心不仅提供购物餐饮休闲娱乐服务，还有文化教育体育卫生医疗等方面的活动，如语言培训，音乐培训中心，读书阅览室，健身俱乐部，室外健身设施，以及社区卫生服务站等一系列的属于公益方面的服务。

第四：完善的社区环境

苏州工业园区是国家示范区，总的规划占地面积 600 万 m²，绿化面积是 40%，独特优势主要是最高行政级别的政府支持，快速的物流通关体系，优质充足的人力资源，低成本的投资运作环境，精简高效的政府服务体系。

操作程序

五、苏州工业园邻里中心成功的八大秘诀

秘诀一：科学规划，有序开发，专业管理

苏州工业园邻里中心开发建设根据有序配套开发原则，建设每个邻里中心，从外形到能源配制等参数都是结合邻里中心的辐射范围、居民入住率等而设计。而在长效的后续管理上，邻里中心进行统一资产管理，企划宣传，客户招商，人力资源管理，所属的大厦负责对现有大厦进行有序的物业管理和现场管理，配合政府职能做好行业管理。

秘诀二：坚持品牌连锁

邻里中心坚持品牌连锁的发展思路，不但自身连锁化发展，招商工作也变以往简单的"招商"为"择商"，引进知名度高、管理能力强、信誉好的连锁企业进场经营，目前共有 40 多家连锁店为社区居民提供日常生活必需的服务。国内外知名的连锁企业肯德基、华润超市、联华超市、礼安医药等都已成为邻里中心的战略伙伴。

秘诀三：注册商标，保护品牌价值

2000 年 4 月，邻里中心通过国家商标局注册成为中国社区商业服务第一品牌。2002 年 11 月，邻里中心品牌成功进行了注册。

为了保护企业的无形资产和知识产权，又能使借鉴成果在国内社区商业中准确和普遍得到推广和应用，邻里中心管理公司 2001 年 10 月就开发了《邻里中心开发指南》、《邻里中心标准化管理系统》社区商业开发管理软件，实现品牌和管理模式的输出，为加盟邻里中心的对象提供功能定位咨询、营销招商培训等服务。目前，浙江、内蒙古、青海、山东等多个地区的开发区、开发商通过特许经营加盟的形式有偿获得了注册商标使用权并接受了软件输出。

苏州工业园区邻里中心管理有限公司开发形成的软件程序

苏州工业园区邻里中心管理有限公司开发形成的软件，软件加盟的原则，市场化运作，体现经济效益，维护品牌，遵守商业道德，创造新型业态。加盟程序分成三部分：第一部分就是品牌特许加盟，第二部分是管理体系输出，第三部分是在输出同时进行后序的管理。

秘诀四：顾客、经营者、政府"三满意"

新的消费观念需要新的商业业态来承接，而邻里中心顺应了这种需求。邻里中心业态形成是推进邻里中心开发和建设，是区域性商业功能互补的需要。同时也是大众物质精神文明和文化需求结合的需要。

据《苏州工业园区邻里中心消费实证调查与比较分析》调研得知，接受调查的86.7%的消费者对邻里中心的总体满意度表示认可，没有消费者对邻里中心表示很不满意。8年来，邻里中心根据市场需求设置功能，不仅满足不同层次的居民的各种需求，也扩大了入驻商家的盈利空间，增加了管理公司自身的经济和发展后劲。邻里中心以顾客、经营者、政府（股东）"三满意"作为邻里中心的独创特征。

苏州工业园区邻里中心"三满意"原则

顾客满意：通过科学的规划，有序的发展，居民在邻里中心就近方便，价廉物美，服务多样，生活质量提高而满意。

经营者满意：园区投资者开发区环境优美，设施齐全，管理有序满意，经营者因为配置合理，经营盈利而满意。

政府满意：政府因为社区商业结构合理，业态结构布局、结构升级优化，促进了区域内的繁荣，区貌改观而满意。

秘诀五："零缺陷"

2004 年，苏州工业园区邻里中心管理有限公司以"零缺陷"通过 ISO9000 质量体系认证。美国 AQA 认证公司的审核组长感慨地说："在两岸三地审核的 500 多家企业里，邻里中心是第一个'零缺陷'，即便是在全球审核的 3000 多家公司里，'零缺陷'的也只有四五家。"

秘诀六：集中化管理，分散化经营

邻里中心的经营模式是集中化管理、分散化经营，不是商品组织者，而是商户的组织者，但又与商业街、市场不同，业态的先进性、商户的定位层次高于一般的社区商业街和市场。因此，邻里中心的管理运作是通过客户管理、营销管理、质量管理、服务管理、物业配套管理等方面体现，以创建工作为抓手，不流于形式。

秘诀七：发展群众，创建和谐社区文化

邻里中心不仅通过经营活动为社区商业的发展贡献力量，也通过在社会公益活动中的身体力行来履行企业公民的义务。邻里中心开展的环境保护、捐资助学、灾难救助、弱势群体扶助等诸多领域的公益活动，都取得了很好的社会效益。它们还利用社区商业中心的有利位置，定期或不定期地与街道和周边社区合作，精心策划，投入资金，成功举办了近 400 次社区文化和全民健身活动。邻里中心聚集人气、繁荣园区的作用愈发显著，成为社区文化建设的重要阵地。

秘诀八：准确定位，适合消费人群

邻里中心消费者的平均教育水平比较高，教育程度较高意味着消费理念容易同先进的社区商业模式相融合。鉴于顾客需要和区域性商圈平衡日益被打破的竞争态势，邻里中心也需要适时转型，引进中高档品牌。但品牌化并不代表了放弃原有的顾客群，而是做"百姓精品店"，突出服饰家居等主题百货，这既是规模，也是区位周边消费群所决定的。如邻里中心之一的新城大厦就引进了一个国际服务业知名品牌，二层则适当增加了服装、百货专卖店，提高消费丰富度，通过软、硬环境的更新改造，努力提升形象，美化、优化消费环境。

新手知识总结与自我测验

总分：100分

第一题：新加坡邻里中心有哪三种类型？（10分/个，共30分）

_____

_____

第二题：邻里中心与会所的不同命运的根本原因是什么？（25分）

_____

_____

第三题：邻里中心规模与住宅规模比多少最为合适？（15分）

_____

_____

思考题：邻里中心从新加坡引进，在苏州发展，你认为邻里中心在中国大规模普及需要做好哪几方面的工作？它目前的主要问题是什么？该如何避免？（30分）

_____

_____

_____

_____

得分：   签名：

社区商业
新兵入门

09

社区底商的开发及运营模式

操作程序

一、社区底商开发的两个直接动因

二、社区底商的概念及分类

三、社区底商的经营模式

四、社区底商的招商及运营管理策略

五、社区底商未来发展趋势

本章使用指南

社区底商从社区商业开发的第一阶段到现在，从自发形成的底商到现在主动的引导规划的底商，从底商散铺到底商商业街，底商也不断经历着创新。

本章的讲述不仅让我们了解了社区底商的真实面目，也让我们对底商的投资开发、运营管理以及利润回报有了更加科学的评估。

操作程序

一、社区底商开发的两个直接动因

底商并不仅仅代表杂、散、乱。底商在相当长一段时间都是社区商业开发的主要模式之一。底商也能挣钱，一般为住宅投资回报的 2 ~ 3 倍。北京中关村的"左岸工社"以 668 万元的价格拍卖出了一套 105m² 的底商，而建外 SOHO 也以每平方米近 3 万元的单价拍出一套底商。这些都说明，好的底商的投资回报甚至不逊于写字楼。

1. 完善的商业配套是住宅项目增值的基础

房地产开发规模的不断膨胀，消费者选择余地增多，房地产市场正在步入买方市场，决定地产价值的要因，已不仅仅是地段，项目品质的重要性愈发突出。而商业配套是否完备，正是消费者评判项目品质的重要考量因素。因此，一些有远见的开发商，已从先建住宅，后建配套设施的开发模式，转为先建配套设施，提升环境品质，然后建设住宅的开发模式。

2. 底商与住宅悬殊的价差是开发底商的直接动因

住宅底层售价低、不好销的问题一向令开发商头疼，改为底商，不仅有大量的投资人趋之若鹜，而价格更远高于住宅房价。现在社区底商的价值一般为住宅均价的 2 ~ 3 倍，而底商作为住宅的配套设施，只需按住宅用地的价格支付土地出让金，销售底商显然要比卖住宅合算得多。

操作程序

二、社区底商的概念及分类

什么是底商呢？底商是利用楼盘的底层或低层作为商业用房，以满足自身或附近区域内消费者的各种需求，也就是常说的商业配套。底商可分为三类，社区底商、写字楼底商、商铺底商，如下图。

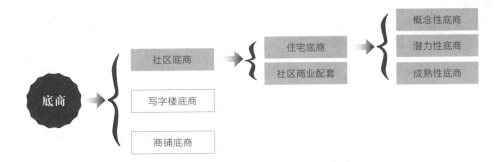

1. 社区底商

社区底商从形式上分为社区底商、社区商业配套。社区底商就是社区住宅楼底层设备比较简单、规模较小的沿街铺面，这些底商更多的是为社区业主服务，依托社区本身的消费力而生存。社区底商是底商常见的一种形式。

（1）社区底商

社区底商就是利用住宅的底层或低层作为商业用房（如现代城、风林绿洲）。服务社区是社区底商的主要功能，特别是一些郊区大盘，它实际上承担了开发商的一部分配套工作。社区底商辐射面积是社区和周边地区，这也是一般社区底商经营内容主要是日用品的原因。

社区底商可以按照服务区间及市场理念来划分。

1）按照服务区间划分

按照服务区间的区别，可以将社区底商分为内向型底商和外向型底商两种。内向型底商主要的客户对象是住宅社区里面的居民，外向型底商不仅仅将客户范围局限在住宅社区里面。

对于大型的住宅社区，底商主要以社区内部居民为服务对象。在功能设定上要结合小区业主的消费档次、消费需求、消费心理、生活习惯而设定。

对于服务于小区外部的商铺，则应考虑周边商业业态、街区功能来确定商铺功能。这样的商铺应位于交通便利、商业气氛浓郁的地区，店铺面积不宜过小（最好在1000m²以上），主要有大型超市、各种专卖店、大型百货商场等。

2）按照市场理念划分

按照社区底商市场运作的特点，我们将社区底商分为概念型社区底商、潜力型社区底商和商圈型社区底商共三种类型。

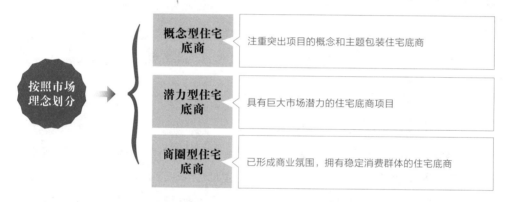

①概念型社区底商

概念型社区底商指开发商在开发过程中，注重突出项目的概念和主题包装。如以"欧式商业步行街"概念炒作成功的"现代城"、"欧陆经典"、"珠江骏景"及"老番街"。这些社区底商已一改过去纯粹的配套服务功能，开发商愈加注重突出项目的概念和主题包装。

⬤ 北京部分概念型社区底商项目市场表现 表 9-1

项目	面积	当时售价	租金
现代城	约 20000m²	20000 ~ 23000 元 / m²	13 元 /（m²·天）
建外 SOHO	8 万 m²	28000 ~ 30000 元 / m²	9 元 /（m²·天）左右
珠江骏景	1 万 m²	330000 元 / m² 左右	3 元 /（m²·天）左右
欧陆经典	30000m²	13000 ~ 21000 元 / m²	9 元 /（m²·天）左右
老番街	4000m²	25000 元 / m²	30 元 /（m²·天）

②潜力型社区底商

潜力型社区底商指具有巨大市场潜力的社区底商项目。相对于借助炒作概念而走俏市场的底商项目而言，某些社区底商无需炒作却也热销，这主要得益于其巨大的市场潜力。

北京部分潜力型社区底商市场表现　　　　　　　　　　　　表 9-2

项目	面积	当时售价	租金
风林绿洲	80000m²	23000 元／m²	7 元／（m²·天）
百朗园	10000m²	10000 元／m²	3 元／（m²·天）
九台 2000	4000m²	19800 元／m²	4 元／（m²·天）

③商圈型社区底商

商圈型社区底商指已经形成一定的商业氛围，拥有大量的、稳定的消费群体的社区底商项目。凭借有利位置，抓住市场需求点，部分社区底商项目尽管价格不菲但仍能创造佳绩。

这类旺地的底商，周边的商业已形成一定气候，拥有大量而且稳定的消费群体，在位置和人气上占有绝对优势。如位于双安商场西侧的北京科技会展中心就是一个开发商和投资商双赢的案例，近 3000m² 底商面积在刚推出市场时即被一抢而空。又如位于北京东三环中国国际展览中心旁的国展家园，有 10000m² 的底商面积。

最需要指出的是，商圈型社区底商的价值升值收益空间往往被缩小。作为开发商还需要考虑经营者的后期经营收益问题。

（2）社区商业配套

社区商业配套就是按照社区建设的配套建设指标而建的商业配套，目前多出现在大型社区里面，如超市、商店、商业街等设施，这些统称为社区的商业配套公共建筑。它是一种有很强的地域性，为本地区居民服务的商业模式。但从严格意义上，社区底商与社区商业配套是有区别的。标准社区底商与写字楼等都属于"公共建筑"，而商业配套设施属于配套"公共建筑"。二者的税费、经营运作模式完全不同。

2. 写字楼底商

写字楼底商就是利用写字楼的底层或低层作为商业用房，如广州中信广场、世贸大厦，北京左岸工社。这类底商的建筑主体一般为写字楼、综合楼公寓等，开发价值较大的一般位居市中心，这类底商（尤其是临街底商）的服务对象是日常人流，而且经营内容多样化，通常盈利能力很强。

3. 商铺底商

商铺底商专指只有一到两层左右的低层建筑作为商业用房的商铺（如广州的上下九步行街、上海的南京路等）。由于写字楼底商与商铺底商情况较特殊，我们不在这里分析。下面主要针对社区底商的经营策略进行分析。

三、社区底商的经营模式

社区底商有其区别于其他商铺形式的特点，这些特点对其经营、市场有方方面面的影响。

1. 社区底商的定位策略

社区底商的定位是关键环节，不可盲目拔高，也不可进行毫无意义的概念创新。要结合底商地段、经营理念、住宅整体风格、周边环境整体考虑。一般来说要考虑以下因素：

（1）商业旺区最好临街

地处商业氛围浓郁的繁华商圈，拥有稳定的客流，如果临街更好。当然，一些已形成"小市镇"态势的郊区项目也适合建底商，这样做的目的，一是社区业主的商服配套之用，二为吸引周边半径三公里以内的客流，这也会带动楼盘人气的上升。

（2）经营理念应错位

开发商在调研周边商业状况时，首先必须以社区业主的需求为主，然后再认真研究附近的各种商业业态，寻找既符合业主需要，又尽量避免类型雷同，实行主题具有鲜明特色的错位经营理念。此外，应注意底商的经营档次要与项目自身的形象相符。

（3）整体风格要统一

底商的经营品种与范围可以多种多样，也有一些技巧。比如餐饮，要依项目本身已有的客户的数量及其消费能力而定，高档项目的底商可以主打某风味为主，以家常菜为辅，这样就排除了一般的流动客流；娱乐以社区需求的康体项目为主，一次性投入长期受益且利润较大；尽量选择特许经营或连锁店，因为成熟的品牌可以更快地进入市场，成功的品牌又能提升物业的形象。

大型底商应该设有统一的门面外观

大型底商应该设有统一的门面外观，以一个最能表现其特色的商业中心名称的整体形象推出，从规划开始，便由开发商委托给一家专业的管理公司，实行所有权与经营权分离的规范管理，让该商业中心在人们的眼中是一个统一的品牌形象，而各品牌零售店分别经营自己各具特色的商品。

2. 社区底商的规划设计

（1）社区底商的建筑形式——住商共处

社区底商建筑形式上表现为依附于住宅楼的特点，整个楼的一层、二层或地下层的用途为商业，楼上建筑的用途为居住。为了确保居住、商业运营两种功能的有效性，开发商要通过合理规划设计对居民和底商的消费者和经营者进行独立引导，出入口独立开出，以保证楼上居民的生活尽可能少受到底商的影响。

（2）社区底商的规模——2 万 m^2 是红线

社区底商的规模要恰当控制，当规模超过 2 万 m^2 以后，开发商必须对该商业地产项目的市场环境做好必要的调查和研究，不能一概用底商的简单概念去确定项目定位、规模、市场策略等，否则项目会面临开发困境。

（3）社区底商规划——多以铺面形式，小以铺位形式

社区底商的主要类型多数是铺面形式，少数是铺位形式。铺位社区底商良好的可视性使其价值最大化有了可能性，这也是社区底商引起市场关注的原因。有些开发商在进行社区底商设计时，为了使其标新立异，在社区底商有限的空间里进行了超越通常意义的底商开发，人为拔高成规模较大的步行街或进行市场意义的形式创新，这些都使社区底商的概念复杂化。

社区底商规划思维不可太跳跃：

无论是规模还是形式都要求开发商从更加专业的角度进行规划设计、定位等。用普通底商的思维去开发步行街、百货百货商场或其他商业地产形式会加大项目的风险。

（4）社区底商布局设施——要保持业主的私密性

楼盘的底商在布局和设施方面最重要的是保证楼盘业主的私密性，保护业主的私密性至少朝以下四个方向着手：

1）通过业主专用电梯，使商店与住区分开；

2）设有自动扶梯、专用货梯等；

3）空调、水电、消防等配套设备设施应完善；

4）要有足够方便使用的车位。

3. 社区底商的经营业态

社区底商作为社区商铺的一大类，也主要用作人们生活密切相关的生活用品销售和生活服务设施，根据其经营特点一般有不同的业态组合形式。

零售型住宅底商的商业形态	便利店、中小型超市、药店、小卖部、书报厅，及少量服装店等
服务型住宅底商的商业形态	餐厅、健身设施、美容美发店、银行、干洗店、彩扩店、花店、咖啡店、酒吧、房屋中介公司、装饰 公司、幼儿园等

操作程序

四、社区底商的招商及运营管理策略

1. 社区底商的招商策略

（1）通过引入品牌商、连锁店带动人气形成与社区商业配套互补的经营模式

社区底商在招商时通过引入品牌连锁店，形成与社区商业配套或大型超市互补经营模式。这种招商模式有利于避开大型超市、商场竞争点，借助零距离消费做旺社区内的底商生意。

例如：广州许多社区底商引入世界最大的便利连锁店 7-11，并利用底商在日常生活中给人们带来的诸多方便与实惠，通过追求精品意识，品牌效应带动社区的消费。

（2）以低租金招商吸引商家，形成良性循环的投资链

这种招商方式适合于新开发的项目，由于新开发的项目人气不足，投资社区底商一般是本地居民或是居住在社区的业主，相对低的租金有利于减少这类投资商的资金压力，对他们有一定的吸引力。

（3）根据项目的特点决定招商定位

在大型社区社区底商招商时要注意规划好招商对象的定位。住宅项目做底商并非简单地将一、二层楼房拿出分割，要根据项目本身特点而定。经营底商时要遵照商业运行规律，底商设计风格的灵活性格外重要，还要方便投资者进行改造。有规划的招商有利于提升项目的品质并能带动底商的租售。

2. 社区底商的招商推广技巧

底商从建筑形式上看均为建筑物的底层，但其经营情况却会因为其上层建筑物业形态的不同而不同。因此，相应的招商及营销推广工作也会产生相应的差别。较之其他商业物业形式，底商开发最为简单，其核心问题是招商推广。

底商的招商与推广由于其经营内容的多样化，以及招商对象的差异化而显得复杂烦琐，不同于购物中心、商业街等大型项目的是，底商的招商推广技巧主要体现在出租方式（出售方式）、付款方式、定价策略以及底商价值判断四个方面。

（1）租售方式的选择

1）先住后销

这是社区底商常用的招商方式，先将住宅部分出售，业主入住后，就有大量的人流，而人流就是商铺价值的保证。而且入住后的业主就是底商的主要消费群，会使投资者感受到商铺的投资潜力，因此十分利于招商。

先住后销的优势和劣势　　　　　　　　　　　　　　　　　表 9-3

优　势	能使商铺在一个较高的价位销售。因为小区入住后,投资商承担的风险实际上已降到最低
劣　势	不利于资金快速回笼
适用范围	这种销售方式适合无太大资金压力的开发商,因为这种方式的销售必须等到住宅销售大部分完毕,资金回收周期长,不适合急需资金周转的开发商

2)纯出售

纯出售指无论入住与否或者建筑上部的销售情况,单纯销售底商的销售形式。

纯出售的优势和劣势　　　　　　　　　　　　　　　　　　表 9-4

优　势	快速回笼资金,迅速套现
劣　势	未来管理非常困难,因为这种销售方式单纯追求资金回笼,对招商对象没有进行甄选,会影响到品牌的塑造,同时无法体现真正商铺价值,难以获得最大化利润
适用范围	适用于急需资金回笼的开发商,但对于滚动开发的项目来说,不利于后期的招商工作

3)以租验售

以租验售是一种比较稳妥的销售方式,即首先对商铺进行详细的规划与包装,然后出租铺面,以此检验市场反应,等到市场价格趋稳后再进行销售。

以租验售的优势和劣势　　　　　　　　　　　　　　　　　表 9-5

优　势	便于日后管理,对品牌积累起到积极作用,同时有利于确定商铺的真正价值,以利于开发商获得最大利润
劣　势	开发周期长,同时要追加一部分营销投入
适用范围	适用于重视长期品牌建设以及滚动开发的项目

4)整体出租

一般较少应用的销售形式,指将底商一次性整体出租给一家或两家商业企业。整体出租对开发商的挑战性比较大,开发商必须对所选择的业种进行具体分析,因为整体出租的客户市场还是有限的,实行这种销售形式必须对市场进行细分,具体分析圈定的客户群。

● **整体出租的优势和劣势** 表 9-6

优　势	（1）投入成本低，工作量小；风险低，综合回报值高； （2）招商完成后无需投入管理成本； （3）待物业升值或商圈成熟后可收回自己经营，远期回报值高
劣　势	一段时间内没有经营管理权，如承租商管理不善有可能对物业形象造成损害；若租赁市场反应热烈，会造成短期回报值相对减少的情况
适用范围	适用于没有商业开发经验、同时需要现金周转的开发商；不适合实力较强的开发商

5）以租代售

以租代售指先让有意购铺的客户先租用，按月交租金，等租金总额达到当初议定的"商铺总价＋利息"时，商铺产权归该客户所有的销售形式。

● **以租代售的优势和劣势** 表 9-7

优　势	市场承载面极广，能迅速完成招商。实际上这种方式是由分期付款发展而来，付款压力比一次性付款小得多，是一般租赁不可比拟的
劣　势	开发商利润较低
适用范围	适用于实力不强的开发商，无招商经验，同时急于套现的情况

6）拍卖

拍卖在市场相关机制健全的情况下是一种最佳的销售形式，这种销售形式最能体现商铺的真正价值，但这种方式目前在国内采用得较少。

● **拍卖的优势和劣势** 表 9-8

优　势	可以通过传媒造势制造知名度以利于推广，可以提升物业价值
劣　势	目前不适于中国的市场环境，无法体现拍卖的真正意义
适用范围	在国内一般应用在销售情况不佳的项目上，但也有项目本身销售情况很好，但为了达到造势的效果，也采用这种方式

7）免息返本销售与升值销售

这两种销售形式从本质上来说是一种营销手段。免息返本销售是指购买者购买商铺到一定时期后（一般是 10 ~ 20 年），开发商按照原价将本金免息返还给业主，而商铺产权仍归开发商所有；升值销售是指开发商向购铺者承诺物业将达到一定的升值程度，若达不到，则开发商按承诺价将商铺从购买者手中收回。

🌐 免息返本销售与升值销售的优势和劣势   表 9-9

优　势	销售方式非常具有吸引力，客户承载面较广
劣　势	市场风险较大，开发商利润较低
适用范围	不具备卖点的项目，招商不利的情况

8）返租回报

返租回报指投资者以按揭形式将商铺买下，然后返交回开发商，而开发商负责转租，再将租金返还给投资者的销售形式。

🌐 返租回报的优势和劣势   表 9-10

优　势	投资者投资风险低，有利于迅速完成招商
劣　势	开发商要承担一定市场风险，且要投入管理成本
适用范围	适合于实力雄厚，有一定品牌积累的开发商，且物业周围的商业氛围浓厚

（2）付款策略的选择

很多时候，付款方式是投资者（购买者）购买行为的决定因素，因为底商的投资者大多为个人和小型公司，资金实力并不雄厚，付款方式对他们来说至关重要。因此，选择适当的付款策略对吸引客户是十分有效的手段。

1）一次性缴租

每单位租户除定额装修费外，租金和管理费可按照租期的长短获取不同的价格优惠，租赁期间不收取其他费用。

🌐 一次性缴租的优势和劣势   表 9-11

优　势	一次性回收部分资金，缩短开发商回报周期
劣　势	租户前期投入压力大，市场压力也大
适用范围	面向大客户的整体招租

2）一次性付款

一次性付款，即买家一次性付清商铺售款，开发商相对地给予投资者一定折扣，且折扣较大。

一次性付款的优势和劣势　　　　　　　　　　　　　　　　表 9-12

优　势	一次性收回投资，资金快速回笼
劣　势	租户资金压力大，必须有较强的经济承受能力
适用范围	适用于地段良好、销售情况理想的项目

3）按揭付款

按揭付款是从住宅按揭付款演化而来的一种付款方式，都是使投资者在首期款上减少压力（甚至一度出现零首付的情况），但没有折扣或折扣较少。

按揭付款的优势和劣势　　　　　　　　　　　　　　　　表 9-13

优　势	比较稳妥的付款方式，投资者无太大资金压力，招商效果好，回报稳定，是国内较为普遍的底商付款方式之一
劣　势	资金回收期长
适用范围	希望获得稳定回报，不急于套现的项目

4）按金交租法

按金交租法指每单位租户预付定额装修费和三个月租金做保证按金，每月定期缴交当月租金及管理费即可使用，但折扣较少。这种付款方式实际上是分期付款的一种演化。

按金交租法的优势和劣势　　　　　　　　　　　　　　　　表 9-14

优　势	减轻租户前期投入，市场承载面较广
劣　势	开发商要投入一定管理成本，且回报周期长
适用范围	散铺招租

（3）定价策略

如何在底商价格的制定上达到商铺价值的最优，是开发商获得最大利润的有力保证。

以下是一些常用的价格制定技巧。

1）并租与分租的面积组合

①并租

并租是指将两个相邻的商铺采用消除分界的办法将相邻商铺合并成一个空间，出租给一个承租人。假设底商原分隔为两个相邻商铺，其面积分别为 300m²，单独出租给某承租者作为连锁超市经营不适合，因为连锁超市店的面积一般不小于 500m²。那么这两个商铺可以通过并租方法，尽快出租，以取得现时价值与现时收入，从而避免租金资源的无端浪费。在租赁期结束后依然可以还原为原有格局。

②分租

分租是底商商铺租金增效的最常见的手段，是商铺租金理论"大面积，小价钱"的逆向运用，即"小面积，大价格"。常见的形式有切块、档位、花车、货架、柜台出租等。

2）并租与分租租金对比分析

现以切块为例对分租与并租租金进行对比。切块是分租中较常见的一种方法，它是将整体商铺分隔成几个面积不等的小块，以分别满足不同承租者的需求。

如有一个 500m² 的商铺，其可用作并租或分租，用作并租时，其租金控制在每天每平方米 2 元以下，在作分租时，用于便利店、音像商店、药店等，租赁面积在 100m² 以下，能承受的租金是每天每平方米 3 元以下，表 9-15 所示分别计算出整体出租和切块出租的年租金收益情况。

⊕ 并租与分租租金对比分析　　　　　　　　　　　　　　　　　**表 9-15**

并租的年租金	500m²×365 天 ×2 元 /（m²·天）=36.50（万元）
切块出租的年租金	100m²×365 天 ×3 元 /（m²·天）= 10.95（万元）
音像制品连锁店	100m²×365 天 ×3 元 /（m²·天）= 10.95（万元）
药　　　店	100m²×365 天 ×3 元 /（m²·天）= 10.95（万元）
鸡粥店	200m²×365 天 ×3 元 /（m²·天）= 19.71（万元）
小　　计	52.56(万元)

通过上述计算，可以看出整体出租的年收益为 36.50 万元，分租的年收益为 52.56 万

元。分租的收益比整体出租的收益要高出 44 %。

3）特殊地段的特殊定价

特殊部位包口是指商场门口两侧的部位，通常所占面积 2 ~ 8 m² 不等，是一个商铺商业价值的精华，其价格往往是同等商铺的倍数。台湾的珍珠奶茶因其所占的商业空间很小，又要占有旺市路段，往往采用租金高、面积小、市口好的办法开店，所以，我们经常看到珍珠奶茶处于包口位置。

4）各种形式组合租赁

"切块"、"档位"、"包口"这一分租的特殊部位出租的组合出租形式，在广州繁华的下九路、北京路运用得十分充分，使权利人获得很好的收益。

5）店中店与出租柜台

店中店是一种高档的铺位出租形式，与铺位出租的差异在于铺位是全开放式，而店中店是在

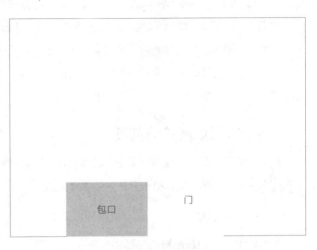

底商商铺中的包口

一个大的档位商业空间中划分出一个个小的、独立的、封闭型的单位空间。店中店通过租赁合约确立租赁关系，以面积计算租金，可获得加倍的租金收益。在商铺出售时，为追求效益最大化，也可以采用该方法，但缺陷是物业管理、商场维护的难度很高。

店中店多用于开设专卖店。店中店又分部分招商与全部招商两种。

各种形式组合的租赁

6）时差分租

利用不同业态、不同营业时间的要求，进行时段、季节性的时差租赁是增加底商商铺利润的又一途径。如位于市中心的底商项目，可以利用白天时间出售机票，在晚上经营酒吧。通过运用各种业态不同营业时间的交叉，可以使商铺的时间价值得到最大的体现。

时差租赁更大的表现为根据不同的季节吸纳最适合的业态入驻，从而获得最大的租金收益。如所谓"皮草行"，就是经营皮裘、皮革服饰的企业在冬天经营皮革商品，而在夏天皮革类商品滞销时，企业改变销售商品、经营时令商品——草席等，由此而得名。

盛夏季节，在繁华的上海南京路经营冷饮无疑是最合适的，可是到了寒冷的冬天怎么办呢？上海南京路上有一底商的经营者做过一个尝试：把一个包口按季节分租给两个企业，每年 4 ~ 10 月份经营冷饮，1 ~ 3 月份经营糖炒栗子。结果是可想而知的，这两个小企业都取得了良好的经营业绩，减少了商铺资源浪费。

（4）社区底商价值判断

在进行底商出租或销售定价时，除了地价、成本等既定因素外，底商的临街状态、地势条件、卫生与交通环境也是十分重要的参考因素：

1）临街状态

底商用地一般都在成熟的商圈中，商业比较发达，土地资源比较紧张，地理位置的选择范围很小。如有重建改造，一般按土地现状复制，适当调整建筑外观、结构形式、装饰风格与设备配置。而在新开发的居住区域内，底商价值判定标准倾向于选择临街状态为四面临街、三面临街或两面临街（角地）的土地。商业用地临街立面越多，交汇道路越多，日后建成的商业建筑接受输送的购买力越多，商业效率越高。

四面临街	底商中四面临街的情况并不多见，其特点是体量大，四面临街的商铺具有规模效应
三面临街	三面临街的底商商铺具有两个街角和三个主要临街立面，这类商铺气势恢宏，容易突出商业主题，但其规模小于四面临街的商铺
两面临街	位于街角上的商铺，可以将商铺内的商品、商业信息传递给多个走向的人流：位于三岔路街角的商铺有两个人流走向，位于四岔路街角的商铺有三个人流走向，商铺路过的人流量越高，吸引入店的人数就越多，则可能完成的销售额也就越大
单面沿街	位于街面的商铺有来往两个人流走向，商铺价值次于街角商铺。对直行人流的视野而言，几乎没有盲角

商业用地的临街状态

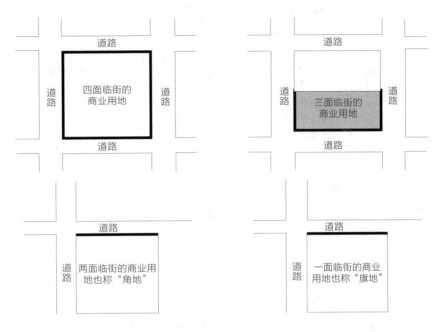

底商临街状态示意图

2）立面形态

　　四面临街和三面临街的商铺与周邻的关系十分清晰，而一面临街的商铺有着多种立面形态。凹形商铺是位于袋地的商铺，虽然它与街边商铺同样拥有两个人流流向，但是它的门面或橱窗的实物景象停留在人们视野中的时间较短，在人们还没有作出判断和反应时，人们的脚步已匆匆走过商铺，视野已被下一个橱窗或陈列的商品所吸引。

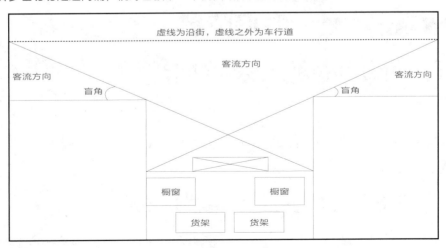

凹形商铺示意图

三种立面形态底商

知识点

如果我们在紧邻的两个商铺立面之间虚拟一条直线，那么，凸出这条线的商铺，我们称之为凸形商铺；低于这条线的，称之为凹形商铺；与这条线基本保持在一个平面上的，称为平面商铺。平面商铺是最常见、数量最多的商铺。在这三种立面形态的商铺中，根据商铺的广告展示作用的要求，凸形商铺的商业价值最大，平面商铺次之，凹形商铺的商业价值最小。

3）地势与地质条件

商业用地往往选择地势平缓的平地来建设商业设施，便于顾客出入和商业企业的职工上下班和进货。在相邻关系上，地势高的土地价值高于地势低的土地。

4）环保与交通

在商业用地的周邻地区，生态状况也影响其土地价值。对商业用地价格产生影响的有：噪声控制、大气净化程度、商圈的艺术布置、文化气氛、绿化率等。

在交通发达的区域，商业必然发达，这是因为便利的交通工具为人们往来提供了条件。在现代交通运力中，交通工具种类多样，根据它们的客运能力大小以及便捷的程度，分别对商业用地价起着作用。如地铁、磁悬浮列车、轻轨交通、公交站点、轮渡码头以及空港、火车站等，均能成为附近的商业用地不同程度的增值因素。

操作程序

五、社区底商未来发展趋势

从社区底商市场的发展趋势来看，未来底商经营模式将朝以下两个方向发展：

1. 北方将会向南方社区底商模式发展

由于南方一些城市向来商业发展的较北方的城市快，现在南方的许多诸如广州、深圳、厦门、珠海、上海等商业氛围浓厚的城市，因为靠近香港或与国外联系的比较密切，其底商的经营模式相对比较成熟。在北方，由于特殊的地域和特定的文化氛围内，社区底商已超出了底商的概念，更多社区的底商已不仅仅是为社区本身提供生活便利服务，更多看重的是社区周边一定范围内的客源，于是社区底商便扩大成为区域商业概念。

北方的社区底商是否真的像区域商业发展，随着南北方之间意识形态差异的弱化，其生活和商业经营模式也将发生变化，随着时间的延续，北方可能将会向南方社区底商模式发展。

北京底商发发展的典型特征

北京的底商一般规模较大，最小规模也有近百平方米，庞大的铺面、极高的投资成本最终决定了这些底商除了为社区居民提供便利服务外，更多的还要招揽整个区域内的生意。

北京的底商发展模式存在着一个令人担忧的问题，就是随着区域内社区的不断增加，这样的社区底商也在不断增加，在一定区域内的社区商业饱和后，该区域内所有底商的风险性将会加大。

2. 社区底商经营模式将会由单一、杂乱无绪向多样化、专业化发展

社区底商近几年的良好前景无可置疑，房地产商进入底商开发，在获取土地、项目审批、建设成本控制等方面也具有优势。但底商与住宅、办公物业有所不同，底商物业需与其特定的经营模式相匹配，并不是仅仅是单纯的门面形式和面积大小的问题。

开发商大多不了解底商的经营模式，以及多种商业形态间的差别，对消费需求和商业经营也缺乏专业研究，不易选择和把握入驻商家。因此，随着市场逐渐成熟，底商的经营模式将会向多样化、专业化发展。

新手知识总结与自我测验

总分：100 分

第一题：社区底商如何进行定位？（20分）

_____

_____

第二题：社区底商的招商与推广要注意哪些问题？（25分）

_____

_____

第三题：如何对社区底商铺面或者铺位进行技术性划割？（25分）

_____

_____

思考题：某靠江小区 A 组团共有 48 栋 9 层住宅，A 组团住宅一层全部为底商，整个组团用商业走廊连廊形式连接，当街一面铺面经营非常理想，靠江一面及与其他组团分隔铺面经营惨淡，该如何化解？（30分）

_____

_____

_____

得分：　　　　　　　　　　　　　签名：

社区商业街、社区商业中心的开发及运营模式

操作程序

本章使用指南

社区商业街是一种非常普遍的形式。社区商业采用商业街形式开发，是商业街良好的开发性和天然的娱乐休闲功能更易满足消费者多重消费需求

社区商业中心是社区商业开发的高级形态，它在国外叫做社区购物中心，而且非常普及。社区商业中心需要庞大的人口支撑，至少需要3万～4万人，而实际上中国能达到这一要求的社区可说是凤毛麟角。这些年，我国某些地区正抓紧造大盘，社区商业中心也步步揭开了它神秘的面纱。本章重点讲述了国内社区商业中心的开发现状和国外社区商业开发的成功经验。

操作程序

一、社区商业街的概念和特点

社区商业街是指位于住宅社区内的以平面形式按照街的形态布置的单层或多层商业物业，其沿街两侧的铺面及商业楼里面的铺位都属于商业街商铺，社区商业街内的商铺多为独立铺位。

社区商业街的产生主要是基于小区周边商业配套不能充分满足居民的日常生活需要而起到必要的补充作用，因而在住宅开发较活跃或大型商业配套设施比较缺乏区域的社区商业街的开发体量都比较大。

结合全国各地的开发状况，组成社区商业街的建筑形态主要表现为 1 ~ 3 层商业楼或住宅建筑底层商铺。

1. 社区商业街的形态分类

社区商业街的形态按照不同的标准可以分为不同的类型。

🌐 社区商业街的形态分类　　　　　　　　　　　　　表 10-1

分类方法	按空间布局分	按规模和辐射范围分
形态	沿街式 裙组式 会所式	内向服务型（服务对象仅限社区内居民）； 外向型（服务范围可延伸至社区外部消费人群）

2. 社区商业街的主要职能

社区商业街的主要职能是以先进的商业形态、完善的商业业态和优美的商业环境，在满足社区居民日常生活需求的同时，更注重提供文化娱乐、休闲服务等多元化、个性化的综合性消费。

3. 社区商业街的服务对象

社区商业街的服务对象主要是小区内居民，服务人口一般为 2 万～5 万人左右。部分外向型社区商业街的服务范围可延伸至社区外部消费人群，其服务半径要比传统意义上的内向服务型社区商业街相对更大，服务类型相对更广，服务层次也相对更高。

● 社区商业街与社区商业中心的对比分析　　　　　　　　　　　　　表 10-2

商业类型	选址	组成物业	物业范围	服务层次	辐射范围
社区商业中心	人流高度其中区域	底商＋裙楼＋低层纯商业建筑＋会所＋中、高层酒店	必要日常生活＋一定量精神享受＋商务	高	社区及周边一业的辐射区域
社区商业街	人流相对集中区域	底商＋裙楼＋低层纯商业建筑	必要日常生活＋一定量精神享受	较高	一般为单个社区

4. 社区商业街八大优势

优势一：有特色

商铺讲究"成行成市"已经成为发达地区的经验。社区商业街整体打造"特色"商铺是一条很好的思路，但是这需要专业化的整体经营策划理念进行支撑。因此，开发商首先有明确的思路，打造特色商业街和以特色商业中心为核心的"大商铺"，让社区商业街充分激发区域和项目的潜力。

优势二：商业内容丰富

社区商业需要解决社区内不同收入水平的消费需求，而社区商业街经营内容的丰富就能很到解决这一问题。商业街具有既为小区内居民提供生活方便又吸引周边消费人群，面向社会的消费娱乐双重功能的商业配套。经营业态中的中高档服装服饰、酒吧、咖啡店等，使人们在繁忙的购物活动中享受着城市生活的乐趣，既购物又休闲，两全其美。

优势三：适合现代人的生活习惯方式

对于社区居民来说，社区商业街构成了连接工作和生活的延伸，在休闲中购物，在购物中得到休闲。消费已不再被看做是一种纯粹的商业消费行为，它已成为人们生活中的重要组成部分。提高了消费的质量，就是提高了人们的生活质量。

优势四："钱景"广阔

对于投资者来说，社区商业街即拥有相对固定的客流，又能吸引其他客流的参与，开发商往往还会有一些优惠政策，而且商业街的发展极具潜力，所以社区商业街无疑是一个投资的重要选择。

优势五：为住宅营造了良好的社会氛围

一方面，社区商业街能够满足居住者配套需要；另一方面，社区商业街能够营造良好的社区氛围，形成具有特色的商业空间。

优势六：服务范围具有自身外向延伸的张力

社区商业街的定位应当立足于满足附近区域内中高档楼盘消费群的购物需求，进而谋求吸引其他地方的人流，而并不能像普通商业街的完全依靠外向经营模式。

随着一些大型社区的逐渐增多，社区商业街的服务范围已经延伸至社区外部消费人群，其服务半径要比传统社区商业街大，所辐射的范围更加广阔。它最明显的特征就是兼备独立性与开放性———拥有相对独立、却又与整个小区甚至片区浑然一体的街区规划，相对于经营者来说可以拥有更多的经营业态选择。这对于快速发展的社区商业来说，是一个极大的补充。

优势七：对大规模集中商业的良好继承

社区商业街的崛起对社区生活配套起着无可替代的作用。不可否认的是，社区商业街越做越大已经成为一种趋势，而且也能为开发商带来更高的利润回报甚至带动项目整体的销售。它既是对以前社区商业的一个突破，又是对大规模商业集中模式的继承。

优势八：社区商业街突破了社区商业的限定

从规模上，社区商业街不再是"小打小闹"，一定规模的商铺聚集了人气和商气，更有可能带动整体的发展。

从经营内容上，社区商业街打破了过去超市、饭馆的单一，引入了娱乐、文化、休闲等丰富因素，提高了区域的生活品质。由于中心区可开发土地稀缺，越来越多的楼盘选位于非中心区域或郊区，缺乏完善的生活配套，往往成为这些项目的"软肋"，商业街的出现既解决了购房人的后顾之忧，使业主入住后的日常生活难题得以解决，也促进了住宅销售。

所以，许多楼盘都将社区商业街作为卖点来吸引购房者，同样，"准业主"们对于社区商业街的出现也基本上持认同态度。

二、社区商业街的开发策略

策略 1：保持开放性和住商分离

社区商业街的开发，一方面要在商业方面保证规划的开放性，能够吸引外面的客人，同时在不同的社区之间也能保证大家相互交往，而不是各做各的，这样相互之间对商家而言，也是客流的保证。另一方面，居民要求住宅与商业的相互分离，不希望商业离自己家太近，因此我们提出了相对独立的原则。

策略 2：兼顾附近居民购物和旅游者观光两种需求

社区型商业街要兼顾附近居民购物和旅游者观光两种需求，商店类型和商品品种档次都要比近邻型商业街更加丰富。社区型商业街可以是综合性的，也可以建成销售某类商品的专业街，便于消费者货比三家。由于消费者并不居住在附近，应准备汽车停车场所，附近的公共交通也应非常便利。

很多市级、县级商业地产采用步行街的开发模式往往更易切入，这是步行街良好的开发性和天然的娱乐休闲功能更易满足消费者多重消费需求。

策略 3：规模要具体情况具体分析

社区商业街的规模要根据人口规模对人均商业面积、商业层次、交通时间、商业功能作具体的划分。比如，对于人口在 300 ～ 700 户的小型社区，就是以服务为主的便捷性商

品服务和餐饮，而对于规模在 1 万户的大型社区，就需要有商业街区、社区商业中心，还可以结合休闲娱乐类商业，这样才能满足区域的需要。

社区商业街规模不宜过大，程度要有控制，建议长 200m，宽度和高度都不应该超过 10m，北方城市以前比较习惯街道宽点，但是街道太宽导致商家活不下去，因此社区步行街不宜宽。

策略 4：经营上要构筑持久经营模式

经营是社区商业街存货的根本。要构筑持久经营模式可以从以下三个方面予以参考。

第一，营造特色休闲、风情购物区，在购物中休闲，在休闲中购物

主要是在社区街铺旁营造主题休闲区，以优美的环境、闲适的购物氛围聚集人群。如万科四季花城的社区商业街便是一条别具特色的欧式商业街。

第二，与大零售商家形成各种业态互为补充的辅助经营模式

这种模式的好处在于借助大商家带来滚滚人气，避开他们的日用生活消费经营，以特色经营与之形成互补，共同做旺该处生意。如深圳梅林一村的家乐福旁的社区街、蛇口沃尔玛旁的花园城社区街，都因为与品牌零售商家形成了良好的互补优势，使生意经营得相当红火。就连街铺的租金也跟着上涨，远远高于同区的其他街铺的租金水平。其他如南山片区的社区组团，很好地利用海雅百货、家乐福等品牌商家带来的人气，做足做好该区内的社区消费文章，成为深圳商业的一个新亮点。

第三，经营上多以特色连锁、品牌经营为主

这主要是针对社区内居民这一特定群体的消费特征而采取的经营策略。

一方面社区居民消费比较注重产品的质量，讲究档次。因而对品牌产品比较信赖，具有较强的品牌忠诚度，他们的品牌消费力很强。

另一方面，品牌厂家为了加强竞争力，也力图通过建立密集的连锁店网点与固定区域内的消费者建立了稳固的联系，稳定市场占有率。从另一个角度看，品牌店经营也提升了该区的商业档次。因而可以说哪里有社区，哪里就有品牌连锁店。可见，打好品牌经营这张牌，也是社区商业的一种新思路。

三、社区商业中心的组成

社区商业中心是社区商业的最高组织形式，一般社区商业中心都由社区底商、社区商业街及其他高级配套，如酒店、医院、大型购物中心等共同组成。社区商业中心设在居住区内人流集中地区，单位服务人口为3万～4万人，商业服务网点数在20个以上，包括超市、菜市场、便利店、餐饮店、药店等，具备购物、餐饮、修理、理发、洗衣、家政、再生资源回收等功能。

⊕ 社区商业中心及其基本特点　　　　　　　　　　　　　　　　　　　表 10-3

选址	商圈与目标顾客	规模	商品（经营）结构	商品售卖方式	服务功能	管理信息系统
市、区级商业中心	商圈半径为5～10km	建筑面积为5万 m² 以内	20～40个租赁店，包括大型综合超市、专业店、专卖店、饮食服务及其他店	各个租赁店独立开展经营活动	停车位300～500个	各个租赁店使用各自的信息系统

社区商业中心与我们习惯上所称的城市商业中心的本质区别，首先是目标顾客不同，而目标客户不同又导致了商业服务的内容与形式也就根本不同。

⊕ 社区商业中心与城市商业中心的区别　　　　　　　　　　　　　　表 10-4

类别	目标客户	服务内容与形式
社区商业中心	一般是当地居住的居民	多是流动人口
城市商业中心	以日常生活用品及食品、蔬菜、鲜肉、水产品等鲜活商品为主，突出方便、快捷、便利消费服务特色	多以经营服务、百货、家用电器大件商品为主，突出消费购物的选择性、舒适性、品牌性

操作程序

四、社区商业中心的四项功能

1. 购物功能：大型超市 + 百货

商品的档次要根据所服务社区的经济状况而定，因此应建立在广泛而深入的市场调研基础上，确定超市和百货业态的定位及经营战略。

（1）大型超市

大型超市大都位于市、区商业中心、城郊接合部、交通要道及大型居住区，辐射半径2公里以上，目标顾客以居民、流动顾客为主，实际营业面积6000m²以上，经营大众化衣、食、日用品，一次性购齐，注重自有品牌开发。它们大都自选销售，出入口分设，在收银台统一结算，并设不低于营业面积40%的停车场，其管理信息化程度较高。

（2）百货

百货一般以大、中型居多，一般从日用品到食品，从工业到土特产品，从低档、中档到高档品都经营，内部分设商品部或专柜。品牌专卖店包括如屈臣氏、中复电讯、书店、美容院、眼镜店、专业户外用品店、音像店、花店、工艺品店、办公用品专业店、玩具专业店、家电专业店、药品专业店、服饰店等。

2. 餐饮服务功能

餐饮一般由各种形式的主题餐厅构成，它们一般是知名的连锁品牌店。如星巴克、麦当劳、肯德基、乐杰士、仙踪林、必胜客、吉野家、DQ、31种美国风味冰淇淋、回转寿司店、日本料理、中外主题餐厅等。

3. 休闲娱乐功能

设置娱乐城、雕刻、电影院、大型电子游戏城、健身房、SPA、旅游代理、茶吧、书吧、咖啡厅等，同时带动餐饮的发展。

4. 配套服务功能

银行、邮政、电信等公共事业，也包括干洗、修鞋、裁剪、冲印、摄影等日常服务。可引进品牌干洗店、摄影店、美容美发店、图书馆、票务中心等。

五、社区商业中心三种表现形式

由于国际上各个国家或地区的自然地理、社会文化、经济发展水平的差异，各个国家或地区对社区商业的理解和发展模式有很大差异。例如，美国社区商业主要指城市郊区新建居住区的集聚型商业设施，同时，社区商业不包括沿街散布的零星商业设施。

1. 美欧的社区商业中心——大型新兴社区商业

美国土地辽阔，居住人口密度不高，社区具有相对独立性。在社区中，超市、餐饮店、快餐、自助洗衣店、邮局、银行、宠物服务等配置较为完备。美国购物中心分为区域型、社区型和邻里型等多种类型。其中，社区型和邻里型购物中心主要为社区居民服务，其网点数量和出租面积分别占购物中心总量的95%和70%，满足了人们"一站式"购物的需求，还向社区居民提供丰富的服务项目和休闲娱乐项目。

（1）美国的社区商业中心有两大发展特点

一种是在"中心"内有一主题，如以一家大超市为主，附带部分折扣店或全部专卖店、厂家直销店等；另一种是突破传统观念，呈块状形，与周围的文化娱乐等设施结成联盟，使块状不一定只位于一幢建筑，而是扩展为一个较大的消费空间。

知识点

美国社区购物中心的建设条件：

在美国，购物中心建设，应满足如下条件：统一的建筑设计与中央管理；提供多样化的货品（不同价位、品质等）与服务；统一的内部商店建筑配置和未来发展安排；富有建筑特色并与社区相融合；有吸引顾客的景观设计和安全考虑；顾客与货品出入口分离；有方便汽车和行人的进出口；有足够的停车位等。

（2）美欧社区商业中心典型代表——英国伦敦南东南郊区 Bluewater 购物中心

英国伦敦东南郊区 Bluewater 购物中心，在 13.9 万 m^2 的营业面积中，有 57 家国际零售商入驻，集中分布着 3 个广场，共 330 家商铺，其中包括 3 家大型百货店、200 家专卖店、50 家餐厅酒吧、13 个放映厅组成的多功能电影院等，满足着周边 60 分钟汽车车程内 10 余万居民的日常消费需求。

2. 日本的社区商业中心——商业街协同组合

"商业街协同组合"是日本颇具传统特色的一种社区商业中心。

（1）日本东京都神乐坂商业街

日本东京都神乐坂商业街是东京一条极为普通但又富有日本特色的典型社区商业街。在 100 多米长的步行街两侧，散落着连户商铺、中型超市、24 小时便利店以及传统杂货店等 248 家店铺，花店、迷你高尔夫馆、蔬果铺、美容店乃至证券所应有尽有。这种社区商业还同时肩负保护中小商业企业、保护城市的传统文化特色的重任。

（2）日本真库县尾琦市的社区商业中心

"造镇计划"下的社区商业中心，是一种新兴的生活乐园。例如，日本真库县尾琦市的社区商业中心是一个兼购物、休闲、娱乐、教育文化、聚会社交等多种功能于一体的生活园地。250 家个性化专门店按商品范围结构分为生鲜馆群、饮食店群、娱乐休闲店群、自我动手店群和购物区群。

（3）日本规划最大、全美式的社区商业中心——拉拉普多

日本规划最大、全美式的社区商业中心是东京近郊船桥市的拉拉普多，除了本身的休闲文化设施外，中心还设有公共休息区、活动区、儿童娱乐区、艺术造型展示区等，形成一个生活小区，使来到这里的顾客得以尽情享受。

3. 新加坡的社区商业中心——Home By Home（邻里之家）

Home By Home（邻里之家）是新加坡社区商业中心的名称，即按照社区建设的配套建设指标，根据物业的规模、类型以及居住人口需求配备相应的商业配套设施，由开发商或物业方进行集中经营与管理，不以盈利为主要目的，而是为社区居民提供商品和服务的社区生活服务中心。

国内社区商业中心的发展态势

国内的社区商业中心发展备受关注，从表现形式来看，目前"邻里中心"模式、"沿街式商业"模式、"集中式商业"模式三种形式中，以上海联洋为代表的"邻里中心"模式更受期待。

操 作 程 序

六、社区商业中心的开发策略

1. 项目开发任务及描述

社区商业中心开发是个系统过程，包括从市场调查的众多工作事项，为了更好地了解

开发的流程及工作任务，我们特用表 10-5 的形式来予以清晰说明。

社区商业中心项目开发任务及描述　　　　　　　　表 10-5

序号	项目任务	项目任务具体描述	任务报告
1	市场调查	（1）建立必需的文档，其中包括调查机制、方法和程序； （2）资源需求行政管理系统，文件汇编，人力资源和培训； （3）分析原始数据，合理结论，编制报告	总体市场报告、零售市场报告、顾客调查报告、商贸区域地图
2	营销计划	建立市场营销计划包括总体营销战略，品牌管理策略，市场推广策略和附属的营销计划	市场营销计划
3	企业形象\市场推广\品牌树立	（1）制定并执行专业程序甄选广告机构； （2）以市场营销计划为工作基础，提供给广告机构主要工作范围和摘要； （3）协作指定的广告机构制定出企业形象及品牌策略，市场推广策略及附属的营销计划	工作范围摘要、协作机构指定建议书、协作机构合作书、企业品牌及 VI 手册、市场推广计划书及附属营销文件
4	忠诚度计划	（1）为市场忠诚度咨询机构提供主要工作摘要和范围； （2）制定并执行专业程序甄选来指定市场忠诚度咨询机构； （3）协助该机构进行顾客忠诚度的市场调查、机构建立、日程安排等工作	顾客忠诚度调查报告、顾客忠诚度计划、顾客服务机构
5	理念构思	商业中心构思的文字描述；通过设计、建筑、招商、市场、金融、物业管理部门之间的研讨，设计出一个购物中心理念，能够从各专业角度（租赁价值、顾客流量、建筑成本、空间利用，运营效率）最大程度体现购物中心价值	购物中心构思建议书
6	施工规划	（1）以商业中心构思建议为基础制定出建筑设计规划和图纸； （2）不断完善确保购物中心的建筑和施工规划按原定计划完成	建筑施工规划书
7	外部标识	包括道路标识、广告标识、安全标识、位置标识	外部标识规划
8	外景规划	交通动线设计，入口和出口，雕塑和喷水	外景规划书

续表

序号	项目任务	项目任务具体描述	任务报告
9	施工招标	（1）给 QS 提供工作范畴和摘要； （2）执行专业程序选择 QS； （3）协作 QS 制订招标计划； （4）协作 QS 管理招标过程并控制成本	建筑招标文件； 建设管理系统
10	装修设计理念构思	（1）按以上为基础，制定出内部装修设计理念； （2）从专业角度，整合设计、建筑、招商、市场、金融、物业管理部门之间交流，产生对零售商和顾客具有独特卖点的装修方案	装修设计理念建议书；装修招标文件；施工管理系统
11	FF&E 规划	包括公众广播系统，内部区域音响系统，促销舞台及声、光、电系统，休息室，顾客服务台，安全监视中心，公众设施，公众计算机，POS 系统，收银台等	FF&E 规划书
12	内部标识	所有内部通路标识，设施标识、内部零售商标识，零售品牌标识，各楼层购物指南，广告灯箱、TV 监视器和 AV 设备	内部标识规划
13	招商计划	（1）以上为基础制定出 LMP，包括零售商组合；详述交通动线、洗手间、收货处、垂直运输等顾客和零售商设施； （2）招商文件包括零售商运作手册和附属文件	LMP、租赁手册、租赁文本、零售商运作手册、附属的市场和商店规划
14	商业计划	包括商业目标、宗旨、购物中心理念、营销计划、LMP、财务预算（损益表、现金流量表、资产负债表）、人力资源规划、组织结构图	商业计划书
15	系统规划	包括承建商、装修商、零售商指定装修商、人力资源、设备、物流、招商、保安、保洁之间的协调和工作日程安排，建立有效的管理系统，避免部门冲突，极限工作效率	管理系统
16	营运计划	（1）提交正式营运前的 6 个月的试营运计划； （2）提交包括最新商业计划，所有运作手册； （3）最后审核和执行上述试营运计划	试营运计划、财物管理手册、物业管理手册、保安防损手册、市场推广手册、招商手册、行政管理指令、采购和合同手册、人力资源管理和培训手册
17	项目管理	（1）对直接、间接参与购物中心开发的内、外机构的管理； （2）包括建立有效的行政管理系统和流程	PMMP

2. 社区商业中心总体策划设计要点

社区商业中心是开发者即业主开发后，或是业主自己管理，或是委托专业购物中心管理公司管理，把场地出租给各种零售商（当然业主自己也可以经营部分场地），但哪种店铺引进多少、引进谁，要有事先的统一规划，各行各业都要有合理的比例，其功能不仅包括一次购足的售卖功能，还应包括吃、喝、玩、乐的生活功能。

（1）总体规划

总体规划关系商业中心成败，没有认真规划论证的商业中心大都缺乏特色与核心竞争力，具体表现是开业后缺少顾客人流，商户无法赢利，最后走向关闭。

国内不少开发商觉得招商是很简单的事情，根本没有规划就自己做，结果是整个"场"都冷清清的。因此，开发商应该从一开始就设定好商场的定位，根据定位选择主题店和品牌店（包括饮食、娱乐场）的进场。

华侨城 MALL 购物中心是深圳社区商业中心发展史上一个新的里程碑，它的规划设计邀请了美国的购物中心设计专家，环境优美程度在全国位于前列，购物娱乐一体化。该购物中心由美国沃尔玛商场与铜锣湾购物广场联合组成，前者商品定位为中低档商品，后者定位为中高档商品，经营项目具有互补性。

（2）建筑设计

1）平面设计

平面设计的内容是确定步行街形态，确定承租户单元的布局和面积大小，为所有承租户提供一个互利互惠的机会，最大限度为每个承租户带来穿行人流，提供最多的购物机会。

柱距与单元面宽有直接关系。大商店面宽一般为 6m、9m、12m、15m、18m、21m、24m，柱子不宜落在店面线上。根据经验进深一般在 24 ~ 36m 比较合适。如果开间方向的柱距是 6m，那么进深可以是 2m×6m、3m×6m、4m×6m。9m 柱距是社区商业中心开发比较常用的选择，对于面积分割以及施工成功有益。

平面设计的结构形状一定要规整、简单，不要使用曲率过大的圆弧，避免实用面积太少，不仅便于业态布局与商铺分割，而且有利于未来经营，方便人流对不同业态不同区域的识别，可以通过外立面装修和顶部造型，美化整个的外形。

在社区商业中心设计方案完成后一定要首先进行业态设计和初步商铺分割，根据初步分割意见对内部结构形状进行完善和修改，确保简单化以及可视化原则。

2）剖面设计

确定层数、层高、垂直结构和形式，做好垂直交通组织。

①层高

大型购物中心首层高度 6.5m，净高 4.5m，2 层以上高度为 4.3m。

②利用中庭空间的功能与作用

中庭是垂直交通组织的关键点，是步行空间序列的高潮，这里人流集中，流量大，最有可能鼓励层间运动。核心中庭可以搭建活动舞台，经常开展促销文化活动，吸引各层顾客驻足观看。

③中庭空间的造型与交流

中庭的设计形式可以多样化，具体根据购物中心总体形态来把握，对于面积比较大的购物中心，可以采用露天式表演舞台为核心的中庭设计，观赏人群可以从四周不同角度方便观赏表演活动。在室内设计中庭，不要过分追求中庭的宽大豪华，力求地域文化特色与经济性相结合的原则。

④从不同的层面同时引入人流

注重竖向交通的易达性，市区内繁华地段所征得的黄金地块一般较为狭窄。在这种地块限定的条件下，应强化 2F 与 B1 及其他楼层的交通便利性，将 2F、B1 当做一楼修，引导上行、下行人流。譬如，利用 B1 直接连接室外街道的出入口或者建立下沉广场，将 2F 的人流直接引向人行道的自动扶梯，与其他商业物业直接相连的人行天桥等，创造临街便捷的多渠道垂直交通。

在有高差的坡地地段，设计上可以有意在不同的外地坪高度设立入口。如果购物中心上层的入口能够直接通向各层，对于组织引导人流非常有利。在多层购物中心中，每层都设立通向停车场的直接通路，将给购物者出入提供很大方便。

⑤垂直交通工具的作用

在有限的中庭空间，扶梯层层叠加常常会激发购物者的欲望。一些有趣的垂直交通设施（如观景玻璃电梯、螺旋自动扶梯）也是吸引力的来源。

⑥景观的垂直吸引力

采用玻璃顶和天窗引入自然光线，不仅节能，而且让上层空间开阔敞亮，把人的视线吸引向上。由于加上顶盖，可以将室内广场计入公共摊分面积或者留有独立产权，日后作为展示经营用空间。

⑦卸货区设计

由于购物中心物流量较大，必须事先规划面积适宜的卸货区，卸货区最好设置在地下室，与首层商业购物部分的人流主入口互不干扰。如广州天河城就利用北面下沉空间来疏通流线，货车可以在地下一层卸货，通过货梯将商品运送到各个楼层，办公人员也可以直接开车进入一层停车库然后通过客梯直接进入办公区，避免办公人流与货流对购物人流的干扰。

3）外立面与出入口

社区商业中心外立面设计既要考虑与周围建筑的关系，又要考虑入口处外立面与内部步行街的过渡与转换。入口是室内外空间的过渡，也是购物中心室内步行街的终点。

运用创新设计开发临街垂直面二楼以上区域的商业价值至关重要，大多数商场的 3F 以上往往租金低廉。其实如果将临街设计为通透立面，在 3F 以上划出可临窗观景的景观区与商业经营区适当分隔，辅以独立便捷的上行观光电梯等，使其成为餐饮、咖啡、茶室等对情调、视线要求较高的经营定位。

例如，某中心购物广场，其 5F ~ 8F 商铺原月租金定为 60 ~ 70 元 /m^2 根本无人问津，后来将可凭栏观街景（临街立面均为大幅透明落地玻璃）的每层 200 余平方米面积单独分隔，定位为餐饮娱乐景观区，月租金达每 1m^{2}100 多元仍吸引了众多餐饮、咖啡、茶室经营者，充分发掘了景观价值。

4）步行街

步行街是社区商业中心的核心组成元素，是组织和联系承租户的纽带，社区商业中心步行街大多在室内，也有大型社区商业中心同时设置室外步行街。

步行街的设计要求长度适宜，避免使购物者感到拥挤与疲惫，同时起到明确导向作用，让购物者易于辨认出入口和主要百货商店的位置。

现代商业步行街可以按照洋流理论布局，通过圆形走廊将几条步行街通过天桥和地下连接，形成回旋。

（3）其他设计要素

1）照明设计

室内照明设计既要满足展示商品的功能需要，又要满足美学需要，室外照明设计对塑造购物中心的形象起着至关重要的作用，室内照明的关键在于处理好步行街与商店之间的关系。店面照度要比步行街高，步行街的照明不能对店面产生不良影响。

夜间室外照明重点突出建筑和停车场，让社区购物中心在环境中产生强烈的视觉效果。

2）景观设计

室内景观设计与室外景观设计需要相互协调，注重生态景观设计，例如，设置绿色广场和空中花园，注意楼层中厅绿色植物装饰环境。

3）无障碍设计

重点考虑残疾人的通行安全要求。

4）图案与整体设计

CI 设计与图案设计相结合，导示设计与图案设计相互结合。

5）健康节能设计

社区商业中心建筑节能设计，主要从减少能源损失和提高设备效率两个方面考虑。注重保温墙体材料的应用，并充分利用自然采光、自然通风，尽量减少对中央空调系统的过分依赖。

现代商业中心要严格采用绿色装修，不允许采用对人体有害的装修材料，统一审批绿色装修方案，请专业装饰协会与监理公司对商家装修进行严格的管理。

6）通风设计

注重通风系统的设计，保证充足氧气供应，特别是在大型促销活动中，人流量过大，对氧气需求量大。

7）音响系统设计

在社区商业中心设计中必须考虑到声音的传递与吸收，设计清晰的音响系统，播放著名轻音乐，制造舒缓的购物气氛，调节顾客购物心理。

8）卫生间设计

每个楼层必须设置充足的厕所，男女厕所面积比例为 1∶2，除了老人、残疾人卫生间采用坐便设备外，其余一律采用蹲式便器，冲水采用红外线感应式设备控制自动冲水，避免人手操作，防止交叉感染。

9）安全设计

对所有设施的安全性预先评估，特别是老人、儿童容易发生危险的地方要精心设计，进行安全性评估。例如，地面作防滑处理，栏杆空隙要防止儿童能够钻过去。

3. 社区商业中心营销策划要点

（1）主题策划

社区商业中心主题策划是系统工程，精心确定社区商业中心独特的主题理念，这是社区商业中心的灵魂。在信息化社会，顾客的购物方式发生了很大变化，购物的多元化、个性化与情感化的倾向越来越明显。

因此，根据所在区域顾客的购物需要、消费心理特点、区域文化，参考购物中心的不同流派，确定社区商业中心主题，而后在空间处理、环境塑造、形象设计等方面对商业主题进行一致性表现，真正起到商业文化信息中心的作用。

论起主题策划，大拇指广场的主题策划相当高明。大拇指广场最主要的特色就是要从人性关怀的角度，以景观主题营造温馨、舒适的购物环境；形成以超大体量、多元、多层次的真正"一站式特色消费"，使消费者在购物中休闲和玩乐、在游玩的愉悦中购物（见表 10-6）。

🌐 大拇指广场一站式特色消费布局构成 　　　　　　　　　　　表 10-6

楼层	主题特征
地下 2 层	易初莲花超市可以满足消费者的日常生活需要
1 ~ 4F	百货公司和专卖店，既有为高收入者服务的名品专卖，也有针对小白领们的时尚品牌、受年轻人青睐的运动休闲服饰，还有小资们爱逛的家居用品店
5F	餐饮层，深受都市人宠爱的各类简餐、中西快餐、咖啡馆、茶馆一应俱全
6F	加州大道是节庆氛围最浓的地方，花车、礼品是主打
7F	苏州街为热爱古中国风情的高级白领和观光客流连之地，在这里可以买到丝绸、字画等情调商品
8F	电影院、音乐餐厅、电脑城、KTV，是男孩女孩们休闲玩乐的地方
9F	多功能厅，既可以做时尚秀的秀场，也可以用来召开新闻发布会、搞大型活动
10F	高级餐厅

（2）招商策划

招商策划是社区商业中心整体策划最重要的环节，招商策划包括招商宣传推广、大型招商活动策划、核心商户选择与吸引、供应商入场等各个环节。

1）招商宣传

招商宣传是招商成功的先导，招商手册是宣传的重要环节，是企业招商的基本宣传资料，关系到企业的形象。

2）活动策划

招商活动策划是招商策划核心，应该注重日常供应商资源整合与集中开展活动相结合的原则，优化供应链效率，通过商业信息与零售知识共享与联合营销，实现双赢。

3）核心商户选择与吸引

招商策划中承租户的选择关系社区商业中心的成败，在招商过程中，有必要对每个承租户进行分级评价，预测他们的经营前景，作为店面出租的指导。对于核心承租户需要设立专门人员跟踪服务，为他们提供适当店面位置和优惠政策。

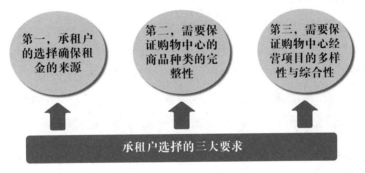

（3）开业策划

开业策划是购物中心最重要的里程碑，开业策划至关重要，需要做好如下工作：

1）提前进行预热宣传，保证有足够多的客流量，确保 80% 商户统一开业。

2）针对人流量大等特点，提前请其他物业管理公司提供人力支持。

3）做好现场的环境管理，设立美观明晰的导示系统。

4）做好开业仪式以及活动的策划与排练。

（4）服务营销要点

1）个性化金融服务。针对社区商业中心特点，联合银行营销部门，开展个性化金融商业服务，减少商户现金使用比率，大力推广商业票据结算，方便快捷安全。

2）引进物流公司以及国外快递公司进入社区商业中心，为客户提供物流服务。

3）提供社区商业中心培训服务，根据不同行业产品营销特点，与行业协会联合，组织专家为客户提供有针对性培训，注重培养员工的工作方法和学习方法，提高员工个人的素质与内涵，通过艺术教育、礼仪培训、零售服务知识积累与运用、心理训练等培养员工高雅气质，帮助商业企业通过统一组织高层次培训，满足商户培养商业骨干人才的需求，促进购物中心的可持续发展。

4. 社区商业中心物业管理

社区商业中心的管理水平关系到经营成败，必须按照可持续发展的战略，稳步提高管理水平。经营期间的物业管理主要包括四个方面：承租商的优化管理、整体形象策划推广与促销推广活动、服务管理、日常的物业管理。

（1）租赁政策

社区商业中心的目标市场定位为商圈内所有居民及部分旅游者。核心承租户一般占购物中心营业面积的40%～50%。在租赁合约方面采用国际购物中心协会格式进行管理。购物中心制定相应的承租户政策，提高承租户质量，招商对象的最高目标都是各种类型的名牌商店、餐厅和服务机构。同时，注意引进国外品牌，对国外购物中心商品种类进行统计分析，根据购物中心经营主题与档次，组织核心商户统一引进，填补国内商品种类空白。

社区商业中心招商工作程序：

招商工作宜遵循以下程序：调查→谈判→审核→准入→追踪，要求其提供营业执照、生产许可证、注册商标登记证、产品合格委托书（适用批发代理商）、税务登记证、法人授权委托书，以及其他特殊证明（如化妆品、食品的卫生许可）。

（2）营销管理

重点是吸引更多的购物者光顾，通过选择适当的营销方法吸引购物者光顾。

（3）服务管理

社区商业中心设立管理专家组成的管理机构，对购物中心的一切行政事务进行统一管理，承租户承担合理的管理费用。维护承租户利益，加强与承租户的合作。设立商务中心，提供高性能电脑接入宽带网络，设置传真、不同种类复印设备，为商业人士提供方便的商业服务。

（4）商业管理

经营期间的物业管理工作，主要包括五个方面：承租商的优化管理、促销推广活动、服务管理，日常物业管理，清洁、消毒、保安、设备维护以及商业知识服务。

现代社区商业中心对物业管理提出了特殊要求：

1）高标准卫生管理

对现代购物中心要进行高标准卫生管理，公共设施要进行严格的消毒处理，公共电话等一切人接触的地方要采取灭菌处理措施。

2）绿色装修的统一管理

与装饰协会联合成立绿色装修管理小组，对整个商场的整体装修以及商户的局部装修实行统一的绿色装修管理，重点提供服务，举办绿色装修讲座，宣传绿色装修知识，为商户提供便捷性服务。

3）为客户提供一站式服务

一个服务台、一个电话统一对外，服务中心负责协调内部事务，避免浪费客户时间。

新手知识总结与自我测验

总分：100分

第一题：你印象中国内目前最成功的社区商业街和社区商业中心，请各写出5个（3分/个，共30分）

_____

_____

第二题：社区商业街开发与都市商业街开发有哪些异同？（20分）

_____

_____

第三题：社区商业中心在我国发展不尽如人意，主意原因是什么？（20分）

_____

_____

思考题：某大型小区，社区商业中心属单体集中型商业，处于整个社区的中心，并与社区主干道相连通向社区大门，社区其他位置还建有1万 m² 社区步行街，正常经营店铺约30%左右。社区商业中心地下一层为地下商业街（未开），一层超市＋精品店，2~3层餐饮＋小企业，4层无人问津，项目如何解套？（30分）

_____

_____

_____

得分：   签名：

社区商业
新兵入门

11

大盘社区商业的实战操盘解码

操作程序

本章使用指南

　　大盘是开发大型社区商业的土壤，一方面大盘有大量的固定消费需求，另一方面大盘具有充足的配套空间。广州华南板块是大型社区商业不断尝试和创新的根据地，深圳是先锋，北京上海后来居上。我们看到往往只是成功和失败的两个简单结果，而还原其历史背景，咀嚼其当时的战略决策和开发策略，我们会发现，大盘社区商业发展经历了不平凡的历程。虽然，直到今天，依然有很多项目瞬间倒下，但是全国掀起的大盘社区商业开发的尝试、探索、智慧还是为后来者积累了宝贵的经验。

操作程序

一、大盘社区商业的价值

大盘开发最早出现于广东，20 世纪 90 年代初的碧桂园、祈福新村是其中的经典项目。从 2001 年开始，广州华南板块众多大盘的崛起，不仅改变了广州楼市的竞争格局，其影响更是波及全国。大盘开发模式的瞬间成功，使这种开发模式很快在全国各地蔓延开来。

1. 大盘开发的三种类型

大盘开发按其所处的空间区位可以分为三大类：城区大盘开发、郊区（新市镇）大盘开发和园区大盘开发，其中现在市场上主要以前两类为主，至于园区大盘开发在我国很少出现。

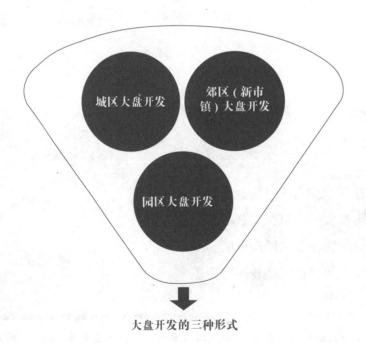

大盘开发的三种形式

2. 大盘积累了大量的商业资源

从目前全国的大盘开发区域分布来看，大盘大都处于城郊结合带。城郊结合带的商业特征是政府商业配套跟不上，缺乏完整的设施，当地的市场需求往往无法有效释放，具有良好的市场刚性需求。

同时，我们常说的大盘基本上都是建筑面积 100 万 m² 以上，居住两万人以上的大盘。两万人口一旦大量吸附进来，就会形成很大的日常消费需求，这些消费需求具有稳定和持久的特点，这为开发商积累了巨大的商业资源。

3. 大盘的商业价值

（1）住商互补价值

从住宅和商业的价值互补来看，社区商业的配套能大大提升大盘的社区形象，并能刺激消费者的购买需求，形成住宅销售的卖点。

（2）投资回报价值

从投资回报来看，社区商业的投资回报是住宅的 2 ~ 3 倍，这种高昂的投资回报，并带来的稳定现金流能大大刺激开发商的投资欲望。综合广州、北京等各地的大盘来看，商业建筑面积占 2% ~ 10% 之间，国美第一城甚至达到了 11.6%，社区商业的价值刺激开发商将大盘的商业面积挖掘到极限。

4. 大型社区商业的基本特征

大型社区商业一般都以大型超市为主力店，同时为了考虑业主消费的便利，采用多组团模式开发。集中商业、底商、商业街等多种模式综合运用。

（1）规模特征

规模大，主要包括占地面积、总建筑面积、总户数、人口数量等指标，占地在 1000 亩以上，人口上一般在 30000 人以上。

（2）配套特征

配套要齐全，主要包括商业配套和生活配套，商业配套包括银行、休闲中心、培训中心等，生活配套包括学校、社区健康服务中心、邮局、社区广场等。

（3）区域位置特征

一般而言，大型社区一般位于城市边缘处的开发区域，也只有在这样的区域才能提供如此大体量的项目。

（4）定位特征

新开发社区在符合城市商业网点规划及建筑规划的要求前提下，以满足周边居民日常购物、餐饮、休闲文化娱乐、医疗保健和新入伙的装修设计服务等实际需求出发，以超市为主力店，集合餐饮、休闲、社区便利等业态。

（5）业态规划特征

根据整体实际，参照国家商务部社区商业评价体系进行业态配比及商家规划，主要包括：超市、餐饮、便利店、药店、银行、冲印、眼镜店、面包店、干洗、送水服务、图书音像、零食、地产中介、美发美容美体、培训类、服装类、婴孕用品、装饰装修、橱柜家俬等。同时根据业态特点以及建筑形式和规划，进行部分业态商家的实际调整。

大型社区的定义

参照国家商务部《社区商业全国示范社区评价规范》中的概念，大型社区是指大规模、公建设施配套完整的聚居地，人口规模3万人以上。

5. 全国大盘社区商业发展现状

从大盘社区商业的发展历程来看，大盘的商业开发，万科走在市场的最前面，积累了成熟开发体系。同时，万科在社区商业上的成功刺激了区域的竞争对手，从20世纪90年代开始，广州、深圳已经成为社区商业开发研究和创新的大本营。就广州区域来看，华南板块的社区商业独出一格，并对广州、深圳的社区商业实践产生了深远影响，而在北京，以天通苑和国美第一城作为代表后来居上，形成了典型的北派社区商业开发模式。

操作程序

二、大型社区商业与一般社区商业的比较

1. 对超级市场要求

大型社区都会要求有一定规模的大超市，或者两个以上中小型超市。如深圳锦绣江南配套有 12000m² 的人人乐超市。深圳梅林一村配套有 21000m² 的家乐福超市。

2. 对业态要求品种齐全

大型社区为了能够给社区居民提供一站式服务，引进的业态往往超越如便利店、食杂店、维修店、洗染店等 10 多种常规业态，达到 30 多种甚至是 40 种以上业态。其中涉及社区配套业态，如大型足浴、美容中心、健身中心、茶馆等。还有社区型百货业态，如服装店、鞋包店、手机店、珠宝店等。如深圳四季花城的业态达到了 30 余种，深圳桃源居的业态数量更是达到 40 种以上。

3. 多组团商业特征

由于大型社区一般的占地要求达到 900 亩以上，相对而言人口的覆盖范围比较广，从社区东头到西头去购物消费已经变得不方便，由此社区的便利化业态就开始出现了多组团特征。如图所示，深圳桃源居建筑面积 180 万 m²，小区的商业沿着"二横二纵"（即"二横"指洲石公路、汇江二路二条横向道路；"二纵"指前进路、桃源居四路）均匀分布，方便了小区居民就近购物。

深圳桃源居社区平面图

4. 可以集中设置的业态

地产中介、餐饮、装饰设计、家居用品等都是可以集中设置的业态。

（1）餐饮等特殊建筑配套需求业态可集中设置

深圳桃源居采用的是控制餐饮集中。桃源居在石洲公路设置了北向一条街，具备完整的排烟功能，所以餐饮主要集中于这一带，这样既保证了烟道等特殊建筑要求的集中供应，又保证了排烟问题的集中解决。同时，将这条餐饮街都做成了复式楼，提高了利用率，灵活好用。餐饮的扎堆经营保证了餐饮不同品种和风味，为消费者提供了多种选择，又带来了更多的人气，大大增加了生意机会。

（2）地产中介等不聚人气配套业态可集中设置

地产中介集中设置有两个好处，一是地产中介业态对商业街的形象是有负面影响的，将地产中介设置是把不利的业态整体放在一块，以免影响面扩大。第二是地产中介本身是需要人流的，它们的集中设置反而整体的展示效果会比较好，从而增加了各自的生意机会。如深圳莲花三村在振华西路集中设置了中天置业、平爱地产、中原地产、中联地产等9家地产中介，这个现象在锦绣江南、蔚蓝海岸、星海名城等大型社区都很常见。

（3）美容美发美体、装饰设计、家居用品等专业类业态可集中设置

专业类业态的集中设置往往能够形成很好的扎堆效应，不但在本社区影响力会增大，而且会转变成外向型业态，吸引外来消费机会，如深圳锦绣江南的美容美发一条街、装饰材料一条街等。

（4）大型社区对健康、休闲、文化娱乐有着大量的需求

近年来，随着生活水平的提高，"吃、喝、穿"等基础消费已不能够满足居民的需求，一些休闲概念的消费在社区商业里兴起，包括减肥美容、足浴、咖啡厅、茶馆等，以及一些满足少儿和成年人的各种培训业态，这些更高层次的消费在居民日常消费的比重日益增大。

操作程序

三、大型社区商业的四种开发模式及其优劣分析

1. 购物中心开发模式——百仕达花园

（1）百仕达档案

百仕达花园目前共开发五期，总占地面积 50 万 m^2、总建设面积 100 余万平方米，总人口数约 2 万人。百仕达花园已初步建成为规划合理、配套齐全、景观优美、规模庞大的深圳大型高尚住宅小区住宅区。其中住宅建筑面积 98 万 m^2，商业规模 8 万 m^2，其中吉之岛 2 万 m^2、东郡广场 6 万 m^2。

百仕达花园

（2）开发模式分析

1）商铺及时销售回款状况分析

开发商完全持有商业物业，整体租赁给吉之岛超市，在回报上只收取租金。

2）商铺可持续经营状况分析

开发商最大程度地持有了商业的产权，在市场变动的情况下，可以很主动地去调整业态而及时应对市场反应，保证了商铺的可持续经营的可能性，也最大限度地体现出商业的价值。

3）商业对住宅品质影响分析

商业集中设置，所有的商业行为只在商城里面进行，没有凌乱的商业街区，没有杂乱的广告牌，最完整的保证了整个社区的形象统一和完整，而商城优美的外立面更是增添了住宅区的品质感。

2. 社区型商业中心主力店 + 少量街区模式——梅林家乐福

（1）梅林家乐福项目档案

梅林一村是深圳市政府开发兴建的大型园林智能化高档社区。小区占地面积 38.4 万 m²，总建筑面积 82 万 m²，现共有住宅 6840 套，约 3 万人口，学校、幼儿园、游泳池、网球场、羽毛球场、篮球场、迷你高尔夫练习场、门球场、大型体育活动中心、会所等功能完善的配套设施一应俱全，为居民日常生活提供了舒适、便捷的条件。

梅林一村的外向型与内向型业态的区分比较明显。在梅林路上的商业，有 21000m² 的家乐福和 3000m² 的民润市场，家乐福超市辅营区多数属于外向型的业态。如：KFC、必胜客、漓江又一轩等。位于项目西南侧的业态多属于内向型商业，如修鞋店，上海干洗店、药店等以服务于本社区的居民为主。

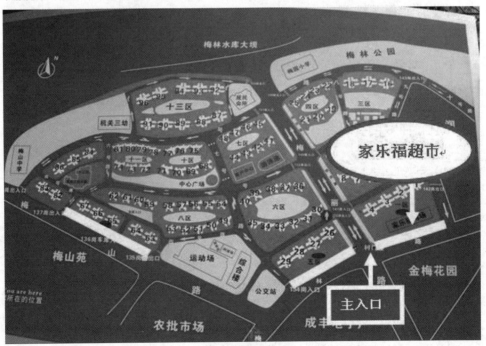

梅林一村平面图

（2）经营模式分析

1）商铺及时销售回款状况分析

开发商持有全体物业，采取收取租金的形式来回款。

2）商铺可持续经营状况分析

开发商持有了整体商业街的产权，在市场变动的情况下，可以很主动地去调整业态而及时应对市场反应，保证了商铺的可持续经营的可能性，也最大限度地体现出商业的价值。

3）商业对住宅品质影响分析

梅林一村整体的商业都设置在了临近市政干道上，在一定程度上保证了小区的私密性，保证了小区的品质感。但是部分商业由于广告位置没有统一规格，对整体的形象有一定的影响。

3. 社区型商业中心主力店 + 大规模街区模式——桃源居

（1）桃源居档案

桃源居社区目前总建筑面积 150 万 m^2，目前入住人口约 30000 人，商业总量约 42230m^2，其中，人人乐超市面积 15000m^2，酒楼面积 4870m^2，咖啡馆面积 540m^2，空置商业 11490m^2，内向型社区商业面积 10330m^2。

（2）开发模式分析

1）商铺销售状况及回款

桃源居开发商持有了部分集中商业，整体租赁给人人乐超市作为商业街区的主力店，其余商业街区销售一空。

2）商铺可持续经营状况分析

桃源居目前经营状况较好。一些经营比较稳定的铺位租金达到了 70 ~ 100 元/（$m^2 \cdot$月）。

3）商业对住宅品质的影响

桃源居将酒楼类餐饮放在石洲路这种偏僻的位置，较好地考虑了餐饮业经营的特点。而其将便利类的商业放到一些商业内街，既不影响小区居民，又方便小区居民的日常需要，达到商业和住宅的和谐统一。

4. 次主力店 + 商业街的开发模式——星海名城

（1）星海名城档案

星海名城位于南山区前海路，占地 30 万 m²，建筑面积 80 万 m²，16 万 m² 的纯粹园林，共有居住人口约 2.4 万人。西邻宝安新中心区，南靠蛇口国际生活区。

星海名城商业主要分布在前海路的临街铺位。商业面积 6590 ㎡，该社区的商业次主力店主要是两个中小型超市，700 ㎡ 的华润万家社区店和 1000 ㎡ 的好邻居超市。

（2）开发模式分析

1）商铺可持续经营状况分析

小区出口比较多，均匀分布在商业街的各个节点，人流均衡，整个商业街基本没有死角。商业街虽然没有统一经营，但是由于总量不大，商户抢驻，经营情况良好。随着社区的第五期住户陆续入住，第六期的开发也即将完成，该社区的商业前景将更被市场看好。

2）商业对住宅品质的影响

星海名城商业街规划在小区外围的临街区域，保证了小区内的居民生活的私密性。

操作程序

四、广州番禺华南板块大型社区商业的操盘模式

社区商业是目前商业地产发展的热点和重点，星河湾、广州雅居乐、南国奥林匹克花园等楼盘华南版块楼盘成为广州最先评出的全国社区商业开发示范社区。究其原因，一方面，广州番禺华南板块的房地产开发，尤其是大型社区开发一直领先于全国，社区商业发展比较成熟；另一方面，这些大型楼盘的社区商业也存在招商难、定位不清晰、商业经营难以持续的问题。

1. 广州番禺华南板块八大社区商业成功秘诀

广州华南板块楼盘商业情况见表11-1。

华南板块楼盘商业情况一览　　　　　　　　　　　　　　表11-1

楼盘	占地面积（万㎡）	使用商业面积（以建筑面积计算，㎡）	业态业种组合	主力店及品牌店	空间布局
星河湾	80	3500	超市、专业店、专卖店、便利店/生鲜、食品、日杂、服装、精品、文具、书店、花店、药店、冲印店、小吃店	福特玛400㎡、7-11(100㎡)	小区主出入口旁商业街
广地花园	80	4000	超市、个体门店/食品、日杂、文具、布艺、家装、水务、五金、建材、小吃店	无	会所内及首期底商
华南新城	213	4000	超市、专门店、便利店、精品店、食品、生鲜、布艺、玩具、服饰	福特玛1000㎡、宏城便利超市200㎡	江畔艺术广场首层
广州雅居乐	320	（设计指标56000）实际使用5000	超市、专业店、生鲜、食品、日杂、家装、五金、建材、布艺、银行、药店	福特玛（Foodmart）800㎡、	国际风情商业界

楼盘	占地面积（万㎡）	使用商业面积（以建筑面积计算，㎡）	业态业种组合	主力店及品牌店	空间布局
锦绣香江	80	2000	便利超市、个体专门店、食品、日杂、家电、布艺、家装、水务、西餐咖啡厅	宏城便利超市200㎡	靠近副出入口底商及商业街
南国奥林匹克花园	73	3000	超市、专业店、专卖店、便利店、生鲜、食品、日杂、家装、布艺、精品、体育用品店、药店、花店、发廊、书店、面包屋、冲印店、音像店、婴童店、银行、洗衣店、小吃店	福特玛900㎡、学而优书店100㎡、海王星辰药店60㎡	会所、商业街、文化广场、销售中心、屋村及巴士站联体，均在小区主出入口
华南碧桂园	67	2000	超市、专业店、专卖店、生鲜、食品、日杂、家装、布艺、精品、药店、家电、冲印店、服饰店、银行、法衣店	无，自办生鲜超市	会所首层
祈福新村	433	15000	超市、专业店、专卖店、便利店、生鲜、食品、日杂、服装、鞋帽、家装、布艺、精品、体育用品店、药店、花店、发廊、书店、面包屋、冲印店、音像店、婴童店、银行、票务、驾校、电信专营店、洗衣店、小吃店、西餐店	祈福超市6000㎡、肉菜市场、3000㎡、诗书人家100㎡、cav音响店100㎡、中国移动50㎡	会所、商业街、美食街、酒店、销售中心、屋村及巴士站联体，均在小区主出入口

（1）商业面积配比合理

从华南八大盘社区商业面积配比来看，普遍低于4.5%。按照目前社区商业常规配比来看（2%～8%），华南板块的社区商业面积配比非常合理。这其中碧桂园的社区商业面积配比非常小，所属华南新城和华南碧桂园的配比都低于0.5%。如图所示，大盘的社区商业开发，在商业面积配比上要持谨慎态度，而且是郊区大盘，商业氛围需要时间的积累，盲目地扩大商业面积可能导致后续陷入招商困境。

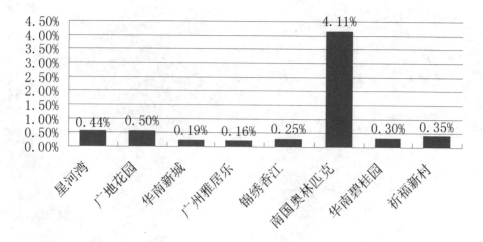

华南板块八大盘社区商业面积配比图

（2）业态业种规划周到丰富

超市、便利店、专业店、专卖店是社区商业主要的业态，业种主要以居民日常生活的食品、用品为主。标准型新鲜超市成为社区商业的主力店，福特玛现代生活超市、7-11 便利店、宏城便利超市、海王星辰药业、雅顿音响、CAV 音响、学而优书店、诗书人家书店等广州市的品牌连锁专卖店成为社区商业的亮点和卖点。

（3）以主力店和品牌店拉动人流

八个大盘有六家配备有主力店和品牌店，主力店一般为超市，面积一般处于 1000m^2 左右，以连锁和知名商家为龙头。主力店及品牌店占总商业面积的比例如图所示。

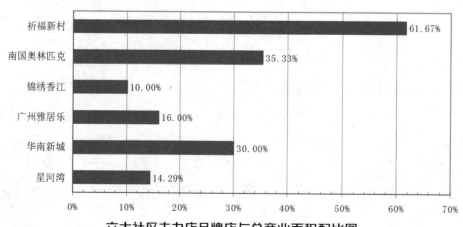

六大社区主力店品牌店与总商业面积配比图

（4）特色餐饮特色经营

八大社区都配套有餐饮设施，而且占有总商业面积的相当比例，从餐饮的比例分配来看，以符合当地人消费习惯的粤菜和中式川菜及湘菜为重点。在具体经营上，讲究特色经营，其中星河湾、南国奥林匹克花园、华南碧桂园、祈福新村等餐饮经营相当好。

🌐 **华南板块楼盘餐饮情况一览**　　　　　　　　　　　　　　　　表11-2

楼盘	餐饮(会所加商业街餐饮)	档次	品牌餐饮	餐饮类别	经营状况
星河湾	800m²	中偏高	自办	粤菜	★★★
广地花园	1000m²	中偏低	自办	粤菜	★
华南新城	1500m²	中偏低	无	中式风味、快餐	★
广州雅居乐	2000m²	中偏高	无	中餐、西餐、特色小食	★
锦绣香江	1200m²	中偏高	自办	中餐、西餐	★★
南国奥林匹克花园	2000m²	中	雅香阁	中式风味、西餐、快餐小吃店	★★★
华南碧桂园	2000m²	中低	自办	中餐、西餐	★★★★
祈福新村	祈福食通天、祈福会所、祈福食街(7000m²)	中、中低档	祈福轩酒楼、食街	中餐、西餐、东南亚风味、北方风味、快餐小吃店	★★★★★

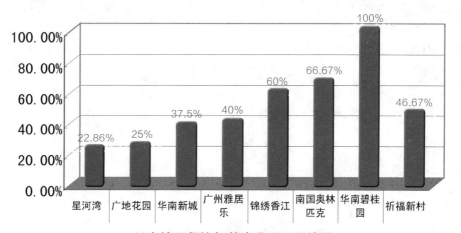

八大社区餐饮与总商业面积配比图

2. 八大社区社区商业经营现状解密

（1）总体经营状况

1）小区商业中福特玛超市经营状况最好，600～1000 m² 的店铺日均销售达到 2 万～3 万元、周末达到 5 万～6 万元，黄金周内甚至有高达 8 万元的日销售额。一般两年左右时间达到盈亏平衡（开发商均给予半年～一年的免租和冷冻设备折旧及冷藏、空调电费的优惠）。

2）便利店、面包屋、精品店、服饰店、洗衣店及家政服务店的经营情况也较好。布艺店、电器店、电工五金店在业主入住初期生意较好，之后生意陆续转淡。

3)住区商业的购物顾客群体主要是本小区内居民，小部分是区外人士（包括看楼的人士、来访亲朋、开发商与物业管理公司员工）。餐饮店（含酒店会所的中西餐饮、商业街或饮食街食肆）的区外消费人士比购物消费人士多。

4）小区商业不能满足业主消费的部分往往在区外采购。

5）常住人口的多少直接影响区内商业的经营。目前，祈福、南奥入住率相对较高，商业经营相对其他楼盘好，特别是祈福新村，目前已经入住超过 2 万多居民，引来了大量商铺投资者的追捧，商铺租金在 100 元/（m²·月）以上。铺多人少的楼盘如广州雅居乐、华南新城、锦绣香江，住区商业经营欠佳。

（2）平均租金

八大楼盘社区商业平均月租金 50～60 元/（m²·月），与广州市中心传统的商业旺地相比（如北京路 1000～1500 元/（m²·月）），有 20～30 倍的差距，与越秀城建、合生、富力、城启、恒大开发的城区大盘社区商铺相比，也有 2～4 倍的差距（表11-3）。

🌐 **华南板块楼盘商业租金情况一览表**　　　　　　　　　　　　表11-3

八大社区	商业[元/（m²·月）]
星河湾	(街铺）租金：50～60
广地花园	(街铺）租金：50～100
华南新城	(购物广场）租金：免租，2003年5月～2004年4月
广州雅居乐	(国际风情商业街）租金：30～50
锦绣香江	（靠迎宾路）租金：50；售价：7000

续表

八大社区	商业[元/（m²·月）]
南国奥林匹克花园	会所商铺租金：40～50
华南碧桂园	会所商铺：60；兴业路一侧街铺：35(较新)
祈福新村	(祈福商业街) 租金：80～100

（3）租赁条件

各小区标准店铺建筑面积约为 30～40m²，中型店铺约为 80～150m²，实用率一般能够达到 90%。新建小区按实用面积计租。

1）福特玛的南奥、星河湾、华南新城分店均有半年到 1 年的免租，计租期租金从 20 元 /（m²·月) 起，租期一般为 8～12 年。

2）诗书人家祈福店、学而优南奥店、海王星辰南奥店、7-11 星河湾店等重要品牌商家可获得开发商 3 个月到 1 年的免租期。

3）小区内的服饰店、精品店、音响店、小食店、面包屋、布艺店及家政服务类别门店的租金承受力较高，一般可达 60～80 元 /（m²·月)。

4）小型标准店铺的起始租期一般为 1 年，正式租约期为 2～3 年，知名品牌专卖店租约期一般为 3～5 年。

5）一般店铺每期租金升幅约为 10%～20%，标准新鲜超市一般从第三年起，每年的升幅为 5%～10%。

6）因为小区店铺大多为业主租赁，亲自经营，且租金较低甚至有一定的免租期优惠，所以租约期内转手不频繁，祈福的店铺较多，约有 100 多家，居民消费相对活跃，店铺经营前景相对明朗，候租客多，所以转手较其他新开发小区的商铺频繁。例如，南奥20 家店铺，首年只有 3 家转手经营。华碧和星河湾的店铺在开业 1～2 年内几无转手。

7）小区商铺管理费约为 3～5 元 /（m²·月)。

（4）住区业主外购特性

华南板块业主区外导购一览表   表11-4

业主基本群体	区外主要导购消费类别	主要消费商圈	主要选择商家、品牌
25～35岁白领知识家庭 35～45岁中产中年家庭	家私、建筑成品、布艺	天河、东山、乐从	美居中心、中华广场、时代广场、天河城、吉盛伟帮、乐从家具一条街、百安居、金海马、布匹城
	大家电	天河、东山、北京路	友谊、广百、天南等百货店、国美、苏宁、永乐等大卖场
	服装、床上用品	天河、洛溪、海珠	天河城、时代广场、友谊、广百
	婴童、学生用品、食品	天河、东山、越秀、海珠	百货店、大卖场、专卖店、老街坊店
	文化、娱乐、教育	老城区	天河电影城、中华电影城、购书中心、天河体育中心、沙面、二沙岛、石牌、中大
55岁以上家庭妇女、退休人士、保姆	生鲜食品	天河、洛溪、海珠	吉之岛、百佳、好友多超市
	餐饮	天河、海珠、东山、白云、番禺、沙溪、石基、大石	番禺成记、新香江、丽江明珠、长隆、汇景、海怡、桥西、石基海鲜城
	服饰、餐饮、休闲、文娱	工作及第一居所周边或广泛地区	老城区知名大店、老字号为主
	蔬菜、日用消费品	住区周边农民集镇、村边、洛溪百佳及附近商铺	——
所有业主	医疗、保健	市区、祈福、钟村	市区省市级大中医院、祈福医院、钟村人民医院

3. 八大社区商业开发存在的问题

从租金和出租率等情况来看，八大社区的商业并非尽善尽美，其问题可归结为需求总量、规划布局、开发营运模式、专业经营四大成因。

（1）需求总量问题

总居住人口特别是常住家庭、社区服务人口规模不够，日常消费需求总量还待积累。

（2）规划布局问题

缺乏专业、人性化规划设计，规模过大，布局只考虑首期销售需要，区域空间规划、基础设施建设严重滞后，住区布局分散，形成孤岛，商业服务半径过小，没有规模集聚效应和流动人口消费。

（3）开发营运模式问题

开发商或缺乏商业营运经验，或短期行为严重，不懂也不太重视日常商业服务和社区可持续和谐发展。缺少长期、持续经营考虑，缺乏统一招商计划，缺乏统一推广和营运管理。

（4）专业运营问题

商品品质参差不齐，人气不足，维持经营后劲不足；大多数经营管理服务水平不高；开发商对商户服务和支持不足，大多数使其自生自灭。同时最为核心的是：缺少有实力、有经验、有长远眼光的品牌商家进驻。

4. 华南板块八大社区商业开发的建议

（1）围绕邻里型商业中心（祈福新村等少数发展成区域—社区混合型商业中心）的定位，调整优化商业与服务业功能，力争变住宅区为社区；

（2）随着人口的增加，引入标准型生鲜超市等主力店，引入更多的品牌连锁经营商家；

（3）中小商铺投资商和租户，宜按业主入住阶段、社区成长阶段适时调整经营业种，由安家装饰配置型、起居应急型消费，向常客习惯型、休闲康体型、家政服务型、快捷便利型消费过渡，特别是加大餐饮、减压、老少服务的比重；

（4）通过连锁经营、特许加盟形式，商家尽可能增加店铺数量和区域内布点密度，降低单位经营成本，获取规模效益；

（5）商家与开发商、管理公司共同沟通协商，维持商铺低租金、低成本经营，靠细水长流、靠亲和力、人性化服务赢得常客，避免盲目高价炒作、高租金赶走商家的自杀式行为。

操作程序

五、城市边缘大盘社区商业及高档社区商业开发要点

1. 城市边缘大盘社区商业开发要点

　　城市空心化为边缘大盘创造了机会。以北京为例，纵观北京，北有天通苑，南有亦庄，东有通州果园、国美第一城到处都是边缘社区大盘。而从整个全国的发展形势来看，城市的挤出效应及郊区交通的快速发展，形成的边缘大盘越来越多。这些大盘投资大、开发周期长，伴随的社区商业该采用何种开发模式呢？

（1）业态分布

业态分布以满足社区居民的基本生活要求为出发点，业态种类丰富，比例均衡。

（2）商业能见度

各业态依据与社区的联系，对昭示性及人流量的不同要求而排布在不同的位置。

（3）经营模式

集中型商业为开发商持有出租，而裙楼底商则全部出售，由业主经营或出租。

（4）商铺面积

主要服务于社区居民基本生活需求的业态构成，决定了单体规模主要在 100m² 左右，而餐饮类更大。

（5）功能规划

　　尽管业态构成主要考虑满足社区居民的基本生活需求，但随着人们对生活质量要求的不断提高，文化、娱乐方面的商业配套应得到重视；社区配套商业多以中低档次为主，为了满足居民的中高消费需求，应配置档次相对更高的大型集中型综合商业中心。

2. 高档社区商业的开发要点

高档社区更看重高档住宅的价值，故商业开发服从于住宅需要，在不影响住宅品质的情况下可开发适量商业，或者干脆没有商业。这样的社区对休闲类的业态如咖啡厅，酒吧等的需求比较高，而便利类业态如早点、快餐、水果店、送水店等出现的几率不高。

除此以外，还有一些高档社区特有业态需引起大家的注意。

⊕ **高档社区特有业态** 表11-5

业态	说明
体育休闲用品	深圳东海坊和深圳香榭里花园都有高尔夫球具馆
收藏装饰品	深圳东海广场有一家叫卡斯特罗烟斗店、深圳波托菲诺有一家船模精品店
高档家具	深圳波托菲诺有独立的高档的古典家具店
高档家居用品	深圳东海坊出现了TAYOHYA、特百惠等高档家居用品的专卖店
高档化妆品	深圳东海花园、波托菲诺都出现了宝琪兰品牌连锁化妆品专卖
个性服饰	深圳波托菲诺高档民族服饰店、东海花园高端定做服饰店
葡萄酒专卖	进口高档葡萄酒
咖啡酒吧类	深圳东海花园、东海坊、波托菲诺这些社区咖啡酒吧店的数目较多，与其周边外籍人士、社区居民的消费偏好相关

新兵入门
测试题

新手知识总结与自我测验

总分：100 分

第一题：大型社区商业有哪四种开发模式？（5 分 / 个，共 20 分）

_____

_____

第二题：广州华南板块大型社区商业有何特点？（25 分）

_____

_____

第三题：城市边缘大型社区商业开发要注意哪些问题？（25 分）

_____

_____

_____

思考题：某高档社区商业共有 200 家店铺，属临街商业，第一批招商包括精品服装店、中介、便利店等，但是由于入住率不高，中介、便利店等生意难以为继，迅速关门。经过多次调整之后，开发商想走高档社区商业街形式，已知社区共有约 3 万人，客户构成较为高端，境外人士有近 5 千人，那么在业态上该如何调整？（30 分）

_____

_____

_____

得分：   签名：